山西国控环球工程有限公司
本书由 上海杰标能源科技有限公司 赞助出版
瀚云工业产品（上海）有限公司

天地間金木水火土
出神入化鳳凰涅槃
化腐朽为神奇
乃化正也

沈渭 文

李鍾樸書

化工国支柱
傅弈数十秋
当得伟业在
念君心血呕

刘承彦文
邱美泽书

中国化工通史
统计卷

ZHONGGUO HUAGONG TONGSHI TONGJIJUAN

《中国化工通史》编写组　编著

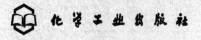

·北京·

本书收集整理了1949年至2015年期间国际化工、国内国民经济有关的数据，化工行业主要经济指标，进出口贸易和基建领域的数据，化工产值在各省、自治区、直辖市GDP中的比重和位置，产量、进出口量和消费量数据比较，以及引进化工项目的简要清单。卷中的每一个数据，都是无数化工人用血汗创造出来的，它见证了中华人民共和国化学工业的发展历程和艰辛；数据的整理，渗透着专家们的心血和智慧，也是来之不易。

图书在版编目（CIP）数据

中国化工通史. 统计卷 /《中国化工通史》编写组编著. —北京：化学工业出版社，2020.3（2022.1重印）
ISBN 978-7-122-36142-4

Ⅰ. ①中⋯ Ⅱ. ①中⋯ Ⅲ. ①化学工业-工业史-中国　Ⅳ. ①F426.7

中国版本图书馆CIP数据核字（2020）第022894号

责任编辑：李晓红　　　　　　　　装帧设计：王晓宇
责任校对：边　涛

出版发行：化学工业出版社有限公司（北京市东城区青年湖南街13号　邮政编码　100011）
印　　装：北京虎彩文化传播有限公司
710mm×1000mm　1/16　印张16¼　字数306千字　2022年1月北京第1版第3次印刷

购书咨询：010-64518888　　售后服务：010-64518899
网　　址：http://www.cip.com.cn

凡购买本书，如有缺损质量问题，本社销售中心负责调换。

定　　价：98.00元　　　　　　　　　　　　　　　　版权所有　违者必究

《中国化工通史——统计卷》编写组

顾　问：蔡　强　王有成
组　长：沈　渭　刘承彦
副组长：翟海潮　施俊鹏　白国宝　刘　阳　龚旭辉
　　　　刘　渊　刘　宇
成　员（按汉语拼音排序）：

白　鹭	曹　阳	富志侠	高　平	韩　光	贺永德	侯国柱
李爱青	李恒东	李建强	李　玲	李钟模	刘国杰	刘启斌
刘燕飞	路兴元	牛未默	任子臣	申　珂	孙可华	孙　云
孙宗毓	王超美	王　晖	王建龙	王乐意	王　锐	吴运芬
徐菁利	徐立训	杨友麒	叶建华	叶铁林	殷培华	余　一
张世元	张　通	张远树	周嘉华	朱益强		

前　言

自2014年以来,《中国化工通史》(简称《通史》)已由化学工业出版社相继出版了《古代卷》、《行业卷》(上下册)和《区域卷》(含"化工人物剪影"附辑)。《统计卷》是上述几卷的续编和姊妹篇。

没有科学的统计方法,得不到准确的统计数据,就难以进行科学的决策和管理。因此,我国党和政府历来十分重视统计工作。作为化学工业的主管部门——化学工业部,设有专职的统计机构。本卷所辑录的绝大多数数据,来源于行政部门和国家统计机构。化工统计数据曾在不同时期,以不同形式或方式公开发表过。《通史》编写组认为,作为工业发展史,完整、系统、准确的统计数据是宝贵的、不可或缺的重要文献资料。编写组邀请王有成同志(原化工部计划司统计处处长)和蔡强同志(原化工部计划司综合处处长)汇集各方面化工统计数据,随后经刘承彦等同志整理,形成三篇共有138表的《统计卷》。《统计卷》附录刊载有王有成同志撰写的《化学工业统计工作回顾》一文,可供读者参阅。

2009年,是中华人民共和国成立60周年,也是我国国民经济发展具有标志性的一年。这一年,我国国内生产总值(GDP)已达到49089.9亿美元,仅次于美国和日本,跃居世界第3位。这一年,我国化工生产总值达到40159.71亿元人民币。从1949年到2009年,我国化学工业年平均增长速度为18.47%,是增长速度较快的一个经济部门。"综合篇"提供了这方面的中国国民经济发展背景材料与数据。

2010年,我国国内化工总产值已超过5.2万亿元人民币。2011年达到6.62万亿元人民币,折成美元为10245.2亿美元,超过美国2105亿美元,跃居世界第一。"中国化工篇"以数据的形式多角度、多侧面、全方位地介绍了这一发展历程,共分八节。与"综合篇"中的"国民经济主要指标"相对应,第一节列出了1952年至2015年包括"化工总产值""全员劳动生产率""能源消费量"和"万元产值能耗"等在内的化工行业主要技术经济数据。第二、三节汇总了进出口贸易和基建两大领域的大量数据。第四节,选择1995、2000、2010、2015年4个有代表性的年份,对各省、自治区、直辖市的化工产值或主营业务收入在全国化工总产值或主营业务收入中的比重作出了定量分析。第五、六节的产量、进出口量和国内消耗量,是人们关注的重点。由于新中国成立以来,管理体制多次变动,机构有并有分,企业有划进划出,统计范围和计算方法也有所变化,故有一些年度之间的数据不完全吻合。第七节系自1953年至1995年期间共计900多项化工引进项目的简要汇编,可供有关单位和人员查询。第八节提供了1950—2000年期间，台湾地区某些化工产品的产量数据。

"国外化工篇"则列举了1979—2009年期间美、俄（包括苏联）、日、德、英、法、意等国某些化工产品的产量数据。上述数据，对于进行国内化工发展历程的分析、研究与比较，是不可或缺的难得资料。

《统计卷》中的大量数据表面看起来单调枯燥，其实内涵十分丰富。如，1952年的全员劳动生产率仅为2633元/人，1978年为14857元/人，而2010年高达964976.8元/人，是1953年的366倍，1978年的65倍。又如，1985年万元产值能耗为11.76吨标准煤，2010年降为0.53吨，仅为1985年的4.5%。这"一升一降"，足以彰显出我国化学工业的快速发展与技术进步。这是从宏观层面来分析。具体到某一产品或行业，《统计卷》可与前几卷配合使用。如《行业卷》第一编第三章的"硫酸工业"，详细叙述了我国从1874年徐寿父子在江南制造局龙华分厂建成第一座生产硫酸的铅室开始，中经民国时期硫酸工业的延续，直到中华人民共和国成立后，特别是改革开放以来硫酸工业飞速发展的140多年的全过程，可称得上是一部"发展过程史"；《统计卷》则提供了自1949年以来直到2015年历年的硫酸产量、进出口量及国内消耗量等大量数据，可算是一部"生产结果史"，还兼有我国台湾地区和国外硫酸产量作参考。几者一结合，互相参照与补充，读者就可了解我国硫酸工业发展的概貌与全过程了。

编著者
2020年1月

目 录
> CONTENTS

综合篇 1
表 1-1　1949—1953 年中国国民经济主要指标 2
表 1-2　1954—1958 年中国国民经济主要指标 2
表 1-3　1959—1963 年中国国民经济主要指标 3
表 1-4　1964—1968 年中国国民经济主要指标 4
表 1-5　1969—1973 年中国国民经济主要指标 5
表 1-6　1974—1978 年中国国民经济主要指标 6
表 1-7　1979—1983 年中国国民经济主要指标 7
表 1-8　1984—1988 年中国国民经济主要指标 8
表 1-9　1989—1993 年中国国民经济主要指标 8
表 1-10　1994—1998 年中国国民经济主要指标 9
表 1-11　1999—2003 年中国国民经济主要指标 10
表 1-12　2004—2008 年中国国民经济主要指标 11
表 1-13　2009—2011 年中国国民经济主要指标 12
表 1-14　2012—2015 年中国国民经济主要指标 13

中国化工篇 14
第一节　化工行业主要经济指标 15
　表 2-1　1952—2015 年化工行业主要经济指标（一） 15
　表 2-2　1952—2015 年化工行业主要经济指标（二） 17
第二节　全国及化工进出口总额 19
　表 2-3　1950—2015 年全国及化工进出口总额 19
第三节　全国化工基建投资 21
　表 2-4　1949—2015 年全国化工基建投资 21
第四节　部分年份各省、自治区、直辖市化工总产值或主营业务收入及
　　　　有关比重 23
　表 2-5　1995 年各省、自治区、直辖市化工总产值及有关比重 24

表 2-6　2000 年各省、自治区、直辖市化工总产值及有关比重……………………24
表 2-7　2010 年各省、自治区、直辖市化工总产值及有关比重……………………25
表 2-8　2015 年各省、自治区、直辖市化工主营业务收入及有关比重…………26

第五节　产品产量……………………………………………………………………26

表 2-9　天然原油、天然气、原油加工、汽油、煤油、柴油、润滑油产量……26
表 2-10　燃料油、石油沥青、硫铁矿、磷矿、硫酸、浓硝酸、盐酸产量………28
表 2-11　烧碱、纯碱、轻质碳酸钙、硫化碱、三聚磷酸钠、硼砂、硅酸钠
　　　　产量……………………………………………………………………………30
表 2-12　红矾钠、电石、黄磷、商品液氯、合成氨、化肥、氮肥产量…………32
表 2-13　尿素、磷肥、钾肥、硝酸磷肥、硝酸铵肥、化学农药、杀虫剂
　　　　产量……………………………………………………………………………34
表 2-14　杀菌剂、除草剂、乙烯、丙烯、丁二烯、纯苯、对二甲苯产量………36
表 2-15　苯乙烯、烷基苯、精甲醇、丁醇、辛醇、乙二醇、苯酚、甲醛
　　　　产量……………………………………………………………………………39
表 2-16　乙醛、丙酮、冰醋酸、苯二甲酸酐、涂料、颜料、染料产量…………41
表 2-17　合成树脂及塑料、聚氯乙烯、聚乙烯、聚丙烯、聚苯乙烯、ABS 树脂、
　　　　聚酰胺、聚甲醛产量…………………………………………………………43
表 2-18　聚碳酸酯、聚对苯二甲酸丁二醇酯、聚氨酯塑料、合成橡胶、顺丁橡
　　　　胶产量…………………………………………………………………………45
表 2-19　氯丁橡胶、己内酰胺、合成纤维聚合物、聚酯、化学试剂、催化剂、
　　　　橡胶助剂产量…………………………………………………………………47
表 2-20　塑料助剂、印染助剂、表面活性剂、炭黑、饲料添加剂、轮胎外胎、
　　　　胶鞋产量………………………………………………………………………49

第六节　产品产量、进出口量、国内消耗量……………………………………51

表 2-21　1990—2015 年全国原油产量、进出口量及国内消耗量…………………51
表 2-22　1990—2015 年全国汽油产量、进出口量及国内消耗量…………………52
表 2-23　1998—2015 年全国煤油产量、进出口量及国内消耗量…………………52
表 2-24　1990—2015 年全国柴油产量、进出口量及国内消耗量…………………53
表 2-25　1998—2015 年全国润滑油产量、进出口量及国内消耗量………………54
表 2-26　1998—2015 年全国燃料油产量、进出口量及国内消耗量………………54
表 2-27　1998—2015 年全国石油沥青产量、进出口量及国内消耗量……………55
表 2-28　1990—2015 年全国天然气产量、进出口量及国内消耗量………………56
表 2-29　1985—2010 年全国硫铁矿（折含 S 35%）产量、进出口量及国内
　　　　消耗量…………………………………………………………………………56
表 2-30　1985—2010 年全国磷矿（折含 P_2O_5 30%）产量、进出口量及国内

	消耗量 ···	57
表 2-31	1985—2015 年全国烧碱（折 100%）产量、进出口量及国内消耗量 ···	58
表 2-32	1985—2015 年全国纯碱产量、进出口量及国内消耗量 ············	59
表 2-33	1986—2006 年全国硫化碱产量、进出口量及国内消耗量 ············	60
表 2-34	1985—2015 年全国硫酸（折 100%）产量、进出口量及国内消耗量 ···	61
表 2-35	1985—2015 年全国硝酸（折 100%）产量、进出口量及国内消耗量 ···	62
表 2-36	1985—2015 年全国盐酸（折 100%）产量、进出口量及国内消耗量 ···	63
表 2-37	1985—2015 年全国电石（折 300 升/千克）产量、进出口量及国内消耗量 ···	64
表 2-38	1985—2006 年全国三聚磷酸钠产量、进出口量及国内消耗量 ······	65
表 2-39	1985—2006 年全国硼砂产量、进出口量及国内消耗量 ············	65
表 2-40	1985—2006 年全国硅酸钠产量、进出口量及国内消耗量 ············	66
表 2-41	1985—2006 年全国红矾钠产量、进出口量及国内消耗量 ············	67
表 2-42	1985—2006 年全国轻质碳酸钙产量、进出口量及国内消耗量 ······	67
表 2-43	1985—2010 年全国黄磷产量、进出口量及国内消耗量 ············	68
表 2-44	1985—2006 年全国商品液氯产量、进出口量及国内消耗量 ········	69
表 2-45	1985—2015 年全国乙烯产量、进出口量及国内消耗量 ············	70
表 2-46	1985—2006 年全国丙烯产量、进出口量及国内消耗量 ············	71
表 2-47	1985—2006 年全国丁二烯产量、进出口量及国内消耗量 ············	72
表 2-48	1985—2006 年全国苯乙烯产量、进出口量及国内消耗量 ············	72
表 2-49	1985—2015 年全国精甲醇产量、进出口量及国内消耗量 ············	73
表 2-50	1985—2006 年全国乙二醇产量、进出口量及国内消耗量 ············	74
表 2-51	1985—2006 年全国丁醇产量、进出口量及国内消耗量 ············	75
表 2-52	1985—2006 年全国辛醇产量、进出口量及国内消耗量 ············	75
表 2-53	1985—2006 年全国甲醛产量、进出口量及国内消耗量 ············	76
表 2-54	1985—2005 年全国乙醛产量、进出口量及国内消耗量 ············	77
表 2-55	1985—2015 年全国醋酸产量、进出口量及国内消耗量 ············	78
表 2-56	1985—2015 年全国纯苯产量、进出口量及国内消耗量 ············	79
表 2-57	1985—2006 年全国二甲苯产量、进出口量及国内消耗量 ············	80
表 2-58	1985—2005 年全国烷基苯产量、进出口量及国内消耗量 ············	80
表 2-59	1992—2006 年全国苯胺产量、进出口量及国内消耗量 ············	81

表 2-60　1985—2006 年全国苯二甲酸酐产量、进出口量及国内消耗量··········82
表 2-61　1985—2008 年全国己内酰胺产量、进出口量及国内消耗量···········82
表 2-62　1985—2011 年全国合成氨产量、进出口量及国内消耗量·············83
表 2-63　1985—2015 年全国化学肥料（折纯）产量、进出口量及国内
　　　　消耗量···84
表 2-64　1985—2015 年全国氮肥（折 N 100%）产量、进出口量及国内
　　　　消耗量···85
表 2-65　1985—2015 年全国尿素（折 N 100%）产量、进出口量及国内
　　　　消耗量···86
表 2-66　1985—2015 年全国磷肥（折 P_2O_5 100%）产量、进出口量及国内
　　　　消耗量···87
表 2-67　1985—2015 年全国钾肥（折 K_2O 100%）产量、进出口量及国内
　　　　消耗量···88
表 2-68　1985—2010 年全国硝酸磷肥产量、进出口量及国内消耗量·········89
表 2-69　1985—2010 年全国磷酸一铵产量、进出口量及国内消耗量·········90
表 2-70　1985—2010 年全国磷酸二铵产量、进出口量及国内消耗量·········90
表 2-71　1985—2015 年全国化学农药（折 100%）产量、进出口量及国内
　　　　消耗量···91
表 2-72　1985—2015 年全国杀虫剂（折 100%）产量、进出口量及国内
　　　　消耗量···92
表 2-73　1985—2015 年全国杀菌剂产量、进出口量及国内消耗量·············93
表 2-74　1985—2015 年全国除草剂产量、进出口量及国内消耗量·············94
表 2-75　1985—2015 年全国合成树脂及共聚物产量、进出口量及国内
　　　　消耗量···95
表 2-76　1986—2015 年全国合成纤维聚合物产量、进出口量及国内
　　　　消耗量···96
表 2-77　1985—2015 年全国合成橡胶产量、进出口量及国内消耗量·········97
表 2-78　1985—2015 年全国聚乙烯产量、进出口量及国内消耗量·············98
表 2-79　1985—2015 年全国聚丙烯产量、进出口量及国内消耗量·············99
表 2-80　1985—2015 年全国聚氯乙烯产量、进出口量及国内消耗量·······100
表 2-81　1995—2015 年全国聚苯乙烯产量、进出口量及国内消耗量·······101
表 2-82　1995—2015 年全国 ABS 树脂产量、进出口量及国内消耗量·····102
表 2-83　1995—2006 年全国聚酰胺产量、进出口量及国内消耗量···········102
表 2-84　1995—2005 年全国聚甲醛产量、进出口量及国内消耗量···········103
表 2-85　1995—2006 年全国聚碳酸酯产量、进出口量及国内消耗量·······103

表 2-86	1995—2005 年全国 PBT 树脂产量、进出口量及国内消耗量	104
表 2-87	1995—2005 年全国聚苯醚树脂产量、进出口量及国内消耗量	104
表 2-88	1995—2006 年全国有机环氧烷产量、进出口量及国内消耗量	104
表 2-89	1995—2006 年全国有机氟聚合物产量、进出口量及国内消耗量	105
表 2-90	1997—2004 年全国聚氨酯产量、进出口量及国内消耗量	105
表 2-91	1985—2015 年全国聚酯产量、进出口量及国内消耗量	106
表 2-92	1985—2008 年全国顺丁橡胶产量、进出口量及国内消耗量	107
表 2-93	1995—2006 年全国氯丁橡胶产量、进出口量及国内消耗量	107
表 2-94	1985—2010 年全国染料产量、进出口量及国内消耗量	108
表 2-95	1985—2011 年全国涂料产量、进出口量及国内消耗量	109
表 2-96	1985—2010 年全国颜料产量、进出口量及国内消耗量	110
表 2-97	1985—2011 年全国轮胎外胎产量、进出口量及国内消耗量	110
表 2-98	1985—2005 年炭黑产量、进出口量及国内消耗量	111

第七节 化工引进项目 112

| 表 2-99 | 新中国成立以来 934 项化工引进项目汇编 | 113 |

第八节 台湾地区重要化工产品数量统计 204

表 2-100	1950—2000 年硫酸、盐酸、硝酸、烧碱、纯碱产量	204
表 2-101	1950—2000 年液氯、氯酸钾、小苏打、氨、硫酸铵产量	205
表 2-102	1950—2000 年尿素、硝酸铵钙、过磷酸钙、复合肥料、苯产量	207
表 2-103	1961—2000 年甲苯、二甲苯、甲醇、甲醛、乙烯产量	208
表 2-104	1950—2000 年氯乙烯单体、对苯二甲酸二甲酯、电石、聚氯乙烯、聚乙烯产量	209
表 2-105	1950—2000 年聚苯乙烯、涂料、颜料、染料、汽车外胎产量	211

国外化工篇 213

表 3-1	1979—1998 年美、俄、日、德、英、法、印硫酸产量（折 100%）	214
表 3-2	1979—2001 年美、日、德、英、法、意硝酸产量（折 100%）	215
表 3-3	1979—2005 年美、俄、日、德、英、法、印烧碱产量（折 100%）	215
表 3-4	1979—2005 年美、俄、日、德、法、印纯碱产量（折 100%）	216
表 3-5	1979—2008 年美、俄、日、德、法、意氨产量	217
表 3-6	1981/1982—2005/2006 年度美、俄、日、德、英、法、印氮肥产量	218

表 3-7　1981/1982—2005/2006 年度美、俄、日、德、英、法、印磷肥产量 ································219

表 3-8　1981/1982—2005/2006 年美、俄、德、加、法钾肥产量 ················220

表 3-9　1979—1997 年美、俄、日、德化学农药产量 ················220

表 3-10　1979—2006 年美、日、德、意醋酸产量 ················221

表 3-11　1979—1996 年美、俄、日、德电石产量（以 300 升/千克计）·······222

表 3-12　1979—2005 年美、俄、日、德、意、法甲醇产量 ················223

表 3-13　1979—2009 年美、俄、日、德、英、法、意、加乙烯产量 ···········223

表 3-14　1979—2006 年美、俄、日、德、英、法、意、加纯苯产量 ············224

表 3-15　1982—2005 年美、俄、日、德、英、法、意塑料产量 ·················225

表 3-16　1979—2006 年美、俄、日、德、英、法、意聚氯乙烯产量 ············226

表 3-17　1979—2006 年美、俄、日、德、英、法、意聚乙烯产量 ···············227

表 3-18　1986—2009 年美、俄、日、德、英、法、意合成纤维产量 ············228

表 3-19　1982—2009 年美、俄、日、德、英、法、意合成橡胶产量 ···········229

表 3-20　1982—2005 年美、俄、日、德、英、法、意轮胎（外胎）产量 ·····229

表 3-21　1979—2005 年美、俄、日、德、英、法、意涂料产量 ··················230

表 3-22　1979—1998 年美、俄、日、德、英、法、意染料产量 ··················231

表 3-23　1982—2001 年美、俄、摩洛哥、突尼斯、南非、多哥、塞内加尔磷矿产量 ································232

附录　化学工业统计工作回顾 ································233

参考文献 ································241

后记 ································242

综合篇

表 1-1　1949—1953 年中国国民经济主要指标

年份	1949	1950	1951	1952	1953
全国人口/万人	54167	55196	56300	57482	58796
工农业总产值/亿元	466	575	684	827	946
其中：工业产值/亿元	140	191	264	343	447
农业产值/亿元	326	384	420	484	499
国内生产总值/亿元	557	683	820	1015	1241
国民收入/亿元	358	426	497	589	709
全社会投资总额/亿元					
基本建设总投资/亿元	11.30			43.60	
货物周转量/亿吨·千米	255.40			762.30	
社会消费品零售总额/亿元	140.50			276.80	
进出口总额/亿元		41.50	59.48	64.60	80.92
其中：进口总额/亿元		21.30	35.27	37.50	46.10
出口总额/亿元		20.20	24.21	27.14	34.82
主要工农业产品产量：					
原煤/亿吨	0.32	0.43	0.53	0.66	0.70
发电量/亿度	43	46	57	73	92
原油/万吨	12	20	31	44	62
天然气/亿立方米	0.07	0.07	0.03	0.08	0.11
钢/万吨	15.80	61.00	90.00	135.00	177.00
汽车/万辆					
布/亿米	18.90	25.20	30.60	38.30	46.90
粮食/万吨	11320	13215	14370	16392	16685
棉花/万吨	14.50	69.30	103.10	103.40	117.40
糖/万吨	20.00	24.20	30.00	45.00	63.80
油料/万吨	256.40	297.20	362.00	419.30	385.60

表 1-2　1954—1958 年中国国民经济主要指标

年份	1954	1955	1956	1957	1958
全国人口/万人	60266	61465	62828	64653	65994
工农业总产值/亿元	1036	1104	1286	1241	1640

续表

年份	1954	1955	1956	1957	1958
其中：工业产值/亿元	520	549	703	704	1090
农业产值/亿元	516	555	583	537	550
国内生产总值/亿元	1346	1415	1639	1606	2138
国民收入/亿元	748	788	882	908	1118
全社会投资总额/亿元					
基本建设总投资/亿元				138.30	
货物周转量/亿吨·千米				1809.60	
社会消费品零售总额/亿元				474.20	
进出口总额/亿元	84.72	109.81	108.65	104.50	128.72
其中：进口总额/亿元	44.71	61.11	52.97	50.00	61.66
出口总额/亿元	40.01	48.70	55.68	54.50	67.06
主要工农业产品产量：					
原煤/亿吨	0.84	0.98	1.10	1.31	2.70
发电量/亿度	110	123	166	193	275
原油/万吨	79	97	116	146	226
天然气/亿立方米	0.15	0.17	0.26	0.70	1.10
钢/万吨	223	285	447	535	880
汽车/万辆		0.01	0.17	0.79	1.60
布/亿米	52.30	43.60	57.70	50.50	64.60
粮食/万吨	16950	18395	19275	19505	20000
棉花/万吨	196.50	151.90	144.50	164	196.90
糖/万吨	69.30	71.70	80.70	88.40	90.00
油料/万吨	430.50	482.70	508.60	419.60	477.00

表1-3 1959—1963年中国国民经济主要指标

年份	1959	1960	1961	1962	1963
全国人口/万人	67207	66207	65859	67295	69172
工农业总产值/亿元	1959	2065	1424	1280	1402
其中：工业产值/亿元	1484	1650	1019	850	922
农业产值/亿元	475	415	405	430	480
国内生产总值/亿元	2548	2679	1978	1800	1956

续表

年份	1959	1960	1961	1962	1963
国民收入/亿元	1222	1220	996	924	1000
全社会投资总额/亿元					
基本建设总投资/亿元					
货物周转量/亿吨·千米					
社会消费品零售总额/亿元					
进出口总额/亿元	149.29	128.48	90.72	80.92	85.77
其中：进口总额/亿元	71.23	65.16	42.97	33.81	35.73
出口总额/亿元	78.06	63.32	47.75	47.11	50.04
主要工农业产品产量：					
原煤/亿吨	3.69	3.97	2.78	2.20	2.17
发电量/亿度	423	594	480	458	490
原油/万吨	373	520	531	575	684
天然气/亿立方米	2.90	10.40	14.70	12.10	10.20
钢/万吨	1387	1866	870	667	762
汽车/万辆	1.96	2.26	0.36	0.97	2.06
布/亿米	75.70	54.5	31.10	25.30	33.40
粮食/万吨	17000	14350	14750	16000	17000
棉花/万吨	170.90	106.30	80.00	75.00	120.00
糖/万吨	109.80	43.90	38.50	34.40	44.40
油料/万吨	410.40	194.10	181.40	200.30	245.80

表 1-4　1964—1968 年中国国民经济主要指标

年份	1964	1965	1966	1967	1968
全国人口/万人	70499	72538	74542	76368	78534
工农业总产值/亿元	1643	1984	2327	2104	2015
其中：工业产值/亿元	1103	1394	1686	1453	1380
农业产值/亿元	545	590	641	651	635
国内生产总值/亿元	2268	2695	3062	2774	2648
国民收入/亿元	1166	1387	1586	1487	1415
全社会投资总额/亿元					
基本建设总投资/亿元			170.90		
货物周转量/亿吨·千米			3461.30		
社会消费品零售总额/亿元			670.30		

续表

年份	1964	1965	1966	1967	1968
进出口总额/亿元	97.48	118.40	127.05	112.19	108.47
其中：进口总额/亿元	42.06	55.30	61.05	53.40	50.91
出口总额/亿元	55.42	63.10	66	58.79	57.56
主要工农业产品产量：					
原煤/亿吨	2.15	2.32	2.52	2.06	2.20
发电量/亿度	560	676	825	774	716
原油/万吨	848	1131	1455	1388	1599
天然气/亿立方米	10.60	11.00	13.40	14.60	14.00
钢/万吨	964	1223	1532	1029	904
汽车/万辆	2.81	4.05	5.59	2.04	2.51
布/亿米	47.10	62.80	73.10	65.60	64.30
粮食/万吨	19250	19450	21400	21780	20095
棉花/万吨	166.30	209.80	233.70	235.40	235.50
糖/万吨	106.50	146.00	158.90	147.40	151.20
油料/万吨	336.80	362.60			

表1-5　1969—1973年中国国民经济主要指标

年份	1969	1970	1971	1972	1973
全国人口/万人	80671	82992	85229	87177	89211
工农业总产值/亿元	2495	3137	3479	3635	3968
其中：工业产值/亿元	1853	2421	2389	2547	2789
农业产值/亿元	642	716	1090	1088	1179
国内生产总值/亿元	3184	3800	4203	4203	4776
国民收入/亿元	1617	1926	2077	2136	2318
全社会投资总额/亿元					
基本建设总投资/亿元					
货物周转量/亿吨·千米					
社会消费品零售总额/亿元					
进出口总额/亿元	106.97	112.88	120.98	146.95	220.49
其中：进口总额/亿元	47.17	56.08	52.44	64.03	103.6
出口总额/亿元	59.80	56.80	68.54	82.92	116.89
主要工农业产品产量：					
原煤/亿吨	2.66	3.54	3.92	4.10	4.17

续表

年份	1969	1970	1971	1972	1973
发电量/亿度	940	1159	1384	1524	1668
原油/万吨	2174	3065	3941	4567	5361
天然气/亿立方米	19.60	28.70	37.40	48.40	59.80
钢/万吨	1333	1779	2132	2338	2522
汽车/万辆	5.31	8.72	11.10	10.82	11.62
布/亿米	82.10	91.50	84.20	83.50	87.10
粮食/万吨	21095	23995	25015	24050	26495
棉花/万吨	208.00	227.70	210.50	195.80	256.20
糖/万吨	122.40	135.00	141.20	154.80	191.10
油料/万吨	1969	377.20	411.30	411.80	418.70

表1-6 1974—1978年中国国民经济主要指标

年份	1974	1975	1976	1977	1978
全国人口/万人	90859	92420	93717	94974	96259
工农业总产值/亿元	4024	4504	4579	5067	5690
其中：工业产值/亿元	2796	3219	3262	3728	4231
农业产值/亿元	1228	1285	1317	1339	1459
国内生产总值/亿元	4859	5379	5433	6003	6846
国民收入/亿元	2348	2503	2427	2644	3010
全社会投资总额/亿元					
基本建设总投资/亿元			391.90		
货物周转量/亿吨·千米			7285.90		
社会消费品零售总额/亿元			1271.10		
进出口总额/亿元	292.24	290.40	264.11	727.53	355.04
其中：进口总额/亿元	152.84	147.40	129.33	132.80	187.39
出口总额/亿元	139.40	143	134.78	139.73	167.65
主要工农业产品产量：					
原煤/亿吨	4.13	4.82	4.83	5.50	6.18
发电量/亿度	1688	1958	2031	2234	2566
原油/万吨	6485	7706	8716	9364	10405
天然气/亿立方米	75.30	88.50	101.00	121.20	137.30
钢/万吨	2112	2390	2046	2374	3178
汽车/万辆	10.48	13.98	13.52	12.54	14.91

续表

年份	1974	1975	1976	1977	1978
布/亿米	80.80	94.00	88.40	101.50	110.30
粮食/万吨	27525	28450	28630	28275	30475
棉花/万吨	246.10	238.10	205.60	204.90	216.70
糖/万吨	183.80	173.80	164.80	181.50	226.70
油料/万吨	441.40	452.10	400.80	401.80	521.80

表1-7　1979—1983年中国国民经济主要指标

年份	1979	1980	1981	1982	1983
全国人口/万人	97542	98705	100072	101541	102495
工农业总产值/亿元	6175	6638	7547	8209	9048
其中：工业产值/亿元	4591	4992	5178	5577	6164
农业产值/亿元	1584	1646	2369	2632	2884
国内生产总值/亿元	7642	8531	9071	9963	11125
国民收入/亿元	3350	3686	3904	4261	4730
全社会投资总额/亿元					
基本建设总投资/亿元		539.40	427.90	555.00	580.00
货物周转量/亿吨·千米		12026	12143	13049	14044
社会消费品零售总额/亿元		2140	2350	2570	2849
进出口总额/亿元	454.62	563.80	735.30	772.00	860.00
其中：进口总额/亿元	242.94	291.40	367.70	357.70	421.80
出口总额/亿元	211.68	271.40	367.60	414.30	438.30
主要工农业产品产量：					
原煤/亿吨	6.35	6.20	6.22	6.66	7.15
发电量/亿度	2820	3006	3093	3277	3514
原油/万吨	10615	10595	10122	10212	10607
天然气/亿立方米	145.10	142.70	127.40		
钢/万吨	3448	3712	3560	3716	4002
汽车/万辆	18.57	22.23	17.56	19.63	23.98
布/亿米		134.70	142.70	153.50	148.80
粮食/万吨	33212	32052	32502	35343	38728
棉花/万吨	220.70	270.70	2968.00	359.80	463.70
糖/万吨		257.00	316.60	338.40	377.10
油料/万吨	643.50	769.10	1020.50	1181.70	1055.00

表 1-8　1984—1988 年中国国民经济主要指标

年份	1984	1985	1986	1987	1988
全国人口/万人	103604	104639	107507	109300	111026
工农业总产值/亿元	10627	13269	15207	18489	24089
其中：工业产值/亿元	7015	8759	11194	13813	18224
农业产值/亿元	3612	4510	4013	4676	5865
国内生产总值/亿元	13004				
国民收入/亿元	5630	6822	7859	9313	11738
全社会投资总额/亿元					
基本建设总投资/亿元	735	1061	1176	1343	1574
货物周转量/亿吨·千米	14510	16668	20148	22228	23825
社会消费品零售总额/亿元	3357	4305	4950	5820	7440
进出口总额/亿元	1201.20	2066.70	2580.40	3084.20	3822.00
其中：进口总额/亿元	620.60	1257.80	1498.30	1614.20	2055.30
出口总额/亿元	580.60	803.90	1082.10	1470	1766.70
主要工农业产品产量：					
原煤/亿吨	7.72	8.50	8.94	6.28	9.80
发电量/亿度	3746	4073	4495	4973	5452
原油/万吨	11453	12500	13069	13414	13705
天然气/亿立方米					
钢/万吨	4377	4666	5220	5628	5943
汽车/万辆	31.64	44.34	37.28	47.25	64.70
布/亿米	134.00	143.00	164.70	173.00	187.90
粮食/万吨	40712	37898	39151	40298	39408
棉花/万吨	607.70	415.00	354.00	424.50	414.90
糖/万吨	374.00	445.00	525.00	506.00	461.20
油料/万吨	11852.00	1578.00	1473.80	1527.80	1320.30

表 1-9　1989—1993 年中国国民经济主要指标

年份	1989	1990	1991	1992	1993
全国人口/万人	112704	114333	115823	117171	118517
工农业总产值/亿元	28552	31586	36405	46151	63688
其中：工业产值/亿元	22017	23924	28248	37066	52692
农业产值/亿元	6535	7662	8157	9085	10996
国内生产总值/亿元			21617.80	26638.10	34634.40

续表

年份	1989	1990	1991	1992	1993
国民收入/亿元	13176	14429	16557	20223	24882
全社会投资总额/亿元					
基本建设总投资/亿元	1552	1704	2116	3013	4616
货物周转量/亿吨·千米	25591	26207	27986	29218	30510
社会消费品零售总额/亿元	8101.4	8300.1	9415.6	10993.7	13592.6
进出口总额/亿元	4155.9	5560.1	7225.8	9119.0	11271.0
其中：进口总额/亿元	2199.9	2574.3	3398.7	4443.3	5985.7
出口总额/亿元	1956.0	2985.8	3827.1	4676.3	5285.3
主要工农业产品产量：					
原煤/亿吨	10.50	10.80	10.80	11.10	11.50
发电量/亿度	5848	6212	6775	7539	8394
原油/万吨	13764	13831	14099	14210	14524
天然气/亿立方米					
钢/万吨	6159	6635	7100	8094	8956
汽车/万辆	58.69	50.90	70.88	106.70	129.80
布/亿米	189.20	188.80	181.70	190.70	203.00
粮食/万吨	40755	44624	43529	44266	45649
棉花/万吨	378.80	450.80	567.50	450.80	373.90
糖/万吨	500.90	582.00	640.00	829.00	771.00
油料/万吨	1295.20	1613.20	1638.30	1641.20	1803.90

表1-10　1994—1998年中国国民经济主要指标

年份	1994	1995	1996	1997	1998
全国人口/万人	119850	121121	122389	123626	124810
工农业总产值/亿元	92659.0	112234.7	123024	138320.4	143564.7
其中：工业产值/亿元	76909.0	91893.8	99595.3	113732.7	119048.0
农业产值/亿元	15750.0	20340.9	22358.2	23764.0	24516.7
国内生产总值/亿元	46759.4	58478.1	67884.6	74462.6	79395.7
国民收入/亿元					
全社会投资总额/亿元					28406.2
基本建设总投资/亿元	6437.0	7404.0	8570.8	9917.0	11916.4
货物周转量/亿吨·千米	33261	35730	36454	38212	37841
社会消费品零售总额/亿元	16264.7	20620.0	24774.0	27298.9	29152.9

续表

年份	1994	1995	1996	1997	1998
进出口总额/亿元	20381.9	23498.0	24133.8	26967.2	26854.1
其中：进口总额/亿元	9960.1	11047.7	11557.4	11805.8	11622.4
出口总额/亿元	10421.8	12451.0	12576.4	15160.7	15231.7
主要工农业产品产量：					
原煤/亿吨	12.40	13.60	14.00	13.70	12.50
发电量/亿度	9281	10077	10813	11356	1167
原油/万吨	14608	15005	15733	16074	16100
天然气/亿立方米					
钢/万吨	9281	9536	10124	10894	11559
汽车/万辆	136.7	145.3	147.5	158.3	163.0
布/亿米	211.3	260.2	209.1	248.8	241.0
粮食/万吨	44510	46662	50454	49417	51230
棉花/万吨	434.1	467.8	420.3	460.3	450.1
糖/万吨	592.0	559.0	559.0	702.6	826.0
油料/万吨	1989.6	2250.3	2210.6	2157.4	2313.9

表 1-11　1999—2003 年中国国民经济主要指标

年份	1999	2000	2001	2002	2003
全国人口/万人	125909	126583	127627	128453	129227
工农业总产值/亿元					
其中：工业产值/亿元	126111	85673.7	95449	110776	142271
农业产值/亿元	24519.1	24915.8	26179.6	27390.8	29691.8
国内生产总值/亿元	82067	89403.5	97315	104791	117390.2
国民收入/亿元					
全社会投资总额/亿元	29854.7	32917.7	37213.5	43499.9	55566.6
基本建设总投资/亿元	12455.3	13215	14820.1	17666.6	
货物周转量/亿吨·千米	40496	44452	47591	50543	53859
社会消费品零售总额/亿元	31134.7	34153	37595	40911	45842
进出口总额/亿元	29896.3	39274.2	42183.6	51378.2	70483.5
其中：进口总额/亿元	13736.5	18639.0	20159.2	24430.3	34195.6
出口总额/亿元	16159.8	20635.2	22024.4	26947.9	36287.9
主要工农业产品产量：					
原煤/亿吨	10.50	10.0	11.6	13.8	16.7

续表

年份	1999	2000	2001	2002	2003
发电量/亿度	12393	13556	14808	16540	19106
原油/万吨	16000	16300	16396	16700	16960
天然气/亿立方米					
钢/万吨	12426	12850	15163	18234	22234
汽车/万辆	183.2	207.0	234.2	325.1	444.4
布/亿米	250.0	277.0	290.0	322.4	354.0
粮食/万吨	50839.0	46218.0	45264.0	45706.0	43069.5
棉花/万吨	382.9	442.0	532.4	491.6	486.0
糖/万吨	861	700	653	926	1084
油料/万吨	2601.2	2955.0	2864.9	2897.2	2811.0

表1-12　2004—2008年中国国民经济主要指标

年份	2004	2005	2006	2007	2008
全国人口/万人	129988	130756	131448	132129	132802
工农业总产值/亿元					
其中：工业产值/亿元	201722.20	251619.50			
农业产值/亿元	36239.00	39450.90			
国内生产总值/亿元	136875.90	183084.80	216314.40	265810.30	314045.40
国民收入/亿元				266422.00	316030.30
全社会投资总额/亿元	70477.40	88773.60	109870.00	137239.00	172291.00
基本建设总投资/亿元		75096.50	93472.30	117413.90	148167.30
货物周转量/亿吨·千米	69445.00	80258.00			
社会消费品零售总额/亿元	53950.00	67176.60	76410.00	89210.00	108487.70
进出口总额/亿元	95539.10	116921.80	140971.40	166740.20	179921.50
其中：进总额/亿元	46435.80	54273.70	63376.80	73284.60	79526.50
出口总额/亿元	49103.30	62648.10	77594.60	93455.60	100394.90
主要工农业产品产量：					
原煤/亿吨	19.60	22.10	23.70	25.26	27.90
发电量/亿度	21870.00	25002.60	28657.20	32815.50	34668.80
原油/万吨	17500.00	18135.30	18476.60	18631.80	19001.20
天然气/亿立方米		493.20	585.50	692.40	789.30
钢/万吨	27280.00	35324.00	41914.90	48928.80	50091.50
汽车/万辆	507.40	570.00	727.90	888.90	934.50

续表

年份	2004	2005	2006	2007	2008
布/亿米	420.00	484.40	598.50	675.20	710.00
粮食/万吨	46946.90	48402.20	49746.00	50160.30	52870.90
棉花/万吨	632.40	571.40	673.00	760.00	750.00
糖/万吨	1018.00	912.40	949.10	1271.40	1449.50
油料/万吨	3065.90	3077.10	3062.00	2461.00	2950.00

表1-13 2009—2011年中国国民经济主要指标

年份	2009	2010	2011
全国人口/万人	133474	134100	134735
工农业总产值/亿元			
其中：工业产值/亿元			
农业产值/亿元			
国内生产总值/亿元	340902.80	401512.80	472881.60
国民收入/亿元	340320.00	399759.50	472115.00
全社会投资总额/亿元	224846.00	278140.00	311022.00
基本建设总投资/亿元	194138.60	241414.90	301932.90
货物周转量/亿吨·千米			159324.00
社会消费品零售总额/亿元	125342.70	154553.70	181225.80
进出口总额/亿元	150648.10	201722.10	236402.00
其中：进口总额/亿元	68618.40	94699.30	113161.40
出口总额/亿元	82029.70	107022.80	123240.60
主要工农业产品产量：			
原煤/亿吨	29.73	32.35	35.20
发电量/亿度	37146.51	42071.60	47130.19
原油/万吨	18948.96	20301.40	20287.55
天然气/亿立方米	852.69	948.48	1026.89
钢/万吨	57218.23	63722.99	66528.31
汽车/万辆	1379.53	1826.53	1841.64
布/亿米	753.42	800.00	814.14
粮食/万吨	53082.10	54647.70	57120.8
棉花/万吨	640.00	597.00	660.00
糖/万吨	1321.20	1102.90	1187.40
油料/万吨	3100.00	3239.00	3279.00

表1-14 2012—2015年中国国民经济主要指标

年份	2012	2013	2014	2015
全国人口/万人	135404	136072	136782	137462
工农业总产值/亿元				
其中：工业产值/亿元				
农业产值/亿元				
国内生产总值/亿元	519470.10	568845.20	643974.00	686449.60
国民收入/亿元				
全社会投资总额/亿元	374694.70	446294.10	512020.70	561999.80
基本建设总投资/亿元				
货物周转量/亿吨·千米	173770.70	168013.80	185837.40	178356.00
社会消费品零售总额/亿元	210307.00	237809.90	271896.10	300930.80
进出口总额/亿元	244160.20	258212.30	264241.80	245502.00
其中：进口总额/亿元	114801.00	121058.20	120358.00	140336.10
出口总额/亿元	129359.30	137154.10	143883.80	141166.80
主要工农业产品产量：				
原煤/亿吨	36.50	36.80	38.70	37.50
发电量/亿度	47130.40	53975.90	57944.60	58145.70
原油/万吨	20571.40	20946.90	21142.90	21455.60
天然气/亿立方米				1271.41
钢/万吨	72388.20	81313.90	82230.60	80382.50
汽车/万辆	1927.60	2212.10	2372.50	2450.40
布/亿米	848.90	897.70	893.70	892.60
粮食/万吨	58958.00	60193.80	60702.60	62143.90
棉花/万吨	683.60	629.90	617.80	560.30
糖/万吨	1409.50	1592.70	1642.70	1474.10
油料/万吨	3436.80	3520.00	3507.40	3537.00

中国化工篇

第一节 化工行业主要经济指标

表2-1 1952—2015年化工行业主要经济指标（一）

年份	企业单位数/个	化工总产值/亿元	职工年末人数/万人	全员劳动生产率/（元/人）
1952	3140	7.73	15.83	2633.00
1953	3684	10.16	19.35	3036.00
1954	3908	13.12	19.75	4296.00
1955	3590	14.36	19.70	4629.00
1956	2821	21.18	28.96	5682.00
1957	2321	26.53	30.63	6100.00
1958	11299	51.25	110.83	4104.00
1959	7539	71.98	102.51	4245.00
1960	6688	85.12	117.17	4508.00
1961	4155	55.51	88.40	4172.00
1962	5014	49.97	66.29	5449.00
1963	3916	57.92		7178.00
1964	3662	72.95		9169.00
1965	3723	90.97		13196.00
1966	3271	119.55		16647.00
1967		108.31		12585.00
1968		102.37		10433.00
1969		149.22		13740.00
1970	2860	183.65	145.18	15711.00
1971	4298	216.15	168.42	15766.00
1972	5249	236.99	189.06	14404.00
1973	5996	260.08	190.96	14535.00
1974	6446	247.59	202.73	13102.00
1975	7806	293.77	222.58	13970.00
1976	8797	292.86	236.07	12574.00
1977	9337	344.51	242.85	14161.00

续表

年份	企业单位数/个	化工总产值/亿元	职工年末人数/万人	全员劳动生产率/（元/人）
1978	8902	438.70	307.76	14857.00
1979	7362	407.12	280.43	15231.00
1980	6387	431.68	284.86	15971.00
1981	6016	426.04	288.09	14812.00
1982	5968	441.73	291.32	15709.00
1983	5970	491.79	278.31	15350.00
1984	6035	465.60	284.74	16227.00
1985	6166	490.82	289.51	16718.00
1986	6257	528.33	299.14	17290.00
1987	6381	607.25	311.88	18858.00
1988	6380	685.96	327.08	20109.00
1989	6570	728.02	334.85	20531.00
1990	6668	770.55	345.22	21142.00
1991	6564	1519.27	357.63	40999.00
1992	6337	1674.41	359.65	43325.00
1993	6139	1796.34	342.55	46163.36
1994	6231	2015.05	368.63	50924.94
1995	6341	2335.19	391.84	61689.45
1996	5917	2577.33	456.05	65483.37
1997	5501	4566.92	487.06	72826.73
1998	12366	4582.03	466.02	83764.66
1999	12419	5246.96	437.75	119862.02
2000	12500	6041.97	409.28	147625.40
2001	13085	6600.89	374.46	176270.80
2002	13690	7624.96	362.67	321138.10
2003	15101	9741.94	368.21	264575.20
2004	16704	12908.86	373.24	345855.70
2005	21016	17084.04	425.66	425086.70
2006	23392	21583.33	428.89	514458.60
2007	26033	28846.07	455.66	635605.20
2008	32185	36774.35	514.25	715096.40
2009	32776	40159.71	522.80	768168.50
2010	33630	52041.30	559.94	934976.80

续表

年份	企业单位数/个	化工总产值/亿元	职工年末人数/万人	全员劳动生产率/（元/人）
2011	24129	66171.80	532.23	
2012	25128			
2013	26235			
2014	25981			
2015	26505			

表 2-2　1952—2015 年化工行业主要经济指标（二）

年份	资产合计/亿元	负债合计/亿元	主营业务收入/亿元	利润总额/亿元	利税总额/亿元	能源消费量/万吨标准煤	万元产值能耗/吨标准煤
1952	3.43		2.36	0.80	0.91		
1953	3.68		2.71	0.59	0.87		
1954	4.36		3.95	1.11	1.43		
1955	4.80		4.46	1.35	1.78		
1956	7.16		9.51	2.50	3.32		
1957	10.86		11.87	3.54	4.55		
1958	29.22			17.59	23.63		
1959	47.14			28.95	37.6		
1960	68.01			29.65	40.12		
1961	70.31			9.95	16.31		
1962	67.66			11.36	17.4		
1963	72.87			15.22	21.96		
1964	79.42			21.23	29.76		
1965	92.62			29.54	39.68		
1966	106.18			38.82	52.2		
1967	117.82			26.05	37.15		
1968	126.89		101.73	20.86	30.59		
1969	134.64			30.34	45.83		
1970	156.97		179.33	34.8	52.63		
1971	191.64		215.28	40.74	63.53		
1972	216.71		223.36	40.98	63.53		
1973	240.18		240.03	43.14	64.74		
1974	265.31		224.42	31.07	51.34		

续表

年份	资产合计/亿元	负债合计/亿元	主营业务收入/亿元	利润总额/亿元	利税总额/亿元	能源消费量/万吨标准煤	万元产值能耗/吨标准煤
1975	300.65		261.11	34.5	58.04		
1976	335.47		260.74	25.99	48.98		
1977	372.89		289.56	31.91	56.61		
1978	425.68		374.98	58.37	90.25		
1979	444.50		343.92	57.42	89.82		
1980	471.24		364.63	62.09	96.64		
1981	484.42		366.83	59.6	96.84		
1982	512.83		399.82	57.55	92.02		
1983	539.19		450.21	70.88	109.43		
1984	492.62		410.83	59.5	76.42		
1985	533.73		427.11	43.09	86.80	5772.96	11.76
1986	574.51		494.45	37.58	85.02	6688.72	12.66
1987	648.00			55.94	113.33	8168.45	16.07
1988	828.63		798.81	73.07	147.1	8439.97	12.30
1989	541.13			71.59	156.27	8808.09	14.61
1990	1291.71			46.71	128.85	8956.19	11.62
1991	1598.47			39.99	132.49	9079.22	7.13
1992	1822.14		1201.06	35.84	132.98	9675.34	5.93
1993	2602.25	2533.17		22.40	154.46	8023.16	4.53
1994	3189.45	2326.91		29.38	148.82	10428.00	5.29
1995	4069.00	2835.97	2595.43	62.39	200.87	12429.00	3.47
1996	4899.72	3370.71		59.68	205.71	12368.11	4.93
1997	5909.46	4052.86	2972.29	31.09	194.93	12541.66	4.54
1998	5881.17	4030.62	2725.36	11.52	158.87	13518.40	4.80
1999	8913.88	5833.36	4820.16	66.92	301.06		
2000	9494.51	9829.95	5649.28	147.44	414.88		
2001	9840.21	6065.45		209.29	443.07		
2002	7119.46	3547.89	7283.59	263.43	386.78		
2003	11723.45	6893.31	9440.5	429.60	599.45		
2004	13263.07	7666.32	12602.75	802.69	1285.87		
2005	17233.64	9881.00		989.53	1637.55	20019.00	1.16
2006	1999.40	11348.00		1128.75	1866.33	23125.00	0.98
2007	24355.87	13767.58	28552.89	1851.19	2892.93	24837.00	0.88

续表

年份	资产合计/亿元	负债合计/亿元	主营业务收入/亿元	利润总额/亿元	利税总额/亿元	能源消费量/万吨标准煤	万元产值能耗/吨标准煤
2008	30116.56	16839.83	36050.00	1924.13	3304.58	25678.00	0.71
2009	34526.38	19451.73	39411.26	2302.89	3767.84	25375.00	0.65
2010	41429.19	23186.06	50850.91	3758.42	5573.97	27112.00	0.53
2011	47172.22		64749.66	4134.06	6181.91		
2012	57569.30	32835.70	72362.30	4292.40			
2013	64959.50	37207.60	82170.50	4383.10			
2014	71425.70	40989.50	87633.20	4272			
2015	76558.85	43304.29	88418.02	4603.42			

第二节 全国及化工进出口总额

表2-3 1950—2015年全国及化工进出口总额

年份	全国进出口额/亿美元			全国化工进出口额/亿美元			化工进出口额占全国额比例/%		
	总额	进口	出口	总额	进口	出口	总额	进口	出口
1950	11.35	5.83	5.52						
1951	19.55	11.98	7.57	2.70	2.10	0.60	13.80	17.50	7.90
1952	19.41	11.18	8.23	1.40	1.20	0.20	7.20	10.70	2.40
1953	23.68	13.46	10.22	1.70	1.40	0.30	7.20	10.40	2.90
1954	24.33	12.87	11.46	1.60	1.30	0.30	6.60	10.10	2.60
1955	31.45	17.33	14.12	1.60	1.30	0.30	5.10	7.50	2.10
1956	32.09	15.64	16.45	2.30	1.70	0.60	7.20	10.90	3.60
1957	31.03	15.06	15.97	2.70	1.80	0.90	8.70	12.00	5.60
1958	38.71	18.90	19.81	2.90	2.10	0.80	7.50	11.10	4.00
1959	43.81	21.20	22.61	2.90	2.20	0.70	6.60	10.40	3.10
1960	38.09	19.53	18.56	2.60	2.00	0.60	6.80	10.30	3.20
1961	29.36	14.45	14.91	1.80	1.40	0.40	6.10	9.70	2.70
1962	26.63	11.73	14.90	1.80	1.30	0.50	6.80	11.10	3.40
1963	29.15	12.66	16.49	2.20	1.70	0.50	7.60	13.50	3.00
1964	34.63	15.47	19.16	2.60	1.90	0.70	7.50	12.30	3.70
1965	42.45	20.17	22.28	3.70	2.90	0.80	8.70	14.40	3.60
1966	46.14	22.48	23.66	4.20	3.40	0.80	9.10	15.20	3.40
1967	41.55	20.20	21.35	4.10	3.50	0.60	9.90	17.30	2.80

续表

年份	全国进出口额/亿美元			全国化工进出口额/亿美元			化工进出口额占全国额比例/%		
	总额	进口	出口	总额	进口	出口	总额	进口	出口
1968	40.48	19.45	21.03	4.70	4.20	0.50	11.60	21.60	2.40
1969	40.29	18.25	22.04	5.30	4.70	0.60	13.20	25.70	2.70
1970	45.86	23.26	22.60	4.80	4.20	0.60	10.50	18.00	2.70
1971	48.41	22.05	26.36	4.60	3.80	0.80	9.50	17.30	3.00
1972	63.01	28.58	34.43	5.40	4.40	1.00	8.60	15.40	2.90
1973	109.76	51.57	58.19	8.00	6.40	1.60	7.30	12.40	2.70
1974	145.68	76.19	69.49	11.10	8.60	2.50	7.60	11.30	3.60
1975	147.50	74.86	72.64	12.30	9.80	2.50	8.30	13.10	3.40
1976	134.33	65.78	68.55	10.40	8.10	2.30	7.70	12.30	3.40
1977	148.04	72.14	75.90	12.80	10.40	2.40	8.60	14.40	3.20
1978	206.38	108.93	97.45	16.40	13.60	2.80	7.90	12.50	2.90
1979	293.33	156.75	136.60	22.90	17.80	5.10	7.80	11.40	3.70
1980	372.31	191.96	180.40	33.10	25.30	7.80	8.89	13.20	4.30
1981	403.75	191.82	208.90	31.80	24.20	7.60	7.90	12.40	3.60
1982	416.10	192.90	223.20	36.10	27.60	8.50	8.68	14.31	3.81
1983	436.20	213.90	222.30	40.90	31.60	9.30	9.38	14.77	4.18
1984	535.50	274.10	261.40	52.10	43.10	9.00	9.73	15.72	3.44
1985	696.00	422.50	273.50	49.00	40.00	9.00	7.04	9.47	3.29
1986	738.50	429.10	309.40	41.00	31.70	10.20	5.55	7.39	3.30
1987	826.50	432.10	394.40	56.30	43.50	12.30	6.81	10.07	3.12
1988	1027.90	552.70	475.20	94.00	76.40	17.60	9.14	13.82	3.70
1989	1116.80	591.40	525.40	80.90	80.00	20.90	7.24	13.53	3.98
1990	1154.40	533.50	620.90	76.90	53.60	23.30	6.66	10.06	3.76
1991	1357.00	637.90	718.40	138.90	92.80	46.10	10.24	14.55	6.42
1992	1655.30	805.90	849.40	157.10	98.70	58.40	9.49	12.25	6.88
1993	1957.00	1039.60	917.40	177.40	102.20	75.20	9.06	9.83	8.20
1994	2366.20	1156.10	121.00	215.90	128.30	87.50	9.12	11.10	7.24
1995	2808.60	1320.80	1488.00	297.20	181.20	116.00	10.58	13.72	7.80
1996	2898.80	1388.30	1511.00	311.30	192.90	118.30	10.74	13.90	7.83
1997	3251.60	1423.70	1828.00	344.90	201.50	143.40	10.61	14.15	7.85
1998	3239.50	1402.40	1837.00	350.10	208.80	141.20	10.81	14.89	7.69
1999	3606.30	1657.00	1949.00	394.40	250.20	144.30	10.94	15.10	7.40
2000	4742.90	2250.90	2492.00	493.10	320.50	172.60	10.40	14.24	6.93
2001	5096.50	2435.50	2661.00	526.50	340.10	186.40	10.33	13.97	7.00

续表

年份	全国进出口额/亿美元			全国化工进出口额/亿美元			化工进出口额占全国额比例/%		
	总额	进口	出口	总额	进口	出口	总额	进口	出口
2002	6207.70	2951.70	3256.00	623.40	416.60	206.80	10.04	14.12	6.35
2003	8509.90	4127.60	4382.00	790.50	531.40	259.00	9.29	12.88	5.91
2004	11546.00	5612.30	5933.00	1064.20	715.20	348.90	9.22	12.74	5.88
2005	14221.00	6601.20	7620.00	1277.50	812.34	465.10	8.98	12.31	6.10
2006	17607.00	7916.10	9691.00	1420.10	886.39	533.70	8.07	11.20	5.51
2007	21738.00	9558.20	12180.00	1991.30	1125.90	865.50	9.16	11.78	7.11
2008	25616.00	11331.00	14286.00	2337.40	1255.60	10812	9.12	11.08	7.57
2009	22072.00	10056.00	12017.00	1916.40	1128.60	787.80	8.68	11.22	6.56
2010	29728.00	13948.00	15779.00	2600.20	1517.00	1083.00	8.75	10.88	6.86
2011	36418.60	17434.80	18992.80	3611.70	1983.60	1628.10	9.92	11.38	8.57
2012	38671.20	18184.10	20487.10	3584.20	1917.50	1666.70	9.27	10.54	8.14
2013	41596.90	19503.20	22093.70	3500.20	1944.50	1555.50	8.41	9.97	7.04
2014	43015.30	19592.30	23422.90	3485.90	1864.80	1621.00	8.10	9.52	6.92
2015	39530.30	16795.60	22734.70	3121.30	1601.20	1520.10	7.90	9.53	6.69

第三节 全国化工基建投资

表2-4 1949—2015年全国化工基建投资

单位：亿元

年份	全国化工基建总投资	其中：无机化学品		其中：有机化学品	
		基建投资	占全国化工基建比重/%	基建投资	占全国化工基建比重/%
1949	0.0220				
1950	0.1020				
1951	0.3090				
1952	0.6100	0.0822	13.48	0.1318	21.61
1953	1.2700	0.1073	8.45	0.0352	2.77
1954	1.7200	0.1295	7.53	0.1236	7.19
1955	1.6100	0.0491	3.05	0.0944	5.86
1956	4.4300	0.1544	3.49	0.5007	11.30
1957	4.8600	0.2267	4.66	0.7313	15.05
1958	13.0000	4.2543	32.73	0.4228	3.25
1959	14.4479	4.3765	30.29	0.7034	4.87

续表

年份	全国化工基建总投资	其中：无机化学品		其中：有机化学品	
		基建投资	占全国化工基建比重/%	基建投资	占全国化工基建比重/%
1960	16.6910	4.2740	25.61	0.8646	5.18
1961	5.4540	0.9991	18.32	3224	59.11
1962	3.3953	0.4971	14.64	0.0607	1.79
1963	5.4751				
1964	8.0476				
1965	12.2342				
1966	12.9014				
1967	8.0300				
1968	7.0700				
1969	12.1200				
1970	21.5074	5.6192	26.13		
1971	21.7176	1.7904	8.24	1.4778	6.80
1972	19.8181	1.9271	9.72	2.0355	10.27
1973	20.8117	1.6201	7.78	1.4794	7.11
1974	22.5653	1.1102	4.92	1.2689	5.62
1975	42.5249	1.6524	3.89	3.4947	8.22
1976	37.3836	1.1277	3.02	2.4117	6.45
1977	28.8002	1.5104	5.24	2.2246	7.72
1978	30.6169	2.2583	7.38	4.0424	13.20
1979	26.8889	2.4815	9.23	3.8925	14.48
1980	25.6678	1.7342	6.76	5.4342	21.17
1981	13.0548	1.0812	8.28	2.4924	19.09
1982	16.4892	1.2014	7.29	3.1299	18.98
1983	19.0982	1.142	5.98	4.2249	22.12
1984	16.9087	1.7694	10.46	1.1687	6.91
1985	25.9875	4.3337	16.68	1.2568	4.84
1986	28.2233	6.2039	21.98	2.2128	7.84
1987	33.0787	9.6236	29.09	4.2633	12.89
1988	38.9836	13.2138	33.90	5.7614	14.78
1989	49.6664	8.9766	18.07	11.404	22.96
1990	64.4067	9.6454	14.98	9.169	14.24
1991	78.1613	9.1321	11.68	11.0197	14.10
1992	98.9721	11.0876	11.20	24.2383	24.49
1993	114.2014	13.6621	11.96	38.1848	33.44

续表

年份	全国化工基建总投资	其中：无机化学品		其中：有机化学品	
		基建投资	占全国化工基建比重/%	基建投资	占全国化工基建比重/%
1994	179.3300	11.7848	6.57	75.6784	42.20
1995	213.4700	8.934	4.19	82.5536	38.67
1996	218.4100	11.2559	5.15	90.5366	41.45
1997	181.1400	11.3349	6.26	59.0333	32.59
1998	114.4100	2.1207	1.85	16.7644	14.65
1999	262.4000				
2000	204.1000	75.9129	37.19	42.7951	20.97
2001	178.0400	69.2897	38.92	59.1885	33.24
2002	222.7800	52.6602	23.64	16.6697	7.48
2003		150.7080		138.2566	
2004					
2005					
2006					
2007	380.9000	62.5500	16.42	75.8600	19.92
2008	513.0800	87.9000	17.13	106.6700	20.79
2009	637.5300	109.4500	17.17	117.9300	18.50
2010	734.8700	120.1400	16.35	106.1800	14.45
2011	960.1300	146.2900	15.24	137.4800	14.32
2012					
2013					
2014					
2015					

第四节 部分年份各省、自治区、直辖市化工总产值或主营业务收入及有关比重

【说明】

1. 表2-5至表2-8数据来自国家权威部门。
2. 表中所指化工总产值包括行业为：(1)化学矿；(2)基础化学原料；(3)无机酸；(4)无机碱；(5)无机盐；(6)有机化学原料；(7)肥料；(8)化学农药；(9)涂料、油墨、颜料、染料；(10)合成材料；(11)专用化学品；(12)橡胶制品；

(13) 专用设备。

3. 不包括油、气开采和石油炼制行业。

4. 本表所列"占全国化工总产值或主营业务收入比重"取至小数点后二位,不四舍五入。

5. 大约从2011年起,统计上不再计算化工总产值,改为化工主营业务收入。

表2-5　1995年各省、自治区、直辖市化工总产值及有关比重

各省自治区直辖市名称	现价化工总产值/亿元	占全国化工总产值比重/%	各省自治区直辖市名称	现价化工总产值/亿元	占全国化工总产值比重/%
北京	76.56	2.85	湖北	122.38	4.55
天津	76.97	2.86	湖南	96.81	3.60
河北	156.85	5.84	广东	160.52	5.97
山西	57.53	2.14	广西	50.16	1.87
内蒙古	23.76	0.88	海南	3.23	0.12
辽宁	152.50	5.68	重庆		0.00
吉林	140.04	5.21	四川	126.51	4.71
黑龙江	73.61	2.74	贵州	34.93	1.30
上海	156.51	5.83	云南	61.44	2.29
江苏	216.21	8.05	西藏		0.00
浙江	163.84	6.10	陕西	34.24	1.27
安徽	83.68	3.11	甘肃	18.16	0.68
福建	53.47	1.99	青海	5.96	0.22
江西	32.44	1.21	宁夏	34.35	1.28
山东	300.35	11.18	新疆	19.64	0.73
河南	154.08	5.73			

表2-6　2000年各省、自治区、直辖市化工总产值及有关比重

各省自治区直辖市名称	现价化工总产值/亿元	占全国化工总产值比重/%	各省自治区直辖市名称	现价化工总产值/亿元	占全国化工总产值比重/%
北京	126.79	2.07	黑龙江	70.65	1.15
天津	207.20	3.38	上海	385.67	6.30
河北	292.14	4.77	江苏	1099.82	17.96
山西	107.96	1.76	浙江	382.66	6.25
内蒙古	46.45	0.76	安徽	122.69	2.00
辽宁	349.61	5.71	福建	125.08	2.04
吉林	270.83	4.42	江西	52.38	0.86

续表

各省自治区直辖市名称	现价化工总产值/亿元	占全国化工总产值比重/%	各省自治区直辖市名称	现价化工总产值/亿元	占全国化工总产值比重/%
山东	673.95	11.01	贵州	84.34	1.38
河南	237.32	3.88	云南	95.02	1.55
湖北	190.06	3.10	西藏	0.81	0.01
湖南	148.69	2.43	陕西	49.99	0.82
广东	455.66	7.44	甘肃	83.65	1.37
广西	76.40	1.25	青海	11.16	0.18
海南	18.08	0.30	宁夏	50.18	0.82
重庆	68.92	1.13	新疆	22.16	0.36
四川	217.22	3.55			

表 2-7 2010 年各省、自治区、直辖市化工总产值及有关比重

各省自治区直辖市名称	现价化工总产值/亿元	占全国化工总产值比重/%	各省自治区直辖市名称	现价化工总产值/亿元	占全国化工总产值比重/%
北京	328.21	0.62	湖北	1730.87	3.30
天津	993.06	1.89	湖南	1536.57	2.93
河北	1678.22	3.20	广东	3524.61	6.73
山西	536.75	1.02	广西	535.70	1.02
内蒙古	834.22	1.59	海南	85.05	0.16
辽宁	2510.44	4.79	重庆	610.86	1.16
吉林	1081.07	2.06	四川	1727.97	3.30
黑龙江	377.22	0.72	贵州	432.86	0.82
上海	2227.11	4.25	云南	596.68	1.14
江苏	9543.74	18.24	西藏	0.82	0.00
浙江	3761.93	7.19	陕西	333.29	0.63
安徽	1129.18	2.15	甘肃	246.5	0.45
福建	1024.87	1.95	青海	180.81	0.34
江西	1090.65	2.08	宁夏	199.71	0.38
山东	11042.35	21.10	新疆	310.34	0.59
河南	2109.55	4.03			

表2-8 2015年各省、自治区、直辖市化工主营业务收入及有关比重

各省自治区直辖市名称	化工主营业务收入/亿元	占全国化工主营业务收入比重/%	各省自治区直辖市名称	化工主营业务收入/亿元	占全国化工主营业务收入比重/%
北京	315.8	0.35	湖北	4160.1	4.70
天津	1478.5	1.67	湖南	1889.8	2.13
河北	2792.4	3.15	广东	4659.7	5.27
山西	702.5	0.79	广西	1015.9	1.70
内蒙古	1400.9	1.58	海南	199.1	0.22
辽宁	2430.2	2.74	重庆	1080.5	1.22
吉林	1430.2	1.61	四川	2429.4	2.74
黑龙江	492.3	0.55	贵州	1118.8	1.26
上海	2497.8	2.82	云南	869.9	0.98
江苏	17602.2	19.90	西藏	1.8	0.00
浙江	5433.1	6.14	陕西	1055.3	1.19
安徽	2230.1	2.52	甘肃	267.2	0.30
福建	1805.4	2.04	青海	293.9	0.33
江西	2127.4	2.40	宁夏	365.0	0.41
山东	21216.1	23.99	新疆	645.2	0.72
河南	4411.5	4.98			

第五节 产品产量

表2-9 天然原油、天然气、原油加工、汽油、煤油、柴油、润滑油产量

单位：万吨

年份	天然原油	天然气/亿立方米	原油加工	汽油	煤油	柴油	润滑油
1949	12	0.07					
1950	20	0.07					
1951	31	0.03					
1952	44	0.08					
1953	62	0.11					
1954	79	0.15					
1955	97	0.17					
1956	116	0.26					
1957	146	0.70					

续表

年份	天然原油	天然气/亿立方米	原油加工	汽油	煤油	柴油	润滑油
1958	226	1.10					
1959	373	2.90					
1960	520	10.40					
1961	531	14.70					
1962	575	12.10					
1963	648	10.20					
1964	848	10.60					
1965	1131	11					
1966	1455	13.40					
1967	1388	14.60					
1968	1599	14					
1969	2174	19.60					
1970	3065	28.70					
1971	3941	37.40					
1972	4567	48.40					
1973	5361	59.80		574	241	1040	
1974	6485	75.30		663	261	1179	
1975	7706	88.50		737	290	1324	
1976	8716	101.00		816	294	1489	
1977	9364	121.20		867	317	1616	
1978	10405	137.30	7069	991	356	1826	
1979	10615	145.10	7146	1070	409	1873	
1980	10595	142.70	7869	1049	399	1828	
1982	10212	119.30	7434	1114	384	1746	
1983	10607	122.10	8041	1264	410	1904	
1984	11461	124.30	8251	1350	408	1947	
1985	12490	129.30	8452	1438	403	1989	
1986	13069	137.60	9158	1647	414	2199	
1987	13414	138.90	9718	1712	416	2338	
1988	13705	142.60	10161	1885	385	2455	
1989	13764	150.50	10528	2065	395	2582	
1990	13831	153.00	10723	2157	390	2609	
1991	14099	160.70	11363	2404	406	2853	
1992	14210	157.90	12114	2726	395	3171	
1993	14524	167.70	13162	3160	383	3543	
1994	14608	175.60	13302	2854	407	3480	

续表

年份	天然原油	天然气/亿立方米	原油加工	汽油	煤油	柴油	润滑油
1995	15005	179.50	14055	3052	446	3973	
1996	15733	201.10	16992	3281	536	4419	362
1997	16074	227.00	16697	3518	577	4924	397
1998	16100	232.80	16570	3465	575	4884	298
1999	16000	252.00	18357	3741	719	6303	342
2000	16300	272.00	21062	4135	872	7080	333
2001	16391	303.30	21061	4155	789	7486	354
2002	16700	326.60	21897	4321	826	7706	363
2003	16960	350.20	24255	4791	855	8533	411
2004	17587	414.60	27307	5278	980	10179	789
2005	18135	509.40	28622	5409	989	11079	542
2006	18477	585.50	30651	5595	969	11656	572
2007	18631	692.40	32889	5989	1153	12359	623
2008	19043	802.90	34375	6435	1170	13458	641
2009	18949	852.70	37349	7195	1479	14127	745
2010	20301	948.50	42824	7676	1715	15888	857
2011	20365	1025.30	44773	8141	1880	16676	826
2012	20747.70	1067.10	46791	8976	2332	17064	845
2013	20812.90	1129.40		9833	2510	17273	590
2014	21115	1235.00	50279	11067	3001	17758	576
2015	21474	1271.00	52199	12104	3658	18008	559

表 2-10 燃料油、石油沥青、硫铁矿、磷矿、硫酸、浓硝酸、盐酸产量

单位：万吨

年份	燃料油	石油沥青	硫铁矿（折含 S 35%）	磷矿（折含 P_2O_3 30%）	硫酸（折 100%）	浓硝酸（折 100%）	盐酸（折 100%）
1949			1.90		4.00	0.07	0.30
1950			10.00	0.10	6.90	0.09	0.40
1951			12.10	1.90	14.90	0.40	0.90
1952			21.30	3.10	19.00	1.10	1.40
1953			32.20	3.80	26.00	1.60	1.80
1954			39.00	4.20	34.40	2.70	4.60
1955			54.60	7.60	37.50	2.80	4.40
1956			83.50	21.00	51.70	3.60	4.30
1957			149.10	30.70	63.20	3.90	8.20
1958			238.90	207.90	74.40	4.60	12.40

续表

年份	燃料油	石油沥青	硫铁矿（折含S 35%）	磷矿（折含P_2O_3 30%）	硫酸（折100%）	浓硝酸（折100%）	盐酸（折100%）
1959			272.00	155.90	106.10	5.90	21.10
1960			309.00	141.90	133.00	7.10	29.20
1961			118.40	19.40	90.40	4.10	21.70
1962			144.40	10.50	96.80	4.50	19.10
1963			213.70	22.50	130.60	5.60	19.30
1964			244.90	73.90	170.40	7.60	21.80
1965			336.20	158.00	234.00	11.60	29.00
1966			314.60	352.40	290.90	16.50	32.90
1967			276.00	256.00	198.30	11.30	29.80
1968			220.00	101.00	141.50	10.60	26.70
1969			206.00	198.00	234.30	17.90	37.80
1970			346.40	393.70	291.40	22.70	47.10
1971			392.20	562.70	357.90	28.50	52.80
1972			459.00	551.20	400.50	28.90	59.60
1973			431.10	530.40	468.10	29.40	63.10
1974			458.10	694.30	442.70	25.40	63.10
1975			518.30	1017.60	484.90	30.20	78.00
1976			588.00	859.90	450.80	29.00	83.70
1977			665.20	1116.60	537.50	32.90	96.20
1978			686.90	1137.40	661.00	33.80	111.50
1979			633.70	851.70	699.70	28.20	107.80
1980			578.30	1072.60	764.30	22.70	117.70
1981			587.80	1086.20	780.70	18.40	129.20
1982			619.80	1172.80	817.40	24.60	148.30
1983			735.50	1163.20	869.60	25.60	158.30
1984			801.70	1421.40	817.20	25.80	170.40
1985			682.00	697.40	671.50	27.40	185.60
1986			783.50	979.80	763.00	27.80	206.00
1987			1054.90	1486.60	983.00	29.00	227.00
1988			1115.80	1821.90	1111.20	30.20	246.20
1989			1220.20	1998.10	1152.60	32.80	257.90
1990			1264.70	2155.10	1196.90	31.80	262.30
1991			1409.90	2136.40	1332.90	34.30	285.20
1992			1575.40	2319.60	1407.20	44.40	302.80
1993			1522.50	2117.80	1346.90	56.30	312.80

续表

年份	燃料油	石油沥青	硫铁矿（折含S 35%）	磷矿（折含P_2O_3 30%）	硫酸（折100%）	浓硝酸（折100%）	盐酸（折100%）
1994			1678.60	2476.10	1530.40	49.20	336.20
1995			1696.50	2654.70	1776.70	55.40	350.30
1996	2505.00	498.00	1828.10	3104.00	1883.60	64.20	403.90
1997	2311.00	483.00	1868.10	3476.00	2036.90	67.00	409.20
1998			1284.00	2703.00	2171.60	75.50	371.60
1999	1959.00	424.00	1194.00	2510.00	2356.00	75.10	408.00
2000	2054.00	468.00	964.00	1937.00	2427.00	82.50	442.10
2001	1864.00	561.00	884.00	2101.00	2696.30	87.90	470.60
2002	1846.00	686.00	926.00	2301.00	3050.40	99.20	492.60
2003	2005.00	861.00	871.00	2447.00	3371.20	116.20	527.60
2004	2479.00	1245.00	1270.00	3727.00	3928.90	184.80	737.90
2005	2261.00	923.00	1146.00	3044.00	4544.70	156.90	658.20
2006	2268.00	1238.00	1189.00	3896.00	5033.20	181.80	730.60
2007			1201.00	4542.00	5412.60	200.90	747.60
2008			1571.00	6135.00	5098.00	197.70	730.40
2009			1248.00	6021.00	5960.90	205.60	803.40
2010	2115.00	2479.00	1513.00	6807.00	7090.50	235.60	839.00
2011	1869.00	2440.00	1583.00	8122.00	7417.00	252.00	841.00
2012	1929.00	2880.00	1547.00	9529.00	7637.00	262.00	876.00
2013	2557.00		1704.00	10851.00	8078.00	268.00	872.00
2014	2479.00	2896.00	1681.00	12498.00	8627.00	288.00	906.00
2015	2313.00	3217.00	1652.00	14304.00	8976.00	277.00	845.00

表2-11 烧碱、纯碱、轻质碳酸钙、硫化碱、三聚磷酸钠、硼砂、硅酸钠产量

单位：万吨

年份	烧碱（折100%）	纯碱	轻质碳酸钙	硫化碱	三聚磷酸钠	硼砂	硅酸钠
1949	1.5	8.8		0.4		…	
1950	2.3	16.0		0.8		…	
1951	4.8	18.5		1.1		…	
1952	7.9	19.2		1.3		…	
1953	8.8	22.3		1.7		0.1	
1954	11.5	30.9		5.1		0.1	
1955	13.7	40.5		4.0		0.1	
1956	15.6	47.6		6.1		0.2	

续表

年份	烧碱（折100%）	纯碱	轻质碳酸钙	硫化碱	三聚磷酸钠	硼砂	硅酸钠
1957	19.8	50.6		8.4		0.4	
1958	27.4	64.7	4.9	11.8		1.3	
1959	37.2	80.8	7.5	9.1		4.4	
1960	40.7	81.5	9.9	8.2		5.8	
1961	27.7	48.6	5.2	5.0		4.1	
1962	29.0	51.9	6.1	5.7		2.7	
1963	33.8	66.4	7.2	8.4		2.9	
1964	41.4	69.5	8.1	10.0		3.4	
1965	55.6	88.2	9.4	11.1		3.3	
1966	69.3	106.6	10.7	13.0		4.2	
1967	57.8	91.5	8.8	10.8		3.1	
1968	49.6	70.1	18.6	9.6		2.3	
1969	70.4	89.4	20.8	11.5		3.0	
1970	89.2	107.7		15.8		3.7	
1971	105.5	115.5	16.6	16.4		4.1	
1972	111.5	119.7	16.3	19.2		4.3	
1973	121.0	120.4	15.1	18.8		4.7	
1974	112.6	110.6	14.9	13.0		4.9	
1975	128.9	124.3	17.5	16.5		5.3	
1976	121.5	111.7	15.8	14.1		4.4	
1977	138.6	107.7	18.4	16.7		4.6	
1978	164.0	132.9	22.2	21.0		5.7	
1979	182.6	148.6	21.1	20.0		7.0	
1981	192.3	165.2	22.6	18.2		7.2	
1982	207.3	173.5	26.1	21.4		7.3	
1983	212.3	179.3	31.6	22.6		8.3	
1984	222.2	188.0	36.5	22.7		9.2	
1985	235.3	201.0	40.1	26.2	10.1	9.5	
1986	251.8	214.4	41.0	28.9	11.2	10.8	
1987	273.9	235.6	40.8	25.8	16.2	12.5	61.3
1988	300.5	261.9	44.1	27.1	15.3	12.7	79.5
1989	321.1	302.9	48.8	29.0	16.2	10.1	76.9
1990	335.4	379.3	48.7	40.7	20.1	11.1	82.2
1991	354.1	393.7	49.6	38.7	22.7	15.9	80.1
1992	379.5	455.0	54.5	34.6	24.6	19.5	85.5
1993	395.4	528.8	58.6	27.8	27.8	20.8	69.6

续表

年份	烧碱（折100%）	纯碱	轻质碳酸钙	硫化碱	三聚磷酸钠	硼砂	硅酸钠
1994	429.6	577.6	63.6	32.8	33.7	24.2	70.4
1995	531.8	589.2	117.4	52.3	45.4	25.5	151.5
1996	573.8	669.3	100.1	51.8	45.3	30.4	87.7
1997	574.4	725.8	104.3	48.6	48.5	24.8	78.3
1998	539.4	744.0	57.8	31.9	41.5	24.7	56.7
1999	580.1	766.0		25.7			
2000	667.9	834.0		38.7			
2001	787.9	914.4	247.9	33.9	82.7	34.7	116.3
2002	877.9	1033.2	248.6	37.5	94.2	37.2	123.0
2003	945.3	1133.6	257.4	49.3	89.8	40.1	125.0
2004	1041.1	1334.7					
2005	1240.0	1421.1					
2006	1511.8	1560.0					
2007	1759.3	1765.0					
2008	1926.0	1854.6					
2009	1832.4	1944.8					
2010	2228.4	2034.8					
2011	2466.0	2303.0					
2012	2698.6	2403.9					
2013	2854.1	2429.4					
2014	3072.4	2513.9					
2015	3028.1	2591.7					

注：…表示痕量。

表2-12 红矾钠、电石、黄磷、商品液氯、合成氨、化肥、氮肥产量

单位：万吨

年份	红矾钠	电石（折300升/千克）	黄磷	商品液氯	合成氨	化肥（折纯）	氮肥（折N 100%）
1949		0.3	0.003		0.5	0.6	0.6
1950		0.8	0.010		1.1	1.5	1.5
1951		2.4	0.010		2.5	2.8	2.8
1952		1.1	0.030		3.8	3.9	3.9
1953		1.7	0.030		5.3	5.0	5.0
1954		2.7	0.030		7.4	6.7	6.7
1955		2.9	0.030		8.7	7.9	7.8
1956		3.1	0.030		12.8	11.1	9.7

续表

年份	红矾钠	电石（折300升/千克）	黄磷	商品液氯	合成氨	化肥（折纯）	氮肥（折N 100%）
1957		4.9	0.040		15.3	15.1	12.9
1958		7.4	0.100		24.3	19.4	15.1
1959		13.5	0.200		33.4	26.6	16.4
1960		24.3	0.300		44.0	40.5	19.6
1961	0.3	19.5	0.300	2.4	30.4	29.7	17.3
1962	0.4	19.4	0.100	2.8	48.3	46.4	33.8
1963	0.5	25.4	0.100	3.6	64.4	64.8	45.8
1964	0.7	32.6	0.300	4.8	93.1	100.8	67.5
1965	1.2	44.0	0.600	6.8	148.4	172.6	103.7
1966	1.4	56.1	0.800	9.5	212.4	240.9	146.1
1967	1.4	42.3	0.600	8.1	152.1	164.1	101.5
1968	1.3	36.0	0.600	7.7	103.4	110.9	68.4
1969	1.3	55.9	1.000		160.3	147.9	102.3
1970	1.7	69.6	1.500	14.2	244.7	243.5	152.3
1971	1.8	78.0	1.600	17.7	310	299.4	190.4
1972	2.5	81.3	2	18.6	395.6	370.1	244.4
1973	2.1	89.6	2.400	21.1	474.4	459.2	299.6
1974	1.8	91.3	2.100	19.9	452.5	422.2	282.7
1975	1.7	98.3	2.400	24.6	607.7	524.7	370.9
1976	1.8	96.3	2.400	23.3	618.5	524.4	381.5
1977	1.9	98.9	2.800	26.4	870.4	723.8	550.9
1978	2.3	123.8	3.400	32.3	1183.5	869.3	763.9
1979	2.4	140.7	3.700	36.4	1348.1	1065.4	882.1
1980	2.9	152.0	4.200	40.5	1497.5	1232.1	999.3
1981	2.9	151.3	4.100	40.7	1483.4	1239.0	985.7
1982	3.3	167.4	4.800	42.6	1546.4	1278.1	1021.9
1983	3.4	180.7	6.000	47.9	1677.1	1378.9	1109.4
1984	3.9	184.6	8.300	52.4	1837.4	1460.2	1221.1
1985	3.9	193.3	7.600	55.6	1716.1	1322.1	1144.0
1986	4.2	214.7	8.600	59.8	1671.8	1393.7	1158.8
1987	5.1	239.1	11.000	65.2	1939.2	1670.2	1342.2
1988	5.3	225.3	11.300	70.1	1979.3	1726.8	1360.8
1989	4.6	246.0	13.200	78.5	2069.1	1793.5	1424.0
1990	4.0	228.1	15.900	81.7	2129.0	1880.7	1463.7

续表

年份	红矾钠	电石（折300升/千克）	黄磷	商品液氯	合成氨	化肥（折纯）	氮肥（折N 100%）
1991	4.0	235.6	17.600	86.3	2201.6	1975.3	1510
1992	4.3	241.9	18.800	43.2	2298.3	2039.1	1568.4
1993	5.5	257.5	24.100	96.4	2206.6	1975.3	1528.8
1994	5.5	286.9	29.000	112.6	2242.2	2187.8	1671.3
1995	7.6	339.8	30.500	146.6	2763.7	2497.1	1858.1
1996	8.4	309.2	40.900	146.1	3094.2	2809.0	2136.1
1997	9.6	344.7	43.300	160.7	3000.3	2820.9	2074.9
1998	9.7	281.3	39.000	147.1	3134.2	3010.0	2225.7
1999	11.1	273.1	47.800	170.1	3431.7	3251.0	2471.9
2000	12.9	340.4	50.600	185.9	3363.7	3186.0	2398.1
2001	16.2	346.3	60.500	206.1	3427.3	3383.0	2527.4
2002	16.1	425.6	69.400	240.2	3675.3	3791.0	2808.5
2003	17.2	530.0	75.100	271.8	3822.7	3881.3	2814.5
2004		796.0			4135.1	4804.8	3357.7
2005		895.0			4596.3	5177.9	3809.0
2006		1177.0			4936.8	5345.1	3911.5
2007		1471.0			5171.1	5825.0	4233.1
2008		1296.0			4876.2	6028.1	4392.4
2009		1503.0			5136.4	6385.0	4553.4
2010		1471.0			4964.6	6337.9	4458.7
2011		1737.0			5069.0	6027.0	4178.9
2012		1869.2			5458.9	7432.4	4946.6
2013		2234.2			5745.3	7193.7	4927.5
2014		2449.0			5690.2	7110.2	4650.9
2015		2483.0			5791.4	7627.4	4943.8

表2-13 尿素、磷肥、钾肥、硝酸磷肥、硝酸铵肥、化学农药、杀虫剂产量

单位：万吨

年份	（氮肥中）尿素（折N 100%）	磷肥（折P₂O₅ 100%）	钾肥（折K₂O 100%）	硝酸磷肥（实物量）	硝酸铵肥（实物量）	化学农药（折100%）	杀虫剂（折100%）
1949							
1950						0.1	
1951						0.1	
1952						0.2	

续表

年份	（氮肥中）尿素（折 N 100%）	磷肥（折 P_2O_5 100%）	钾肥（折 K_2O 100%）	硝酸磷肥（实物量）	硝酸铵肥（实物量）	化学农药（折 100%）	杀虫剂（折 100%）
1953						0.5	
1954						1.0	
1955		0.1				2.6	
1956		1.4				5.5	
1957		2.2				6.5	
1958		4.2	0.1			8.6	
1959		9.0	1.2			13.7	
1960		19.3	1.6			16.2	
1961		12.2	0.2			9.2	
1962		12.6				8.8	
1963		18.9	0.1			10.8	
1964	0.5	33.2	0.1			12.9	
1965	1.5	68.8	0.1			19.3	
1966	6.0	94.6	0.2			26.2	
1967	5.5	62.2	0.4			22.4	
1968	3.1	42.2	0.3			17.1	
1969	3.6	72.3	0.3			26.2	
1970	5.7	90.7	0.5			32.1	
1971	7.0	110.9	1.3			38.4	
1972	10.4	134.8	0.8			40.2	
1973	11.0	179.3	0.7			45.4	
1974	10.3	163.0	0.5			37.1	
1975	15.6	194.4	0.7			42.2	
1976	27.2	183.9	1.1			38.9	
1977	100.7	212.3	2.1			45.7	
1978	175.5	103.3	2.1		0.7	53.3	
1979	243.9	181.7	1.6		1.2	53.7	
1980	299.4	230.8	2.0		1.3	53.2	
1981	318.5	250.8	2.6		0.8	48.4	
1982	319.4	253.7	2.5		0.5	45.7	
1983	336.0	266.6	2.9		0.8	33.1	
1984	372.6	236.0	3.1		0.5	29.9	
1985	406.5	175.8	2.4		0.7	20.4	15.6
1986	424.2	232.5	2.5		1.3	20.3	15.7
1987	450.2	323.9	4.0	0.3	2.1	15.2	11.5

续表

年份	(氮肥中)尿素(折 N 100%)	磷肥(折 P_2O_5 100%)	钾肥(折 K_2O 100%)	硝酸磷肥(实物量)	硝酸铵肥(实物量)	化学农药(折 100%)	杀虫剂(折 100%)
1988	427.5	360.7	5.3	1.3	3.6	17.7	12.6
1989	463.1	366.3	3.2	2.1	5.8	20.6	15.7
1990	488.6	411.6	4.6	2.6	12.0	22.7	17.9
1991	527.4	455.5	9.8	4.0	19.7	25.3	19.6
1992	605.8	455.3	15.3	5.1	22.5	26.2	21.2
1993	608.5	416.8	11.7	5.1	24.2	23.1	17.6
1994	705.4	497.1	19.4	6.0	44.4	26.4	20.1
1995	808.6	618.6	22.3	6.1	55.1	34.9	24.6
1996	935.7	651.2	21.8	7.1	75.2	44.8	32.7
1997	1039.1	714.6	31.5	7.9	99.1	52.7	38.1
1998	1028.6	666.8	33.8	8.8	127.3	55.9	29.5
1999	1399.3	636.1	77.9			62.5	38.7
2000	1412.3	663.0	86.0			60.7	39.7
2001	1454.8	752.6	100.5			78.7	41.2
2002	1601.9	801.0	89.4			92.9	45.9
2003	1671.8	978.1	88.6			76.7	42.0
2004	2007.3	1246.8	200.3		1118.4	82.1	48.5
2005	1994.9	1206.2	159.1		917.1	114.7	43.4
2006	2165.5	1225.5	207.5		1172.8	138.5	50.5
2007		1339.3	252.5			176.5	
2008		1385.5	250.1			210.0	
2009		1513.1	318.5			208.9	
2010		1532.9	346.5			223.5	
2011	2656.7	1462.4	385.6			264.9	70.9
2012	3003.8	1955.9	529.9			354.9	81.3
2013	3333.2	1632.9	593.0			318.9	61.3
2014	3264.3	1818.4	565.4			365.8	53.6
2015	3446.5	2026.4	611.9			371.4	51.4

表2-14 杀菌剂、除草剂、乙烯、丙烯、丁二烯、纯苯、对二甲苯产量

单位：万吨

年份	杀菌剂(折 100%)	除草剂(折 100%)	乙烯	丙烯	丁二烯	纯苯	对二甲苯
1949						0.1	
1950						0.1	

续表

年份	杀菌剂（折100%）	除草剂（折100%）	乙烯	丙烯	丁二烯	纯苯	对二甲苯
1951						0.2	
1952						0.8	
1953						0.9	
1954						2.0	
1955						2.0	
1956						3.2	
1957						5.0	
1958						7.5	
1959						9.7	
1960			0.07		0.33	10.6	
1961			0.01		0.02	5.5	
1962			0.08		0.10	6.1	
1963			0.18		0.59	6.7	
1964			0.20		0.68	8.3	
1965			0.30		1.10	11.8	
1966			0.54	0.12	1.70	15.1	
1967		0.4	0.36	0.10	1.10	10.2	
1968		0.4	0.37	0.09	0.90	8.2	
1969		0.8	0.51	0.21	1.20	12.9	
1970		1.2	1.50	1.60	1.20	16.7	
1971		2.0	3.20	3.40	2.0	19.2	
1972		2.3	4.40	4.10	2.40	20.5	
1973		2.6	5.10	4.20	2.90	21.0	
1974		2.1	6.10	4.90	3.60	18.8	
1975		2.3	6.50	7.30	4.20	21.3	
1976		2.0	13.40	9.60	5.0	21.1	
1977		2.1	30.30	16.6	7.10	22.5	
1978		2.1	38.0	20.5	8.50	31.9	
1979		2.2	43.5	22.5	10.20	33.9	
1980		1.8	49.0	25.1	10.60	36	
1981		1.3	50.5	27.6	10.40	35.2	
1982		1.3	56.5	31.4	11.10	39.3	
1983		1.1	65.4	37.2	13.70	42.5	
1984		1.0	64.8	36.8	14.10	41.6	
1985	1.9	1.4	65.2	41.2	14.20	43.3	

续表

年份	杀菌剂（折100%）	除草剂（折100%）	乙烯	丙烯	丁二烯	纯苯	对二甲苯
1986	1.6	1.5	69.5	44.2	14.50	45.6	
1987	2.2	1.4	93.7	56.8	18.10	50.4	
1988	2.9	2.1	123.2	70.9	21.20	57.1	
1989	2.4	2.4	139.6	81.6	23.00	58.6	
1990	2.5	2.1	157.2	96.3	25.80	65.6	
1991	3.5	2.0	176.1	110.0	27.20	74.5	51.6
1992	3.4	2.3	200.3	146.7	28.90	81.9	53.6
1993	2.4	2.9	202.7	155.5	29.80	84.8	58.5
1994	2.5	3.4	212.9	172.5	30.70	89.2	76.7
1995	3.7	5.3	239.7	205.8	33.60	102.5	76.0
1996	4.3	6.1	303.7	256.6	41.10	113.5	86.3
1997	5.2	7.8	358.6	314.5	49.70	135.8	102.9
1998	3.7	6.6	377.2	328.2	46.70	134.1	110.8
1999	9.2	10.9	435	358.2	53.00	165.7	113.3
2000	6.9	11.7	470.0	447.0	59.10	184.7	127.0
2001	6.8	13.8	480.6	477.9	64.50	198.8	145.4
2002	7.5	20.2	543.0	543.6	73.60	213.1	147.5
2003	6.8	20.0	611.8	593.2	85.80	240.8	157.1
2004	10.6	21.5	629.9			262.8	
2005	10.5	29.7	755.5			306.1	
2006	11.2	38.7	940.5			344.1	
2007			1027.8			405.9	
2008			987.6			444.7	
2009			1072.6			463.8	
2010	15.1	104.3	1421.3			553.1	
2011	15.0	117.5	1527.4			665.8	
2012	15.4	164.8	1486.8			662.6	
2013	20.3	179.9	1622.5			717.9	
2014	19.9	180.1	1687.1			734.3	
2015	18.2	177.4	1714.5			783.1	

表 2-15 苯乙烯、烷基苯、精甲醇、丁醇、辛醇、乙二醇、苯酚、甲醛产量

单位：万吨

年份	苯乙烯	烷基苯	精甲醇	丁醇	辛醇	乙二醇	苯酚	甲醛
1949								
1950								
1951								
1952							…	
1953							0.12	
1954							0.26	
1955							0.46	
1956				…			0.62	…
1957			0.05	0.1			0.62	0.3
1958			0.90	0.2		…	0.86	1.1
1959			3.40	0.3	…	…	1.70	4.3
1960			3.20	0.7	…	…	1.30	4
1961			1.40	0.7	…	…	0.70	1.2
1962			1.90	0.7	…	…	0.90	2
1963			1.80	0.9	…	0.02	1.30	1.9
1964			2.30	1	…	0.02	1.30	2.4
1965			4.40	1.4	…	0.05	2	3.8
1966			6.30	1.8	0.26	0.1	3	6
1967			4.70	1.4	0.27	0.09	2.10	4.4
1968			4.10	1.4	0.09	0.05	1.60	4.2
1969			7.10	2.1	0.39	0.12	1.90	6.8
1970			8.20	2.6	0.26	0.26	3.10	8.2
1971			10.90	2.8	0.38	0.25	3.90	8.9
1972			12.60	2.9	0.49	0.3	3.90	11.2
1973			12.80	2.7	0.55	0.31	4.40	12.4
1974			11.10	2.9	0.73	0.24	3.40	10.5
1975			13.70	3.2	0.66	0.23	4.10	9.7
1976			15.20	3.3	0.56	0.29	3.70	11.9
1977			17.70	3.2	0.42	0.31	4.60	13.3
1978			21.20	3.5	0.48	0.97	6.20	19.6
1979			24.80	4.0	0.46	3.10	7.00	19.9
1980			29.80	4.8	0.62	4.90	5.90	21.9
1981			34.70	5.2	0.59	6.80	6.10	24.6
1982			38.60	5.1	1.41	8.80	6.50	28.6

续表

年份	苯乙烯	烷基苯	精甲醇	丁醇	辛醇	乙二醇	苯酚	甲醛
1983			43.20	5.4	3.99	8.00	7.40	30.7
1984			47.40	5.3	4.16	8.90	7.50	35.3
1985	3.44	6.5	44.30	5.7	4.52	9.60	7.90	41.4
1986	3.30	6.2	45.40	6.9	5.6	8.20	8.30	42.6
1987	3.03	5.6	51.80	8.5	9.26	10.30	9.60	42.9
1988	4.76	6.1	57.00	9.6	11.70	20.50	11.50	52.8
1989	5.51	4.8	59.10	10.6	11.30	22.20	11.90	49.7
1990	7.40	7.3	64.00	11	11.30	28.40	10.70	46.7
1991	8.10	8.3	76.00	11.7	13.70	28.20	11.10	60.1
1992	23.00	8.5	87.10	10.6	13.40	33.40	10.10	76.7
1993	20.30	8.0	92.70	9.1	13.20	37.50	10.80	90.9
1994	20.70	8.3	125.50	8.4	13.80	39.00	9.90	99.2
1995	25.60	16.2	146.90	12.2	15.60	45.6	12.40	122.1
1996	30.10	15.2	143.00	9.2	19.40	52.60	11.90	141.7
1997	35.90	24.7	187.20	10.7	17.90	70.70	18.40	177.6
1998	51.50	27.0	158.10	11.3	18.60	75.00	23.10	125.4
1999	47.10	33.3	179.40	10.5	23.10	84.70	20.60	177.7
2000	76.40	31.5	198.10	11.9	25.60	90.80	23.70	206.8
2001	79.90	36.4	206.50	17.4	24.10	80.80		234.4
2002	89.60	39.0	211.00	17.4	23.90	90.60		255.7
2003	94.80	40.2	298.90	20.4	25.00	96.90		309
2004	107.80		519.70					
2005	146.80		535.60					
2006			762.30					
2007			1058.50					
2008			1126.30					
2009			1133.40					
2010			1574.30					
2011			1634.10					
2012			2640.50					
2013			2878.50					
2014			3702.50					
2015			4010.50					

注：…表示痕量。

表 2-16 乙醛、丙酮、冰醋酸、苯二甲酸酐、涂料、颜料、染料产量

单位：万吨

年份	乙醛	丙酮	冰醋酸	苯二甲酸酐	涂料	颜料	染料
1949					0.5		0.5
1950					1.4		1.2
1951					1.5		1.3
1952					2.7		1.6
1953			…		3.6		2.2
1954			0.05		4.5		3.3
1955			0.09	…	4.8		2.5
1956		0.04	0.15	…	6.6		2.3
1957		0.07	0.24	…	6.3		3.4
1958		0.09	0.50	0.23	11.2		3.7
1959		0.17	1.42	0.35	15.3		3.9
1960		0.43	1.86	0.51	15.8		4.2
1961		0.39	0.93	0.42	4.5		1.9
1962		0.41	0.87	0.52	4.2		2.9
1963		0.47	0.98	0.65	7.2		4.3
1964		0.53	1.20	1.10	11.5		5.4
1965		0.73	2.10	1.50	16.1		6.8
1966		0.91	3.20	1.90	20.2		7.8
1967		0.72	2.30	1.60	17.1		5.4
1968		0.77	2.40	1.30	14.0		4.5
1969		1.10	3.70	2.00	18.3		7.3
1970		1.30	3.50	2.60	18.4		8.8
1971		1.60	4.40	3.30	19.1		9.5
1972		1.70	5.0	3.30	21		9.7
1973	4.0	1.90	5.10	4.10	23.5		9.3
1974	3.7	1.90	5.20	3.70	24.1		6.9
1975	4.0	2.20	6.70	4.20	27.0		7.3
1976	3.5	2.40	6.70	3.80	26.1		5.9
1977	5.2	2.50	8.80	4.10	28.5		6.8
1978	6.5	3.20	10.50	5.00	34.4		8.3
1979	7.0	3.30	11.50	5.20	42.6		7.1
1980	7.6	3.5	12.50	6.6	48.0		6.5
1981	7.8	3.5	13.80	7.5	47.8		7.7
1982	9.0	3.8	15.50	8.0	52.3		8.5

续表

年份	乙醛	丙酮	冰醋酸	苯二甲酸酐	涂料	颜料	染料
1983	10.6	3.7	18.90	7.4	61.2		7.5
1984		3.6	17.80	7.7	72.6		7.5
1985	13.4	4.0	18.70	8.8	76.9	32.4	9.0
1986	14.1	4.6	20.80	10.2	74.7	36.0	10.7
1987	15.4	5.5	23.40	10.8	80.9	39.2	11.3
1988	18.4	6.4	28.20	9.2	86.0	40.8	12.6
1989	20.7	5.6	26.10	8.8	77.7	41.7	12.7
1990	25.8	5.3	35.90	13.1	84.6	50.8	13.6
1991	26.4	6.4	39.70	17.3	92.8	49.0	14.1
1992	27.9	6.0	44.40	17.0	105.8	50.0	15.7
1993	26.7	4.9	41.10	15.1	106.0	46.9	17.3
1994	20.5	4.7	41.50	17.9	112.5	49.8	19.0
1995	28.6	8.7	51.30	19.2	167.0	78.3	24.1
1996	29.6	5.5	51.70	21.5	158.9	85.0	33.5
1997	28.8	8.5	59.80	25.3	170.4	90.5	44.6
1998	30.4	12.1	58.80	25.7	121.8	51.3	40.1
1999	31.1		73.70	33.1	119.7	71.4	45.1
2000	35.9		86.50	41.5	127.6	88.1	51.4
2001	37.0		86.10	42.8	122.8	93.4	55.1
2002	35.5		84.10	53.7	136.3	108.0	72.2
2003	39.0		94.70	59.8	164.2	111.4	84.7
2004			106.80		847.1	172.8	122.7
2005			136.90		249.1	139.2	106.1
2006			142.10		352.4	146.6	128.5
2007			162.80		416.8	177.9	122.0
2008			287.00		443.9	159.8	124.8
2009			272.10		911.4	183.9	143.4
2010			383.90		966.6	225.8	131.6
2011			424.90		1079.5		
2012			430.30		1271.9		
2013			429.90		1303.3		
2014			578.20		1648.8		
2015			587.00		1717.6		

注：…表示痕量。

表 2-17 合成树脂及塑料、聚氯乙烯、聚乙烯、聚丙烯、聚苯乙烯、
ABS 树脂、聚酰胺、聚甲醛产量

单位：万吨

年份	合成树脂及塑料	聚氯乙烯	聚乙烯	聚丙烯	聚苯乙烯	ABS 树脂	聚酰胺	聚甲醛
1949	…							
1950	0.1							
1951	0.1							
1952	0.2							
1953	0.4							
1954	0.7							
1955	0.8							
1956	0.9	0.003						
1957	1.3	0.011						
1958	1.8	0.100						
1959	3.8	0.600						
1960	5.4	1.300	…		…			
1961	3.5	1.600	…		…			
1962	4.0	2.400	…		0.1			
1963	4.8	3.400	…		0.2			
1964	6.4	4.600	…		0.3			
1965	9.7	7.400			0.3			
1966	13.9	10.400	…		0.4			
1967	11.0	7.900	…		0.3			
1968	10.6	7.500	…		0.4			
1969	15.1	11.100	0.1		0.5			
1970	17.6	12.800	0.5	…	0.5	…	…	0.01
1971	21.6	13.800	1.7	…	0.7	…	…	0.02
1972	24.8	15.500	2.3	0.1	0.7	…	0.03	0.01
1973	29.5	19.000	2.5	0.1	0.7	…	0.01	0.01
1974	30.4	19.700	3.1	0.4	0.8	…	0.03	0.02
1975	32.8	21.700	3.0	0.6	0.9	…	0.04	0.01
1976	34.5	18.700	6.9	2.0	0.9	…	0.04	0.02
1977	52.4	18.500	19.8	5.7	1.0	0.1	0.04	0.01
1978	67.9	25.600	24.3	7.2	1.2	0.2	0.03	0.02
1979	79.3	33.200	26.3	7.5	1.4	0.2	0.01	0.04

续表

年份	合成树脂及塑料	聚氯乙烯	聚乙烯	聚丙烯	聚苯乙烯	ABS树脂	聚酰胺	聚甲醛
1980	89.8	37.800	30.2	9.5	1.7		0.02	0.05
1981	91.6	37.200	30.6	10.1	2.0	0.3	0.02	0.05
1982	100.3	42.500	31.3	11.6	2.1	0.3	0.03	0.07
1983	112.1	48.200	34.1	12.1	2.1	0.3	…	0.12
1984	118.0	50.400	33.7	12.0	2.6	0.6	…	0.13
1985	123.3	50.800	33.5	13.2	3.1	1.1	0.35	0.11
1986	131.9	54.300	37.7	13.8	3.7	1.3	0.34	0.09
1987	152.7	58.000	51.5	17.7	3.4	1.4	0.39	0.11
1988	190.5	63.800	69.3	26.8	3.8	1.7	0.37	0.11
1989	205.9	69.100	76.4	29.3	3.8	1.7	0.36	0.17
1990	228.9	78.500	78.4	37.8	8.8	1.4	0.39	0.18
1991	282.1	88.000	95.0	57.6	10.8	1.4	0.56	0.15
1992	333.2	92.100	112.3	72.2	13.2	2.0	0.55	0.16
1993	350.8	101.700	112.7	78.6	14.3	2.9	0.46	0.15
1994	397.3	119.400	117.8	88.8	21.6	3.3	0.43	0.01
1995	484.9	137.400	132.2	107.3	25.5	4.0	1.26	0.19
1996	576.9	145.400	171.4	140.9	30.1	2.8	0.35	0.07
1997	685.8	153.400	215.2	188.1	33.0	1.6	0.93	0.01
1998	692.6	159.900	229.2	207.5	45.8	9.9	1.72	0.07
1999	871.1	189.400	271.4	272.2	47.7	15.0	3.07	
2000	1087.5	239.700	300.1	324.0	75.1	34.0	3.09	0.02
2001	1288.7	287.700	312.2	322.5	84.0	32.0	3.10	0.06
2002	1455.7	338.900	354.7	374.2	175.0	46.0	3.30	1.20
2003	1652.1	400.700	413.2	426.8	216.2	77.4	6.48	1.58
2004	2366.5	545.900	441.3	526.3	202.9	91.5	8.21	3.55
2005	2308.9	649.200	529.0	522.9		91.0	10.11	4.10
2006	2602.6	823.800	599.3	584.2				
2007	3184.5	931.000	686.0	708.4				
2008	3680.2	881.700	689.5	733.2				
2009	3629.9	915.500	812.9	820.5	111.1	28.1		
2010	4432.6	1130.100	985.8	916.8	155.3	33.8		
2011	4798.2	1151.100		980.5	203.0	148.9		
2012	5213.3	1317.800	1030.0	1121.6	210.1	105.7		
2013	5837.0	1529.500	1174.0	1238.5	229.1	129.7		
2014	6959.5	1636.800	1336.6	1378.0	208.7	267.5		
2015	7691.0	1609.200	1385.5	1686.3	301.1	330.4		

注：…表示痕量。

表 2-18　聚碳酸酯、聚对苯二甲酸丁二醇酯、聚氨酯塑料、合成橡胶、顺丁橡胶产量

单位：万吨

年份	聚碳酸酯	聚对苯二甲酸丁二醇酯	聚氨酯塑料	合成橡胶	顺丁橡胶
1949					
1950					
1951					
1952					
1953					
1954					
1955					
1956					
1957					
1958				…	
1959				0.02	
1960				0.36	
1961				0.04	
1962				0.10	
1963				0.70	
1964				0.90	
1965				1.60	
1966				3.10	
1967				1.90	…
1968				1.50	…
1969				1.90	…
1970	0.03			2.50	…
1971	0.06			3.50	0.1
1972	0.04			3.60	0.4
1973	0.01			4.10	0.7
1974	0.01			4.70	0.9
1975	0.04			5.70	1.3
1976	0.04		0.06	6.00	2.1
1977	0.04		0.04	7.80	3.5
1978	0.07			10.2	5.1
1979	0.12		0.08	12.1	6.7
1980	0.06			12.3	7.4
1981	0.12		0.04	12.5	7.6
1982	0.08			13.6	7.7

续表

年份	聚碳酸酯	聚对苯二甲酸丁二醇酯	聚氨酯塑料	合成橡胶	顺丁橡胶
1983	0.11			16.9	8.3
1984	0.17			17.4	8.6
1985	0.21		1.40	18.1	8.8
1986	0.23		2.40	18.8	8.9
1987	0.19	0.15	1.70	21.9	9.2
1988	0.19	0.21	1.80	25.8	11.0
1989	0.21	0.20	1.70	29.2	11.9
1990	0.17	0.13	1.50	31.7	11.9
1991	0.12	…	1.40	33.6	12.8
1992	0.09	…	1.50	37.3	14.9
1993	0.08	0.02	2.00	39.1	15.8
1994	0.07	0.27	1.40	42.8	17.2
1995	0.06	0.22	5.70	56.9	22.6
1996	0.08	0.22	3.60	59.9	26.5
1997	0.02	0.24	3.40	64.2	27.8
1998	0.04	0.15	1.10	58.9	22.5
1999	0.13	0.32	1.50	73.3	
2000	0.22	0.40	2.20	86.5	
2001	0.23	0.94	5.10	121.9	
2002	0.35	2.45	3.30	136.2	
2003	0.32	2.90	6.50	134.8	
2004	0.33	2.40		184.0	36.7
2005	0.36	2.52		205.1	39.9
2006				199.8	45.3
2007				228.9	
2008				296.0	
2009				274.9	
2010				319.5	
2011				348.7	
2012				378.6	
2013				409.0	
2014				534.5	
2015				516.6	

注：…表示痕量。

表 2-19 氯丁橡胶、己内酰胺、合成纤维聚合物、聚酯、化学试剂、催化剂、橡胶助剂产量

单位：万吨

年份	氯丁橡胶	己内酰胺	合成纤维聚合物	聚酯	化学试剂	催化剂	橡胶助剂
1949							
1950							
1951							
1952							
1953							
1954							
1955							
1956							
1957							
1958	…	…					
1959	0.02	…					
1960	0.02	…					
1961	0.01	…			1.8		
1962	0.05	…			0.6		
1963	0.07	…			0.6		
1964	0.09	0.1			1		
1965	0.20	0.3		…	1.3		
1966	0.80	0.4		…	1.5		
1967	0.70	0.2		…			
1968	0.40	…		…			
1969	0.40	0.1		0.1			
1970	0.90	0.3		0.2			
1971	1.10	0.3		0.3			
1972	0.70	0.2		0.4			
1973	0.50	0.4		0.6		1.1	
1974	0.60	0.2		0.6		1.1	
1975	0.70	0.2		0.6		1.5	
1976	0.40	0.1		1.1		1.5	
1977	0.50	0.3		1.7		2.5	
1978	1.0	0.4		2.6		3.0	
1979	1.2	0.4		0.5	2.3	2.6	
1980	0.8	0.6		1.3	2.5	2.2	
1981	0.9	0.6		2.6	3	2.1	
1982	1.1	0.7		14.0	3.2	2.8	

续表

年份	氯丁橡胶	己内酰胺	合成纤维聚合物	聚酯	化学试剂	催化剂	橡胶助剂
1983	1.3	0.8		15.9	3.8	3.1	
1984	1.5	0.7		30.5	3.8	3.9	
1985	1.7	0.7	49.1	38.3	4.4	3.1	3.77
1986	1.8	0.7	61.1	45.8	4.9	3.4	3.78
1987	1.7	0.7	52.2	41.8	5.8	5.2	3.84
1988	1.5	0.8	53.3	42.7	6.3	5.8	4.63
1989	1.5	0.8	56.7	43.3	5.1	5.4	4.99
1990	1.9	0.8	53.0	43.9	4.7	5.4	4.37
1991	2.1	0.9	60.2	45.3	5.1	5.6	5.03
1992	2.1	0.9	72.0	57.2	5.8	5.6	5.73
1993	1.8	0.8	61.4	52.3	5.6	5.4	5.32
1994	2.0	2.4	119.5	68.8	10.3	4.7	7.27
1995	2.4	6.7	176.1	141.9	11.4	7.7	9.58
1996	4.6	7.6	208.4	175.2	22.9	10.1	8.54
1997	3.0	10.0	227.2	195.8	18.3	9.7	9.0
1998	2.6	12.0	282.9	250.3	5.6	5.9	8.40
1999	2.7		398.5	189.8	9.0	9.9	8.10
2000	3.0	13.0	454.5	221.1	9.8	11.6	11.30
2001	4.1	15.3	557.2	298.2	15.1	13.2	14.0
2002	3.9	17.1	686.4	313.9	23.0	13.6	18.50
2003	3.8	20.1	857.6	415.3	21.6	16.2	25.10
2004	3.6	17.1	878.7	783.5			
2005	4.1	21.4	874.9	777.6			
2006	4.9	29.1	923.1	818.1			
2007		30.2		1057.3			
2008		29.0		1058.3			
2009				1152.1		58.5	
2010			1274.9	1189.1		84.1	
2011			1501.3	1182.1			
2012			1561.5	1140.0			
2013			1726.3	1219.2			
2014			1721.6	1662.6			
2015			1827.9	1828.0			

注：…表示痕量。

表 2-20 塑料助剂、印染助剂、表面活性剂、炭黑、饲料添加剂、轮胎外胎、胶鞋产量

单位：万吨

年份	塑料助剂/万吨	印染助剂/万吨	表面活性剂/万吨	炭黑/万吨	饲料添加剂/万吨	轮胎外胎/万条	胶鞋/万双
1949				…		3	4467
1950				…		7	4675
1951				0.1		23	6641
1952				0.3		42	6169
1953				0.1		49	7636
1954				0.2		70	8589
1955				0.3		59	9745
1956				0.5		78	10348
1957				0.9		88	13016
1958				1.7		174	18236
1959				3.9		181	15978
1960				6.2		198	15142
1961				2.8		122	12497
1962				2.4		128	18992
1963				3.0		167	21000
1964				3.3		202	23220
1965				4.2		232	24862
1966				5.1		262	24827
1967				4.9		238	19265
1968				4.1		247	17840
1969				6.3		310	26750
1970				9.0		425	32260
1971				10.4		474	32905
1972				10.0		525	32679
1973				9.8		578	34955
1974				9.3		554	32871
1975				10.3		699	35907
1976				12.4		698	34525
1977				11.8		772	35822
1978				15.3		936	38157
1979				18.8		1169	35982
1980				17.9		1146	40874
1981				15.5		729	43053
1982		5.1		16.4		864	43171

续表

年份	塑料助剂/万吨	印染助剂/万吨	表面活性剂/万吨	炭黑/万吨	饲料添加剂/万吨	轮胎外胎/万条	胶鞋/万双
1983		4.8	1.3	19		1271	46153
1984		5.1		22.3		1567	57201
1985	24.2	6.1	1.7	24.7	0.9	1925	68702
1986	28.9	6.2	0.9	28.0	2.3	1924	80926
1987	30.1	8.5	2.1	29.0	3.3	2333	77999
1988	32.4	9.1	1.9	29.0	8.0	2992	74954
1989	27.1	8.1	2.6	32.0	9.0	3234	77674
1990	31.3	8.9	2.7	32.7	9.4	3209	89759
1991	38.6	10.0	1.9	46.4	9.5	3939	92996
1992	37.5	10.9	2.1	36.1	9.6	5181	90417
1993	34.6	12.9	2.6	43.4	5.3	6426	71168
1994	38.5	11.0	2.5	46.3	8.7	9299	72485
1995	54.7	32.5	5.2	51.3	6.4	7119	11332
1996	65.5	20.2	8.5	55.8	7.6	8806	152192
1997	59.5	22.4	7.7	58.3	7.9	9599	124709
1998	44.3	18.2	2.9	44.0	10.4	9513	30310
1999	54.1	34.5	17.1	61.6	21.2	10970	78143
2000	65.5	50.5	16.3	68.7	41.5	12158	82956
2001	76.1	51.9	23.1	76.4	36.2	13573	80773
2002	93.4	68.0	29.4	85.8	43.8	16307	95863
2003	104.1	74.8	33.4	101.8	66.8	19312	79260
2004						32709	293130
2005						34390	123579
2006						43547	159089
2007						55833	
2008						51957	
2009						65602	
2010						77612	
2011						83208.8	
2012						89166.6	
2013						96503.4	
2014						96355	43874
2015						92515	51357

注：…表示痕量。

第六节　产品产量、进出口量、国内消耗量

【说明】
1. 本节各表中的原始数据，修约后取至小数点后1~4位，不四舍五入；
2. 国内消耗量=产量+进口量–出口量，保留小数点后2位，不四舍五入。

表 2-21　1990—2015 年全国原油产量、进出口量及国内消耗量

单位：万吨

年份	产量	进口量	出口量	国内消耗量
1990	13831.00	274.80	2491.17	11614.63
1991	14099.00	800.39	2516.27	12383.12
1992	14210.00	1135.79	2150.72	13195.07
1993	14524.00	1567.12	1959.96	14131.16
1994	14608.00	1234.59	1611.13	14231.46
1995	15005.00	1708.99	1884.53	14829.46
1996	15733.00	2282.86	2032.93	15982.93
1997	16074.00	3547.15	1982.89	17638.26
1998	16100.00	2680.17	1560.07	17220.10
1999	16262.00	3661.37	716.66	19206.71
2000	16300.00	7013.43	1043.78	22269.65
2001	16493.00	6025.54	755.06	21763.48
2002	16686.61	6940.77	720.81	22906.57
2003	16931.90	9112.63	813.33	25231.20
2004	17450.30	12281.50	549.20	29182.60
2005	18083.90	12708.30	806.70	29985.50
2006	18367.60	14518.00	633.70	32251.90
2007	18546.30	16317.50	382.90	34480.90
2008	18972.80	17889.30	373.30	36488.80
2009	18949.00	20378.90	516.90	38811.00
2010	20301.40	23931.10	304.20	43928.30
2011	20364.60	25254.90	252.20	45367.30
2012	20747.70	27109.10	243.50	47613.30
2013	20812.90	28214.40	162.00	48865.30
2014	21009.60	30835.70	60.00	51785.30
2015	21474.20	33549.10	286.60	54736.70

表 2-22　1990—2015 年全国汽油产量、进出口量及国内消耗量

单位：万吨

年份	产量	进口量	出口量	国内消耗量
1990			181.82	
1991			225.87	
1992		33.090	267.78	
1993		0.220	0.17	
1994		105.390	209.74	
1995		15.870	185.47	
1996		7.910	130.90	
1997		7.860	177.65	
1998	3465.40	1.490	182.00	3284.89
1999	3664.00	0.004	413.83	3250.17
2000	4134.00	0.003	455.02	3678.98
2001	4124.79	0.017	577.17	3547.63
2002	4321.21	0.350	612.21	3709.35
2003	4770.18	0.000	754.24	4015.94
2004				
2005				
2006				
2007				
2008				
2009				
2010	7675.30	2.900	571.10	7107.10
2011	8141.10	2.900	406.00	7738.00
2012	8975.90	0.500	292.20	8684.20
2013	9833.30	0.000	468.80	9364.50
2014	11029.90	3.400	498.40	10534.90
2015	12403.60	17.000	589.90	11830.70

表 2-23　1998—2015 年全国煤油产量、进出口量及国内消耗量

单位：万吨

年份	产量	进口量	出口量	国内消耗量
1998	574.99	126.16	89.19	611.96
1999	719.46	211.19	124.96	805.69
2000	852.34	225.47	193.42	884.39
2001	785.95	212.90	178.64	820.21
2002	826.11	214.74	170.00	870.85

续表

年份	产量	进口量	出口量	国内消耗量
2003	855.30	210.27	201.68	863.89
2004	970.80	299.40	208.60	1061.60
2005	988.60	328.90	268.70	1048.80
2006	960.00	562.20	371.10	1151.10
2007	1159.60	524.40	448.10	1235.90
2008	1165.40	647.80	533.20	1280.00
2009	1479.40	612.20	594.70	1496.90
2010	1714.70	650.10	608.50	1756.30
2011	1879.80	614.90	656.60	1838.10
2012	2131.50	620.70	745.10	2007.10
2013	2509.60	668.90	917.50	2261.00
2014	3001.00	416.70	1053.90	2363.80
2015	3658.60	348.50	1237.50	2769.60

表 2-24　1990—2015 年全国柴油产量、进出口量及国内消耗量

单位：万吨

年份	产量	进口量	出口量	国内消耗量
1990		118.62	155.17	
1991		194.48	124.87	
1992		460.93	144	
1993		0.87	0.11	
1994		608.44	120.36	
1995		598.52	129.88	
1996		460.67	157.17	
1997		679.47	225.34	
1998	4884.11	302.90	98.52	5088.49
1999	6190.00	31.04	60.46	6160.58
2000	7079.00	25.94	55.48	7049.46
2001	7404.87	27.47	25.65	7406.69
2002	7674.81	48.08	125.70	7597.19
2003	8512.90	84.75	224.06	8373.59
2004	10162.10	274.90	63.60	10373.40
2005	11061.60	53.70	147.50	10967.80
2006	11653.40	70.50	77.60	11646.30
2007	12336.70	162.20	66.00	12432.90
2008	13323.60	624.80	62.90	13885.50

年份	产量	进口量	出口量	国内消耗量
2009	14126.80	183.70	450.70	13859.80
2010	15887.40	179.90	467.30	15600.00
2011	16676.10	244.00	203.10	16717.00
2012	17063.60	94.70	186.20	16972.10
2013	17272.80	26.70	278.20	17021.30
2014	17635.30	47.40	399.80	17282.90
2015	18007.90	42.80	716.40	17334.30

表 2-25 1998—2015 年全国润滑油产量、进出口量及国内消耗量

单位：万吨

年份	产量	进口量	出口量	国内消耗量
1998	512.78	17.60	2.22	528.16
1999		18.20	7.17	
2000	211.12	13.52	5.16	219.48
2001	337.16	69.15	7.84	398.47
2002	349.65	84.89	7.24	427.30
2003	411.29	97.43	14.73	493.99
2004	464.30	136.40	10.20	590.50
2005	541.50	116.10	13.00	644.60
2006	572.30	130.90	22.60	680.60
2007	623.40	138.30	18.30	743.40
2008	640.80	163.60	25.20	779.20
2009	744.50	212.10	15.50	941.10
2010	856.90	245.00	20.60	1081.30
2011	826.50	249.40	28.60	1047.30
2012	845.00	229.00	19.90	1054.10
2013	589.70	266.40	15.20	840.90
2014	576.00	305.00	14.90	866.10
2015	559.00	292.50	14.60	836.90

表 2-26 1998—2015 年全国燃料油产量、进出口量及国内消耗量

单位：万吨

年份	产量	进口量	出口量	国内消耗量
1998	1833.84	1530.48	40.99	3323.33
1999	1936.37	1406.23	20.95	3321.65
2000	2053.67	1422.79	31.03	3445.43

续表

年份	产量	进口量	出口量	国内消耗量
2001	1864.39	1816.09	43.18	3637.30
2002	1854.79	1650.31	61.22	3443.88
2003	2004.84	2378.94	74.71	4309.07
2004	2082.60	3053.90	180.00	4956.50
2005	2261.20	2601.30	228.50	4634.00
2006	2264.70	2793.20	256.20	4801.70
2007	2433.00	2411.60	378.00	4466.60
2008	2228.70	2160.10	724.60	3664.20
2009	1856.70	2400.30	862.30	3394.70
2010	2115.40	2301.40	989.50	3427.30
2011	1868.80	2675.00	1233.90	3309.90
2012	1929.10	2680.80	1163.60	3446.30
2013	2557.20	2346.70	1135.00	3768.90
2014	2479.00	1768.90	932.50	3315.40
2015	2313.00	1556.20	1052.80	2816.40

表 2-27　1998—2015 年全国石油沥青产量、进出口量及国内消耗量

单位：万吨

年份	产量	进口量	出口量	国内消耗量
1998	395.77	87.41	16.63	466.55
1999	400.69	147.01	26.03	521.67
2000	424.82	139.46	15.88	548.40
2001	562.16	163.07	16.01	709.22
2002	740.97	227.39	10.27	958.09
2003	861.30	261.10	10.19	1112.21
2004	902.60	262.20	20.00	1144.80
2005	922.90	318.00	3.80	1237.10
2006	1238.10	343.10	1.50	1579.70
2007	1433.20	356.50	0.70	1789.00
2008	1477.60	322.80	1.60	1798.80
2009	2354.40	373.20	8.70	2718.90
2010	2617.80	560.90	20.10	3158.60
2011	2440.20	423.70	423.70	2440.20
2012	2880.20	492.70	10.40	3362.50
2013		496.20	18.10	
2014	2896.00	411.00	20.30	3286.70
2015	3217.00	1811.90	29.30	4999.60

表 2-28　1990—2015 年全国天然气产量、进出口量及国内消耗量

单位：亿立方米

年份	产量	进口量	出口量	国内消耗量
1990	153.00	0.00	0.00	153.00
1991	160.70	0.00	0.00	160.70
1992	157.90	0.00	0.00	157.90
1993	167.70	0.00	0.00	167.70
1994	175.60	0.00	0.00	175.60
1995	179.50	0.00	0.00	179.50
1996	201.30	0.00	0.00	201.30
1997	221.30	0.00	0.00	221.30
1998	232.80	0.00	0.00	232.80
1999	252.00	0.00	0.00	252.00
2000	277.30	0.00	0.00	277.30
2001	303.40	0.00	0.00	303.40
2002	326.30	0.00	0.00	326.30
2003	341.30	0.00	0.00	341.30
2004	409.80	0.00	17.68	392.12
2005	499.53	0.00	21.51	478.02
2006	585.50	0.00	0.02	585.47
2007	677.00	291.40	188.38	780.02
2008	761.00	333.60	235.10	859.50
2009	829.90	76.90	32.30	874.50
2010	944.80	166.10	40.60	1070.30
2011	1025.30	313.90	32.10	1307.10
2012	1067.10	407.70	29.10	1445.70
2013	1129.40	529.60	27.60	1631.40
2014	1234.10	598.10	26.40	1805.80
2015	1271.40	616.50	32.80	1855.10

表 2-29　1985—2010 年全国硫铁矿（折含 S 35%）产量、进出口量及国内消耗量

单位：万吨

年份	产量	进口量	出口量	国内消耗量
1985	682.00			
1986	783.00			
1987	1054.90			
1988	1115.80			
1989	1220.17			

续表

年份	产量	进口量	出口量	国内消耗量
1990	1264.75			
1991	1409.90			
1992	1575.38	0.0001	14.69	1560.69
1993	1522.52	0.0000	0.14	1522.38
1994	1335.38	0.0010	2.38	1333.00
1995	1695.51	0.0000	1.32	1694.19
1996	1712.87	0.0200	3.03	1709.86
1997	1868.08	0.0000	0.21	1867.87
1998	1484.95	0.2300	3.67	1481.51
1999	941.27	0.0070	0.62	940.65
2000	963.87	0.0005	0.91	962.96
2001	883.98	0.0004	1.59	882.39
2002	925.60	0.0034	1.11	924.49
2003	871.50	0.0001	7.20	864.30
2004	1065.80	0.0002	1.74	1064.06
2005	1146.09	0.0005	4.82	1141.27
2006	1189.90	0.6200	5.98	1184.55
2007	1213.20	1.5100	4.14	1210.57
2008	1243.50	16.0000	2.57	1256.93
2009	1248.00	8.3700	1.04	1255.33
2010	1512.90	12.7400	1.87	1523.77

表 2-30 1985—2010 年全国磷矿（折含 P_2O_5 30%）产量、进出口量及国内消耗量

单位：万吨

年份	产量	进口量	出口量	国内消耗量
1985	697.00			
1986	980.00			
1987	1486.57			
1988	1821.92			
1989	1998.06			
1990	2155.07			
1991	2136.40			
1992	2319.65	12.8700	45.56	2286.96
1993	2116.81	11.2300	58.68	2069.36
1994	2476.14	13.7600	74.29	2415.61
1995	2654.31	0.0100	97.68	2556.64

续表

年份	产量	进口量	出口量	国内消耗量
1996	2291.29	0.0400	136.91	2154.42
1997	2845.47	0.0500	166.04	2679.48
1998	2709.08	0.3500	215.02	2494.41
1999	2076.28	0.0060	250.30	1825.98
2000	1937.42	0.0100	344.90	1592.53
2001	2100.79	0.0006	491.26	1609.53
2002	2300.60	0.0061	352.77	1947.83
2003	2447.00	0.0022	357.29	2089.71
2004	2617.40	0.0240	314.31	2303.11
2005	3044.49	0.0440	216.23	2828.30
2006	3896.00	8.1487	95.17	3808.97
2007	4659.40	4.2148	0.84	4662.77
2008	5074.10	0.1240	20.44	5053.78
2009	6020.90	0.0370	0.32	6020.61
2010	6807.00	0.0060	88.24	6718.76

表 2-31　1985—2015 年全国烧碱（折 100%）产量、进出口量及国内消耗量

单位：万吨

年份	产量	进口量	出口量	国内消耗量
1985	234.90			
1986	251.80			
1987	273.49			
1988	297.84			
1989	320.84			
1990	335.23			
1991	353.68			
1992	376.95	1.542	18.145	360.34
1993	389.85	0.512	11.638	378.72
1994	428.81	0.702	14.140	415.37
1995	506.68	0.734	21.240	486.17
1996	532.54	1.140	14.197	519.48
1997	574.40	1.715	15.472	560.64
1998	518.39	1.620	16.582	503.42
1999	549.48	1.557	16.190	534.84
2000	667.88	2.584	17.492	652.97
2001	738.15	1.691	41.044	698.79

续表

年份	产量	进口量	出口量	国内消耗量
2002	822.70	5.800	29.620	798.88
2003	939.88	4.980	29.770	915.09
2004	1060.30	9.100	34.300	1035.10
2005	1240.00	4.800	85.400	1159.40
2006	1511.80	2.700	133.100	1381.40
2007	1826.60	3.200	147.400	1682.40
2008	1852.10	2.000	207.500	1646.60
2009	1891.00	3.400	152.700	1741.70
2010	2086.70	1.700	154.300	1934.10
2011	2466.20	1.500	216.000	2251.70
2012	2698.60	1.100	207.900	2491.80
2013	2854.10	1.000	207.200	2647.90
2014	3180.20	1.100	201.200	2980.10
2015	3028.10	0.900	63.900	2965.10

表2-32 1985—2015年全国纯碱产量、进出口量及国内消耗量

单位：万吨

年份	产量	进口量	出口量	国内消耗量
1985	201.00	104.70	0.38	305.32
1986	214.40	112.40	0.48	326.32
1987	235.60	71.96	0.44	307.12
1988	261.90	76.20	1.15	336.95
1989	302.90	67.58	1.64	368.84
1990	379.30	14.87	7.62	386.55
1991	393.70	2.61	17.20	379.11
1992	455.00	5.94	37.60	423.34
1993	528.80	6.07	25.27	509.60
1994	577.70	10.13	28.22	559.61
1995	589.20	7.53	51.52	545.21
1996	659.60	6.27	53.38	612.49
1997	725.80	11.08	62.00	674.88
1998	736.90	8.42	70.56	674.76
1999	748.60	3.57	104.50	647.67
2000	834.30	13.50	99.71	748.09
2001	900.00	6.87	110.40	796.47
2002	1019.00	29.37	114.70	933.67

续表

年份	产量	进口量	出口量	国内消耗量
2003	1108.00	30.13	125.50	1012.63
2004	1266.80	19.70	143.00	1143.50
2005	1421.10	7.10	177.50	1250.70
2006	1597.20	14.20	181.00	1430.40
2007	1768.20	4.00	170.60	1601.60
2008	1881.30	0.10	212.90	1668.50
2009	2001.40	3.20	232.30	1772.30
2010	2029.30	0.20	158.20	1871.30
2011	2303.20	1.20	151.40	2153.00
2012	2403.90	3.10	171.50	2235.50
2013	2429.40	19.80	167.70	2181.50
2014	2514.70	5.00	179.10	2340.60
2015	2591.70	0.10	219.70	2372.10

表2-33 1986—2006年全国硫化碱产量、进出口量及国内消耗量

单位：万吨

年份	产量	进口量	出口量	国内消耗量
1986	28.94	…	3.57	
1987	25.75	…	4.24	
1988	27.13	…	4.84	
1989	29.04	…	3.92	
1990	40.70	…	5.38	
1991	38.75	…	5.58	
1992	34.58	0.02	8.51	26.09
1993	27.25	0.01	6.00	21.26
1994	32.81	0.05	6.11	26.75
1995	52.35	0.05	7.02	45.38
1996	43.16	0.03	6.01	37.18
1997	48.55	0.07	6.70	41.92
1998	31.94	0.07	5.89	26.12
1999	25.72	0.05	6.15	19.62
2000	38.71	0.03	6.32	32.42
2001	33.90	0.02	8.24	25.68
2002	37.50	0.02	7.27	30.25
2003	49.31	0.02	8.19	41.14
2004		0.10	11.25	
2005		0.09	11.84	
2006		0.03	12.83	

注：…代表痕量。

表 2-34　1985—2015 年全国硫酸（折 100%）产量、进出口量及国内消耗量

单位：万吨

年份	产量	进口量	出口量	国内消耗量
1985	671.50	2.80	0.21	674.09
1986	763.00	0.03	0.40	762.63
1987	983.03	0.40	0.57	982.86
1988	1111.23	5.40	0.70	1115.93
1989	1152.61	0.77	0.85	1152.53
1990	1196.88	0.00	0.62	1196.26
1991	1332.90	0.00	0.57	1332.33
1992	1407.20	2.96	0.82	1409.34
1993	1346.92	0.60	0.57	1346.95
1994	1530.44	0.65	0.60	1530.49
1995	1776.74	5.34	0.73	1781.35
1996	1853.09	7.55	0.65	1859.99
1997	2036.87	12.89	0.53	2049.23
1998	2051.82	29.72	0.52	2081.02
1999	2158.87	26.25	0.56	2184.56
2000	2424.00	36.75	0.58	2460.17
2001	2651.34	96.23	0.52	2747.05
2002	2967.50	182.30	1.06	3148.74
2003	3319.09	193.90	0.55	3512.44
2004	3824.90	180.30	0.50	4004.70
2005	4462.20	195.60	0.40	4657.40
2006	4860.30	215.80	0.40	5075.70
2007	5339.70	195.90	0.40	5535.20
2008	5110.10	160.70	38.20	5232.60
2009	5958.30	282.60	0.30	6240.60
2010	7060.10	161.30	23.50	7197.90
2011	7416.80	111.10	44.50	7483.40
2012	7636.60	104.70	8.10	7733.20
2013	8077.60	115.60	1.00	8192.20
2014	8627.00	140.50	4.40	8763.10
2015	8976.00	117.10	20.30	9072.80

表 2-35 1985—2015 年全国硝酸（折 100%）产量、进出口量及国内消耗量

单位：万吨

年份	产量	进口量	出口量	国内消耗量
1985	27.39	0.00	0.07	27.32
1986	27.53	0.00	0.05	27.48
1987	29.02	0.00	0.12	28.90
1988	30.21	0.00	0.14	30.07
1989	32.83	0.00	0.17	32.66
1990	31.80	0.00	0.16	31.64
1991	34.34	0.00	0.19	34.15
1992	44.40	0.04	0.18	44.26
1993	56.28	0.05	0.19	56.14
1994	49.26	0.05	0.13	49.18
1995	55.40	0.06	0.14	55.32
1996	61.89	0.09	0.10	61.88
1997	66.96	0.14	0.06	67.04
1998	71.52	0.16	0.02	71.66
1999	68.47	0.14	0.04	68.57
2000	82.48	0.18	0.14	82.52
2001	87.97	0.18	0.34	87.81
2002	99.20	0.14	0.83	98.51
2003	116.20	0.12	1.10	115.22
2004	126.50	0.20	1.20	125.50
2005	157.00	0.20	1.00	156.20
2006	181.80	3.10	1.20	183.70
2007	195.50	0.40	0.50	195.40
2008	183.80	4.70	0.20	188.30
2009	205.60	2.10	0.20	207.50
2010	235.60	0.20	0.20	235.60
2011	251.80	2.20	3.90	250.10
2012	262.50	4.80	1.40	265.90
2013	268.30	10.40	0.80	277.90
2014	288.00	5.70	0.90	292.80
2015	277.00	4.00	0.90	280.10

表 2-36　1985—2015 年全国盐酸（折 100%）产量、进出口量及国内消耗量

单位：万吨

年份	产量	进口量	出口量	国内消耗量
1985	185.60	0.000	0.00	185.60
1986	206.00	0.000	0.00	206.00
1987	226.99	0.000	0.00	226.99
1988	246.16	0.000	0.00	246.16
1989	257.88	0.000	0.00	257.88
1990	262.28	0.000	0.00	262.28
1991	285.17	0.000	0.00	285.17
1992	302.80	0.030	1.31	301.52
1993	312.75	0.030	0.89	311.89
1994	336.22	0.050	1.11	335.16
1995	350.27	0.020	1.38	348.91
1996	388.24	0.040	1.29	386.99
1997	409.23	0.050	1.52	407.76
1998	380.12	0.013	1.44	378.69
1999	395.97	0.009	1.34	394.63
2000	442.11	0.009	1.54	440.57
2001	470.56	0.010	1.19	469.38
2002	492.6	0.030	1.16	491.47
2003	527.64	0.030	1.01	526.66
2004	600.70	0.100	0.90	599.90
2005	658.20	0.100	0.70	657.60
2006	730.60	0.100	0.80	729.90
2007	751.80	0.200	0.70	751.30
2008	757.10	2.500	0.70	758.90
2009	803.40	4.800	0.70	807.50
2010	839.00	5.400	0.70	843.70
2011	841.00	0.700	0.80	840.90
2012	876.40	1.500	1.00	876.90
2013	872.40	2.400	0.80	874.00
2014	906.00	0.500	0.90	905.60
2015	845.00	2.100	1.10	846.00

表 2-37　1985—2015 年全国电石（折 300 升/千克）产量、进出口量及国内消耗量

单位：万吨

年份	产量	进口量	出口量	国内消耗量
1985	193.30	0.0000	2.01	191.29
1986	214.70	0.0000	2.69	212.01
1987	239.13	0.0000	3.50	235.63
1988	225.26	0.0000	4.90	220.36
1989	245.97	0.0000	3.52	242.45
1990	228.07	0.0000	3.83	224.24
1991	235.59	0.0000	5.84	229.75
1992	241.89	0.0400	6.99	234.94
1993	257.47	0.0200	5.38	252.11
1994	286.95	0.0600	6.77	280.24
1995	339.76	0.0300	8.65	331.14
1996	286.79	0.0100	7.48	279.32
1997	344.70	0.0140	6.79	337.92
1998	203.64	0.0020	6.30	197.34
1999	201.39	0.0020	9.79	191.60
2000	340.41	0.2900	9.01	331.69
2001	346.36	0.0400	8.42	337.98
2002	425.60	0.0003	8.30	417.30
2003	530.00	0.0011	8.31	521.69
2004	654.00	0.0200	5.97	648.05
2005	894.60	0.0031	9.72	884.88
2006	1177.10	0.0037	10.84	1166.26
2007	1475.90	0.0033	12.00	1463.90
2008	1360.80	0.0047	11.55	1349.25
2009	1503.30	0.0000	12.90	1490.40
2010	1462.30	0.0000	14.00	1448.30
2011	1737.60	0.0011	19.00	1718.60
2012	1869.20	0.0000	15.80	1853.40
2013	2234.20	0.0000	14.30	2219.90
2014	2449.00	0.0000	16.90	2432.10
2015	2483.00	0.0000	31.50	2451.50

表 2-38 1985—2006 年全国三聚磷酸钠产量、进出口量及国内消耗量

单位：万吨

年份	产量	进口量	出口量	国内消耗量
1985	10.11	3.20	0.00	13.31
1986	11.15	0.00	0.00	11.15
1987	16.18	0.40	0.00	16.58
1988	15.31	2.50	0.63	17.18
1989	16.19	3.04	0.30	18.93
1990	20.08	0.00	0.60	19.48
1991	22.74	0.00	0.61	22.13
1992	24.58	0.18	3.04	21.72
1993	27.77	0.17	5.45	22.49
1994	33.68	0.17	7.40	26.45
1995	45.37	0.20	13.96	31.61
1996	45.32	0.13	11.59	33.86
1997	51.78	0.16	16.65	35.29
1998	41.45	0.18	13.96	27.67
1999	47.99	0.20	24.73	23.46
2000	68.24	0.16	27.96	40.44
2001	82.72	0.19	39.12	43.79
2002	94.20	0.18	44.49	49.89
2003	89.78	0.15	48.54	41.39
2004		0.32	41.76	
2005		0.31	50.16	
2006		0.39	57.69	

表 2-39 1985—2006 年全国硼砂产量、进出口量及国内消耗量

单位：万吨

年份	产量	进口量	出口量	国内消耗量
1985	9.49		0.43	
1986	10.82		0.48	
1987	12.54		0.13	
1988	12.71		0.15	
1989	10.10		0.30	
1990	11.06		0.26	
1991	15.91		0.21	
1992	19.52	0.30	0.14	19.68
1993	20.82	0.23	0.24	20.81

续表

年份	产量	进口量	出口量	国内消耗量
1994	24.15	0.12	0.30	23.97
1995	25.49	0.82	0.26	26.05
1996	27.99	0.77	0.01	28.75
1997	24.83	0.43	0.06	25.20
1998	24.71	0.25	0.21	24.75
1999	28.16	0.32	0.72	27.76
2000	28.30	0.20	1.40	27.10
2001	34.65	0.18	1.85	32.98
2002	37.20	0.92	2.87	35.25
2003	40.11	2.50	2.16	40.45
2004		9.75	0.83	
2005		19.11	0.78	
2006		29.87	0.73	

表 2-40　1985—2006 年全国硅酸钠产量、进出口量及国内消耗量

单位：万吨

年份	产量	进口量	出口量	国内消耗量
1985				
1986				
1987	61.29			
1988	79.54			
1989	76.93			
1990	82.26			
1991	80.09			
1992	85.54	0.1000	0.04	85.60
1993	69.57	0.0700	0.05	69.59
1994	70.44	0.0600	0.01	70.49
1995	151.50	0.0500	0.04	151.51
1996	87.66	0.0900	0.08	87.67
1997	124.50	0.1200	0.18	124.44
1998	56.67	0.0900	0.91	55.85
1999	57.57	0.0600	2.05	55.58
2000	102.90	0.0500	3.46	99.49
2001	116.30	0.0400	4.59	111.75
2002	123.00	0.0450	6.36	116.68
2003	125.00	0.0370	5.89	119.14

续表

年份	产量	进口量	出口量	国内消耗量
2004		0.1600	6.96	
2005		0.0994	2.02	
2006		4.5096	20.54	

表 2-41 1985—2006 年全国红矾钠产量、进出口量及国内消耗量

单位：万吨

年份	产量	进口量	出口量	国内消耗量
1985	3.92	1.06		
1986	4.21	2.34		
1987	5.06	2.20		
1988	5.26	2.43		
1989	4.57	0.74		
1990	4.01	0.36		
1991	3.92	1.62		
1992	4.27	1.00	0.008	5.26
1993	5.53	2.40	0.007	7.92
1994	5.55	1.26	0.020	6.79
1995	7.65	1.41	0.010	9.05
1996	7.74	1.49	0.020	9.21
1997	9.55	1.18	0.040	10.69
1998	9.67	1.55	0.030	11.19
1999	9.56	1.04	0.070	10.53
2000	12.90	1.29	0.280	13.91
2001	16.20	0.55	0.140	16.61
2002	16.10	0.52	0.220	16.40
2003	17.20	0.58	0.250	17.53
2004				
2005				
2006		1.68	0.207	

表 2-42 1985—2006 年全国轻质碳酸钙产量、进出口量及国内消耗量

单位：万吨

年份	产量	进口量	出口量	国内消耗量
1985	40.11			
1986	40.96			
1987	40.81			

续表

年份	产量	进口量	出口量	国内消耗量
1988	44.07		1.21	
1989	48.82		1.05	
1990	48.65		3.01	
1991	49.61		1.42	
1992	54.46	2.27	1.87	54.86
1993	58.64	3.35	1.74	60.25
1994	63.60	5.27	3.38	65.49
1995	117.44	5.88	2.71	120.61
1996	100.15	7.61	3.80	103.96
1997	218.67	10.29	4.44	224.52
1998	57.83	6.93	2.39	62.37
1999	44.22	8.96	2.24	50.94
2000	209.78	5.62	3.12	212.28
2001	247.85	4.22	3.51	248.56
2002	248.60	3.85	4.41	248.04
2003	257.36	3.72	6.06	255.02
2004		4.07	8.17	
2005		3.73	7.43	
2006		3.72	12.09	

表 2-43　1985—2010 年全国黄磷产量、进出口量及国内消耗量

单位：万吨

年份	产量	进口量	出口量	国内消耗量
1985	7.58	…	0.19	
1986	8.55	…	0.70	
1987	10.95	…	1.42	
1988	11.28	…	0.71	
1989	13.18	…	0.24	
1990	15.89	…	0.43	
1991	17.61	…	2.28	
1992	18.82	0.0007	3.53	15.29
1993	24.13	0.0007	4.48	19.65
1994	28.95	0.0010	5.90	23.05
1995	30.52	0.0020	8.05	22.47
1996	36.75	0.0030	7.07	29.68

续表

年份	产量	进口量	出口量	国内消耗量
1997	43.29	0.0016	9.48	33.81
1998	22.79	0.0120	12.41	10.39
1999	44.83	0.0050	11.12	33.71
2000	50.59	0.0120	12.45	38.15
2001	60.46	0.0009	14.95	45.51
2002	69.40	0.0300	16.57	52.86
2003	75.10	0.0000	13.93	61.17
2004		0.0000	10.99	
2005		0.0001	9.93	
2006		0.0000	7.90	
2007				
2008				
2009	87.00	0.0000	2.20	84.80
2010	95.80	0.0000	3.60	92.20

注：…表示痕量。

表2-44　1985—2006年全国商品液氯产量、进出口量及国内消耗量

单位：万吨

年份	产量	进口量	出口量	国内消耗量
1985	55.64	…	…	
1986	59.82	…	…	
1987	65.19	…	…	
1988	70.10	…	0.2900	
1989	78.47	…	0.2400	
1990	81.69	…	0.2300	
1991	86.33	…	0.1900	
1992	93.96	0.0003	0.2700	93.69
1993	96.42	0.0007	0.2700	96.15
1994	112.58	0.0050	0.5100	112.07
1995	2.85	0.0010	0.5100	2.34
1996	144.45	0.0006	0.6000	143.85
1997	147.23	0.0003	0.6800	146.55
1998	147.14	0.0001	1.1700	145.97
1999	163.25	0.0005	0.5900	162.66
2000	185.91	0.0005	0.5900	185.32

续表

年份	产量	进口量	出口量	国内消耗量
2001	206.09	0.0004	0.6100	205.48
2002	240.20	0.0003	0.7500	239.45
2003	271.80	0.0009	0.3600	271.44
2004	…	0.0015	0.2500	
2005	…	0.0024	0.2300	
2006	…	0.0039	0.2261	

注：…表示痕量。

表2-45　1985—2015年全国乙烯产量、进出口量及国内消耗量

单位：万吨

年份	产量	进口量	出口量	国内消耗量
1985	65.20	0.000	0.0000	65.20
1986	69.50	0.000	0.0000	69.50
1987	93.72	0.000	0.0000	93.72
1988	123.21	0.000	0.0000	123.21
1989	139.57	0.000	0.0000	139.57
1990	157.16	0.000	0.0000	157.16
1991	176.09	0.000	0.0000	176.09
1992	200.34	0.110	0.0000	200.45
1993	202.22	0.060	0.0050	202.27
1994	212.90	0.180	0.0004	213.07
1995	239.70	1.180	0.0030	240.87
1996	303.67	0.030	3.8500	299.85
1997	358.62	0.029	3.4600	355.18
1998	377.24	3.860	0.6800	380.42
1999	434.80	3.720	0.0002	438.51
2000	470.01	8.890		478.90
2001	480.67	7.430		488.10
2002	541.40	8.520	2.6100	547.31
2003	611.77	4.660	3.2100	613.22
2004	626.60	6.800	2.2000	631.20
2005	755.50	11.100	8.2000	758.40
2006	941.20	11.700	12.9000	940.00
2007	1047.60	51.000	5.000	1093.60
2008	1025.60	72.100	1.4000	1096.30
2009	1069.70	97.500	1.5000	1165.70

续表

年份	产量	进口量	出口量	国内消耗量
2010	1418.90	81.500	3.4000	1497.00
2011	1527.50	106.000	1.0000	1632.50
2012	1486.80	142.200	0.0000	1629.00
2013	1622.50	170.400	0.0000	1792.90
2014	1704.40	149.700	0.0000	1854.10
2015	1714.50	151.600	0.0000	1866.10

表 2-46　1985—2006 年全国丙烯产量、进出口量及国内消耗量

单位：万吨

年份	产量	进口量	出口量	国内消耗量
1985	41.22			
1986	44.24			
1987	56.81			
1988	70.86			
1989	81.55			
1990	96.26			
1991	109.98			
1992	146.66	0.97	0.0500	147.58
1993	155.50	1.06		156.56
1994	172.48	1.88	0.0100	174.35
1995	205.80	4.32	0.0030	210.11
1996	256.57	3.28	0.0005	259.84
1997	307.89	2.19	0.9600	309.12
1998	328.23	6.75		334.98
1999	394.66	9.63	0.0020	404.28
2000	426.44	16.87	0.5800	442.73
2001	477.85	27.08	0.1500	504.78
2002	532.10	29.69	0.0008	561.78
2003	593.23	22.64	0.0000	615.87
2004		21.33	0.0002	
2005		18.88	0.8800	
2006		32.11	0.1538	

表 2-47 1985—2006 年全国丁二烯产量、进出口量及国内消耗量

单位：万吨

年份	产量	进口量	出口量	国内消耗量
1985	14.24			
1986	14.53			
1987	18.09			
1988	21.18			
1989	22.99			
1990	25.77			
1991	27.24			
1992	28.85	0.80	0.003	29.64
1993	29.83	1.71	0.050	31.49
1994	30.70	3.87	0.120	34.45
1995	33.56	7.76	0.050	41.27
1996	41.01	4.35	0.310	45.05
1997	49.68	1.95	0.320	51.31
1998	46.70	4.11	1.150	49.66
1999	53.42	8.77	0.630	61.56
2000	59.05	8.58	0.600	67.03
2001	64.51	14.03	0.280	78.26
2002	73.60	10.36	1.220	82.74
2003	85.82	13.59	1.180	98.23
2004		19.59	0.360	
2005		14.72	1.200	
2006		8.91	2.694	

表 2-48 1985—2006 年全国苯乙烯产量、进出口量及国内消耗量

单位：万吨

年份	产量	进口量	出口量	国内消耗量
1985	3.44			
1986	3.30			
1987	3.03			
1988	4.76			
1989	5.51			
1990	7.40			
1991	8.10			
1992	23.01	7.87	0.0001	30.87

续表

年份	产量	进口量	出口量	国内消耗量
1993	20.30	16.73		37.03
1994	20.69	25.77	0.0004	46.46
1995	25.58	30.58	1.9300	54.23
1996	30.08	39.09	0.6500	68.52
1997	35.65	44.00	0.2300	79.42
1998	51.53	58.34	0.1500	109.72
1999	59.83	102.69	0.2200	162.30
2000	76.38	115.75	6.6200	185.51
2001	79.90	160.79	0.3100	240.38
2002	89.60	179.85	0.2200	269.23
2003	94.82	266.06	0.6100	360.27
2004	107.77	288.90	0.8600	395.81
2005	146.80	281.20	1.2500	426.75
2006		234.30	0.5917	

表 2-49 1985—2015 年全国精甲醇产量、进出口量及国内消耗量

单位：万吨

年份	产量	进口量	出口量	国内消耗量
1985	44.32	0.00	0.200	44.12
1986	45.37	0.00	0.400	44.97
1987	51.83	0.00	0.000	51.83
1988	57.00	0.00	0.100	56.90
1989	59.10	0.00	0.660	58.44
1990	63.97	0.00	0.000	63.97
1991	76.03	0.00	0.000	76.03
1992	87.13	15.88	0.020	102.99
1993	92.69	17.40	0.300	109.79
1994	125.53	12.32	4.370	133.48
1995	146.90	20.89	4.680	163.11
1996	141.19	41.43	0.050	182.57
1997	174.33	24.17	0.720	197.78
1998	158.07	69.10	2.880	224.29
1999	179.37	137.39	0.130	316.63
2000	198.09	130.65	0.050	328.69
2001	206.48	152.13	0.960	357.65
2002	211.00	179.96	0.089	390.87

续表

年份	产量	进口量	出口量	国内消耗量
2003	298.87	140.16	5.080	433.95
2004	440.60	135.90	3.300	573.20
2005	535.60	136.00	5.400	666.20
2006	762.30	112.70	19.000	856.00
2007	1058.50	84.50	56.300	1086.70
2008	1126.30	143.40	36.800	1232.90
2009	1133.40	528.80	1.400	1660.80
2010	1574.30	518.90	1.200	2092.00
2011	2226.90	573.20	4.400	2795.70
2012	2640.50	500.10	6.700	3133.90
2013	2878.50	485.90	77.300	3287.10
2014	3740.70	433.20	74.900	4099.00
2015	4010.50	553.90	16.300	4548.10

表 2-50　1985—2006 年全国乙二醇产量、进出口量及国内消耗量

单位：万吨

年份	产量	进口量	出口量	国内消耗量
1985	9.57	5.07	0.0000	14.64
1986	8.17	13.33	0.1000	21.40
1987	10.33			
1988	20.53			
1989	22.16			
1990	28.42	4.54	0.0000	32.96
1991	28.18	13.94	0.0000	42.12
1992	33.42	11.37	0.0800	44.71
1993	37.48	12.83	0.0090	50.30
1994	38.99	12.89	0.5500	51.33
1995	45.61	20.54	0.4600	65.69
1996	55.48	23.06	0.0080	78.53
1997	71.85	19.93	2.3600	89.42
1998	80.14	32.77	0.5200	112.39
1999	84.38	56.69	0.0100	141.06
2000	90.75	105.00	0.0200	195.73
2001	80.75	159.71	0.2300	240.23
2002	90.60	214.57	3.1900	301.98
2003	96.93	251.61	2.3400	346.20

续表

年份	产量	进口量	出口量	国内消耗量
2004		339.10	2.5800	
2005		400.03	1.2300	
2006		406.12	0.0911	

表 2-51　1985—2006 年全国丁醇产量、进出口量及国内消耗量

单位：万吨

年份	产量	进口量	出口量	国内消耗量
1985	5.75	2.15		
1986	6.85	5.09		
1987	8.54			
1988	9.62			
1989	10.61			
1990	11.04			
1991	11.70			
1992	10.58	2.35	0.070	12.86
1993	9.82	3.65	0.050	13.42
1994	8.41	5.69	0.030	14.07
1995	12.20	5.87	0.380	17.69
1996	8.93	8.25	0.050	17.13
1997	10.72	6.57	0.160	17.13
1998	11.29	10.49	0.080	21.70
1999	11.18	66.05	0.040	77.19
2000	11.93	16.73	0.550	28.11
2001	17.43	22.28	0.070	39.64
2002	17.40	24.30	0.057	41.64
2003	20.38	41.90	0.340	61.94
2004		29.35	0.190	
2005		23.99	0.200	
2006		23.58	0.091	

表 2-52　1985—2006 年全国辛醇产量、进出口量及国内消耗量

单位：万吨

年份	产量	进口量	出口量	国内消耗量
1985	4.52			
1986	5.60			
1987	9.26			

年份	产量	进口量	出口量	国内消耗量
1988	11.70			
1989	11.26			
1990	11.28			
1991	13.75			
1992	13.43	0.80	0.550	13.68
1993	13.23	0.51	1.150	12.59
1994	13.76	0.83	1.140	13.45
1995	15.56	1.65	1.340	15.87
1996	19.30	3.72	0.200	22.82
1997	17.89	5.23	0.550	22.57
1998	18.58	8.65	0.120	27.11
1999	23.05	16.63	1.360	38.32
2000	25.56	21.80	0.200	47.16
2001	24.06	25.90	0.020	49.94
2002	23.90	31.09	0.036	54.95
2003	24.97	32.33	0.090	57.21
2004		30.42	0.240	
2005		29.37	0.140	
2006		25.57	0.163	

表 2-53 1985—2006 年全国甲醛产量、进出口量及国内消耗量

单位：万吨

年份	产量	进口量	出口量	国内消耗量
1985	41.37			
1986	42.63			
1987	42.91			
1988	52.79			
1989	49.68			
1990	46.68			
1991	60.12			
1992	76.69	0.20	0.02	76.87
1993	90.93	0.13	0.01	91.05
1994	99.18	0.19	0.02	99.35
1995	122.05	0.07	0.06	122.06
1996	134.02	0.23	0.03	134.22
1997	177.59	0.33	0.03	177.89

续表

年份	产量	进口量	出口量	国内消耗量
1998	125.38	0.25	0.08	125.55
1999	139.31	0.13	0.12	139.32
2000	206.8	0.14	0.15	206.79
2001	234.40	0.10	0.12	234.38
2002	255.70	0.15	0.12	255.873
2003	308.97	0.19	0.12	309.04
2004		0.25	0.34	
2005		0.22	0.55	
2006		0.22	0.39	

表 2-54　1985—2005 年全国乙醛产量、进出口量及国内消耗量

单位：万吨

年份	产量	进口量	出口量	国内消耗量
1985	13.37			
1986	14.08			
1987	15.37			
1988	18.45			
1989	20.74			
1990	25.82			
1991	26.36			
1992	27.94	0.1000		28.04
1993	26.70	0.0400	0.0002	26.73
1994	20.45	0.0800	0.0050	20.52
1995	12.21	0.0060	0.0010	12.21
1996	28.84	0.0010	0.0010	28.84
1997	28.78	0.0080	0.0004	28.78
1998	30.37	0.0050	0.0003	30.37
1999	30.85	0.0040	0.0020	30.85
2000	35.88	0.0004	0.0040	35.87
2001	37.02	0.0001	0.0100	37.01
2002	35.50	0.0003	0.0139	35.48
2003	35.50	0.0004	0.0313	35.46
2004		0.0002	0.0087	
2005		0.0003	0.0076	

表 2-55 1985—2015 年全国醋酸产量、进出口量及国内消耗量

单位：万吨

年份	产量	进口量	出口量	国内消耗量
1985	18.68	0.00	0.53	18.15
1986	20.82	0.34	0.46	20.70
1987	23.44	2.22	0.30	25.36
1988	28.16	0.15	0.63	27.68
1989	26.14	0.09	1.79	24.44
1990	35.85	0.00	0.82	35.03
1991	39.73	0.00	0.91	38.82
1992	44.37	3.74	0.30	47.81
1993	41.07	1.10	0.59	41.58
1994	41.53	3.83	0.72	44.64
1995	51.25	6.33	0.18	57.40
1996	49.12	12.14	0.10	61.16
1997	59.82	9.59	0.01	69.40
1998	58.84	13.54	0.03	72.35
1999	72.37	10.59	0.04	82.92
2000	86.51	10.36	0.08	96.79
2001	86.13	19.92	0.06	105.99
2002	84.10	34.86	0.13	118.83
2003	94.68	50.46	0.15	144.99
2004	115.20	52.50	1.60	166.10
2005	137.00	54.20	3.50	187.70
2006	142.10	70.70	2.80	210.00
2007	163.40	49.90	13.80	199.50
2008	171.30	30.50	2.30	199.50
2009	272.10	29.80	6.50	295.40
2010	383.90	59.50	21.90	421.50
2011	424.80	18.40	66.90	376.30
2012	430.30	22.80	33.20	419.90
2013	429.90	18.30	18.30	429.90
2014	537.10	1.70	1.70	537.10
2015	587.00	5.30	39.30	553.00

表 2-56　1985—2015 年全国纯苯产量、进出口量及国内消耗量

单位：万吨

年份	产量	进口量	出口量	国内消耗量
1985	43.30	0.00	1.74	41.56
1986	45.60	0.00	3.29	42.31
1987	50.35	0.02	2.26	48.11
1988	57.08	1.53	2.85	55.76
1989	50.59	0.00	3.25	47.34
1990	65.63	0.00	5.21	60.42
1991	74.49	0.00	3.62	70.87
1992	81.90	0.18	3.72	78.36
1993	84.82	0.33	4.51	80.64
1994	89.20	0.56	6.30	83.46
1995	102.49	8.11	3.43	107.17
1996	110.69	1.20	14.24	97.65
1997	135.79	5.48	5.20	136.07
1998	134.08	7.73	2.74	139.07
1999	153.46	5.17	9.51	149.12
2000	184.67	7.51	9.01	183.17
2001	198.75	6.23	3.89	201.09
2002	213.10	4.18	9.01	208.27
2003	240.83	0.99	10.93	230.89
2004	255.60	5.30	1.40	259.51
2005	306.10	25.50	1.60	330.00
2006	344.10	29.80	19.00	354.90
2007	416.80	24.90	5.60	436.10
2008	403.40	32.80	6.90	429.30
2009	463.80	62.20	27.80	498.20
2010	553.10	19.70	12.00	560.80
2011	665.90	18.60	11.00	673.50
2012	662.60	43.90	4.90	701.60
2013	717.90	88.70	3.10	803.50
2014	735.60	60.10	7.50	788.20
2015	783.10	120.60	9.30	894.40

表 2-57 1985—2006 年全国二甲苯产量、进出口量及国内消耗量

单位：万吨

年份	产量	进口量	出口量	国内消耗量
1985				
1986				
1987				
1988				
1989				
1990				
1991	51.57			
1992	53.62	0.38	1.30	52.70
1993	58.49	2.13	0.60	60.02
1994	76.66	1.04	5.60	72.10
1995	76.04	1.42	12.35	65.11
1996	86.31	13.28	8.56	91.03
1997	103.03	19.02	10.35	111.70
1998	110.82	10.33	4.96	116.19
1999	113.08	13.63	3.08	123.63
2000	126.99	20.37	2.11	145.25
2001	145.42	17.39	6.38	156.43
2002	147.50	27.48	3.52	171.46
2003	157.08	101.86	8.90	250.04
2004		113.66	3.23	
2005		160.79	6.29	
2006		184.01	9.78	

表 2-58 1985—2005 年全国烷基苯产量、进出口量及国内消耗量

单位：万吨

年份	产量	进口量	出口量	国内消耗量
1985	6.55			
1986	6.24			
1987	5.62			
1988	6.10			
1989	4.78			
1990	7.28			
1991	8.27			
1992	8.49	6.800	0.4400	14.85
1993	7.96	4.380	0.0500	12.29

续表

年份	产量	进口量	出口量	国内消耗量
1994	8.32	7.220	0.2900	15.25
1995	16.23	8.020	0.0500	24.20
1996	15.22	1.700	0.2600	16.66
1997	24.71	1.100	0.0030	25.80
1998	26.95	2.780	0.0040	29.72
1999	31.18	1.480	0.0004	32.65
2000	31.46	1.320	0.0001	32.77
2001	36.43	0.340	0.1700	36.60
2002	39.00	0.020	1.8600	37.16
2003	39.00	0.090	1.3400	37.75
2004		0.630	1.2100	
2005		0.004	1.6200	

表2-59 1992—2006年全国苯胺产量、进出口量及国内消耗量

单位：万吨

年份	产量	进口量	出口量	国内消耗量
1992	6.0253	2.3500	0.0773	8.29
1993	7.8300	1.5391	0.0438	9.32
1994	7.6404	1.1945	0.1364	8.69
1995	13.6260	1.1552	0.1002	14.68
1996	11.2383	0.6529	0.0460	11.84
1997	12.7751	0.5501	0.1266	13.19
1998	13.6710	0.4819	0.1395	14.01
1999	13.6909	0.6521	0.0991	14.24
2000	15.7400	0.7482	0.0726	16.41
2001	16.5000	1.0439	0.0946	17.44
2002		4.5241	0.0654	
2003		2.3752	0.3573	
2004		0.4083	3.9956	
2005		1.4585	1.7308	
2006		7.7919	0.0692	

表 2-60 1985—2006 年全国苯二甲酸酐产量、进出口量及国内消耗量

单位：万吨

年份	产量	进口量	出口量	国内消耗量
1985	8.80	2.10		
1986	10.19	5.60		
1987	10.79	4.70		
1988	9.24	3.40		
1989	8.79	1.25		
1990	13.07	1.44		
1991	17.26	2.41		
1992	17.02	6.68	0.0006	23.69
1993	15.13	9.89	0.0100	25.01
1994	17.87	8.78	0.0020	26.64
1995	19.17	12.43	0.0400	31.56
1996	21.49	17.76	0.0200	39.23
1997	25.28	11.8	0.0250	37.05
1998	25.68	16.02	0.1600	41.54
1999	31.65	19.33	0.0200	50.96
2000	41.52	21.71	0.0200	63.21
2001	42.78	16.21	0.0300	58.96
2002	53.70	22.90	0.0970	76.50
2003	59.83	25.31	0.0800	85.06
2004		19.67	0.2200	
2005		17.02	0.0384	
2006		14.20	0.1752	

表 2-61 1985—2008 年全国己内酰胺产量、进出口量及国内消耗量

单位：万吨

年份	产量	进口量	出口量	国内消耗量
1985	0.67	4.50		
1986	0.67	5.20		
1987	0.74	4.70		
1988	0.80	7.10		
1989	0.82	2.87	0.0400	3.65
1990	0.85	7.60		
1991	0.94	20.03		
1992	0.93	12.81		
1993	0.83	9.53	0.0008	10.35

续表

年份	产量	进口量	出口量	国内消耗量
1994	2.40	11.54	0.0020	13.93
1995	7.48	12.35	0.1500	19.68
1996	6.71	15.52	0.5700	21.66
1997	10.03	13.78	1.7100	22.10
1998	11.96	17.59	2.3700	27.18
1999	0.06	22.08	1.4400	20.70
2000	12.96	24.44	1.2500	36.15
2001	15.25	30.60	0.9700	44.88
2002	17.10	32.04	0.1500	48.99
2003	20.08	37.70	0.1000	57.68
2004	22.80	44.90	0.0000	67.70
2005	21.40	49.30	0.2000	70.50
2006	29.10	44.50	0.0000	73.60
2007	30.20	47.20	0.0000	
2008	29.00	45.00	0.2000	

表 2-62　1985—2011 年全国合成氨产量、进出口量及国内消耗量

单位：万吨

年份	产量	进口量	出口量	国内消耗量
1985	1716.10	0.000	0.0000	1716.10
1986	1657.90	0.000	0.0000	1657.90
1987	1939.17	0.000	0.0000	1939.17
1988	1929.34	0.000	0.0000	1929.34
1989	2069.13	0.000	0.0000	2069.13
1990	2128.96	0.000	0.0000	2128.96
1991	2201.55	0.000	0.0000	2201.55
1992	2298.27	0.004	0.0070	2298.26
1993	2206.01	0.010	0.0100	2206.01
1994	2442.24	0.010	0.0200	2442.23
1995	2763.68	0.020	0.0200	2763.68
1996	3063.81	0.004	0.0200	3063.79
1997	3000.28	0.012	0.0400	3000.25
1998	3162.72	0.010	0.0075	3162.72
1999	3321.41	0.050	0.1300	3321.33
2000	3363.70	0.046	0.0670	3363.67
2001	3396.52	0.004	0.0060	3396.51

续表

年份	产量	进口量	出口量	国内消耗量
2002	3654.20	0.003	0.1525	3654.05
2003	3794.60	0.004	0.0123	3794.59
2004	4240.10	6.290	0.0055	4246.38
2005	4596.25	16.921	0.0144	4613.15
2006	4937.90	19.197	0.0091	4957.08
2007	5091.90	23.300	0.0080	5115.19
2008	4995.20	24.230	0.0076	5019.42
2009	5135.50	28.150	0.0430	5163.60
2010	4963.20	29.100	0.1400	4992.16
2011	5068.70	29.000	0.0000	5097.70

表 2-63 1985—2015 年全国化学肥料（折纯）产量、进出口量及国内消耗量

单位：万吨

年份	产量	进口量	出口量	国内消耗量
1985	1322.10	0.00	0.00	1322.10
1986	1393.70	0.00	0.00	1393.70
1987	1670.16	0.00	0.00	1670.16
1988	1726.85	0.00	0.00	1726.85
1989	1793.48	0.00	0.00	1793.48
1990	1879.87	0.00	0.00	1879.87
1991	1975.34	0.00	0.00	1975.34
1992	2039.10	864.68	2.15	2901.63
1993	1957.34	412.85	7.92	2362.27
1994	2187.81	670.26	11.56	2846.51
1995	2497.07	1049.19	27.22	3519.04
1996	2718.66	921.81	52.80	3587.67
1997	2820.96	849.47	64.46	3605.97
1998	2871.90	779.06	46.84	3604.12
1999	3000.26	759.23	74.96	3684.53
2000	3185.73	661.19	110.71	3736.21
2001	3396.52	585.03	128.14	3853.41
2002	3665.70	877.20	101.00	4441.90
2003	3924.59	629.05	230.00	4323.64
2004	4519.80	649.80	297.20	4872.40
2005	4888.00	717.10	179.30	5425.80
2006	5304.80	577.90	211.60	5671.10

续表

年份	产量	进口量	出口量	国内消耗量
2007	5786.50	643.40	593.40	5836.50
2008	5867.60	336.80	396.80	5807.60
2009	6706.20	210.40	394.20	6522.40
2010	6619.80	386.30	732.60	6273.50
2011	6027.20	426.70	702.70	5751.20
2012	7432.40	450.60	757.90	7125.10
2013	7153.70	427.60	817.90	6763.40
2014	7110.20	957.70	2959.10	5108.80
2015	7627.40	1117.60	3548.20	5196.80

表2-64　1985—2015年全国氮肥（折N 100%）产量、进出口量及国内消耗量

单位：万吨

年份	产量	进口量	出口量	国内消耗量
1985	1144.00	0.00	0.00	1144.00
1986	1158.80	0.00	0.00	1158.80
1987	1342.24	0.00	0.00	1342.24
1988	1360.00	0.00	0.00	1360.00
1989	1423.96	0.00	0.00	1423.96
1990	1463.68	0.00	0.00	1463.68
1991	1510.03	0.00	0.00	1510.03
1992	1568.44	471.10	0.98	2038.56
1993	1528.80	228.54	3.70	1753.64
1994	1671.31	247.77	6.54	1912.54
1995	1858.10	479.67	8.22	2329.55
1996	2123.62	425.16	12.51	2536.27
1997	2074.93	271.30	20.52	2325.71
1998	2175.19	127.45	9.49	2293.15
1999	2323.86	118.37	6.67	2435.56
2000	2398.11	78.23	52.18	2424.16
2001	2526.72	70.99	73.92	2523.79
2002	2742.60	210.40	38.10	2914.90
2003	2879.57	99.26	153.01	2825.82
2004	3304.10	88.10	221.70	3170.50
2005	3575.90	83.40	109.30	3550.00
2006	3869.00	66.70	111.40	3824.30
2007	4217.30	33.00	358.20	3892.10

续表

年份	产量	进口量	出口量	国内消耗量
2008	4331.20	12.50	266.90	4076.80
2009	4863.70	30.40	230.30	4663.80
2010	4521.10	26.40	462.00	4085.50
2011	4179.00	18.80	372.50	3825.30
2012	4946.60	12.20	486.30	4472.50
2013	4927.50	27.00	557.40	4397.10
2014	4650.90	1.90	1924.20	2728.60
2015	4943.80	3.00	2110.80	2836.00

表2-65 1985—2015年全国尿素（折N 100%）产量、进出口量及国内消耗量

单位：万吨

年份	产量	进口量	出口量	国内消耗量
1985	406.50	0.000	0.000	406.50
1986	424.16	0.000	0.000	424.16
1987	450.22	0.000	0.000	450.22
1988	427.50	0.000	0.000	427.50
1989	488.56	0.000	0.000	488.56
1990	527.39	0.000	0.000	527.39
1991	605.75	0.000	0.000	605.75
1992	608.45	349.110	0.003	957.55
1993	705.44	168.260	0.110	873.59
1994	933.40	146.370	2.410	1077.36
1995	808.59	324.800	2.170	1131.22
1996	933.40	280.380	9.220	1204.56
1997	1039.13	159.520	16.350	1182.30
1998	1204.60	5.560	5.840	1204.32
1999	1386.06	3.180	2.510	1386.73
2000	1412.25	0.001	45.110	1367.14
2001	1454.81	0.001	59.280	1395.53
2002	1601.90	79.070	41.300	1639.67
2003	1671.80	6.205	125.600	1552.40
2004	1923.50	174.700	181.400	1916.80
2005	1994.90	3.260	72.200	1925.96
2006	2232.60	1.730	62.900	2171.43
2007	2498.80	0.000	241.700	2257.10
2008	2591.20	0.000	200.500	2390.70

续表

年份	产量	进口量	出口量	国内消耗量
2009	2932.40	1.780	155.400	2778.78
2010	2516.30	0.600	323.200	2193.10
2011	2656.70	0.100	163.700	2493.08
2012	3003.80	7.900	319.600	2692.10
2013	3333.20	1.400	380.200	2954.40
2014	3264.30	0.600	1361.600	1903.30
2015	3346.50	0.700	1375.000	1972.20

表 2-66　1985—2015 年全国磷肥（折 P_2O_5 100%）产量、进出口量及国内消耗量

单位：万吨

年份	产量	进口量	出口量	国内消耗量
1985	175.80	0.00	0.00	175.80
1986	232.50	0.00	0.00	232.50
1987	323.93	0.00	0.00	323.93
1988	360.70	0.00	0.00	360.70
1989	366.28	0.00	0.00	366.28
1990	411.58	0.00	0.00	411.58
1991	455.53	0.00	0.00	455.53
1992	455.34	215.69	1.10	669.93
1993	416.77	50.13	3.78	463.12
1994	497.08	217.08	4.79	709.37
1995	618.62	306.06	6.57	918.11
1996	575.05	258.82	7.07	826.80
1997	714.56	257.76	5.78	966.54
1998	662.92	304.34	8.40	958.86
1999	636.07	289.83	13.90	912.00
2000	663.03	195.92	20.98	837.97
2001	739.44	178.79	33.57	884.66
2002	776.10	273.30	41.20	1008.20
2003	880.57	158.21	58.54	980.24
2004	1003.00	143.70	67.40	1079.30
2005	1075.30	123.50	62.40	1136.40
2006	1226.40	97.70	80.00	1244.10
2007	1301.80	46.30	220.90	1127.20
2008	1258.90	14.50	115.50	1157.90
2009	1479.70	41.50	140.60	1380.60

续表

年份	产量	进口量	出口量	国内消耗量
2010	1701.40	38.60	264.90	1475.10
2011	1462.40	21.70	327.50	1156.60
2012	1955.90	29.20	251.70	1733.40
2013	1632.90	31.60	242.30	1422.10
2014	1818.40	46.10	166.40	1698.10
2015	3446.50	0.40	194.90	3252.00

表2-67 1985—2015年全国钾肥（折K_2O 100%）产量、进出口量及国内消耗量

单位：万吨

年份	产量	进口量	出口量	国内消耗量
1985	2.39	0.00	0.00	2.39
1986	2.47	0.00	0.00	2.47
1987	3.99	0.00	0.00	3.99
1988	5.33	0.00	0.00	5.33
1989	3.22	0.00	0.00	3.22
1990	4.61	0.00	0.00	4.61
1991	9.78	0.00	0.00	9.78
1992	15.29	177.89	0.07	193.11
1993	11.73	134.18	0.44	145.47
1994	19.41	205.41	0.23	224.59
1995	22.35	263.46	12.43	273.38
1996	19.99	237.83	33.22	224.60
1997	31.47	320.41	38.16	313.72
1998	33.79	347.27	28.95	352.11
1999	41.32	351.03	54.39	337.96
2000	78.27	387.04	37.55	427.76
2001	130.35	335.25	20.65	444.95
2002	147.10	393.50	21.80	518.80
2003	164.49	371.59	18.46	517.62
2004	206.30	418.00	8.00	616.30
2005	232.66	510.20	7.70	735.16
2006	209.40	413.47	20.16	602.71
2007	268.40	564.10	14.30	818.20
2008	277.50	309.80	14.40	572.90
2009	362.80	138.50	23.30	478.00
2010	396.80	321.30	5.80	712.30

续表

年份	产量	进口量	出口量	国内消耗量
2011	385.60	386.20	2.80	769.00
2012	529.90	389.20	18.00	901.10
2013	593.00	369.10	18.20	943.90
2014	565.40	552.10	54.60	1062.90
2015	611.90	955.10	35.30	1531.70

表 2-68　1985—2010 年全国硝酸磷肥产量、进出口量及国内消耗量

单位：万吨

年份	产量	进口量	出口量	国内消耗量
1985				
1986	0.06			
1987	1.95			
1988	11.37			
1989	18.16			
1990	22.35			
1991	34.76			
1992	43.01	18.760	0.010	61.76
1993	45.00	20.020	0.007	65.01
1994	50.65	3.580	0.410	53.82
1995	55.70	1.670	0.010	57.36
1996	64.81	7.430	0.050	72.19
1997	71.91	7.390	0.020	79.28
1998	77.02	6.120	0.020	83.12
1999	89.56	2.800	0.070	92.29
2000	80.61	0.007	0.030	80.58
2001	81.21	4.510	0.060	85.66
2002	85.50	9.740	0.020	95.22
2003	78.00	9.700	0.540	87.16
2004	66.00	20.440	0.020	86.42
2005		17.200	0.003	
2006		5.169	0.202	
2007				
2008				
2009	101.50	0.010	7.600	93.90
2010	107.60	1.100	74.900	33.80

表 2-69　1985—2010 年全国磷酸一铵产量、进出口量及国内消耗量

单位：万吨

年份	产量	进口量	出口量	国内消耗量
1985				
1986				
1987	2.93			
1988	5.37			
1989	5.72			
1990	16.44			
1991	25.24			
1992	28.89	31.48	0.10	60.27
1993	27.16	7.05	0.19	34.02
1994	40.72	0.03	0.29	40.46
1995	69.69	5.42	0.48	74.63
1996	93.80	19.74	0.50	113.04
1997	120.66	8.06	0.30	128.42
1998	158.88	8.49	0.33	167.04
1999	172.88	5.05	3.91	174.02
2000	179.76	0.70	9.23	171.23
2001	219.30	1.51	9.53	211.28
2002	275.30	5.80	12.62	268.48
2003	326.80	6.14	12.59	320.35
2004	415.70	10.39	15.14	410.95
2005		12.59	21.68	
2006		2.04	47.50	
2007				
2008				
2009				
2010	894.30	3.30	93.50	804.10

表 2-70　1985—2010 年全国磷酸二铵产量、进出口量及国内消耗量

单位：万吨

年份	产量	进口量	出口量	国内消耗量
1985				
1986				
1987				
1988	2.55			

续表

年份	产量	进口量	出口量	国内消耗量
1989	6.17			
1990	12.25			
1991	20.01			
1992	18.09	286.27	0.06	304.30
1993	25.51	197.01	4.14	218.38
1994	43.48	397.42	2.70	438.20
1995	50.30	543.16	7.96	585.50
1996	61.87	447.52	38.74	470.65
1997	78.37	464.18	3.36	539.19
1998	94.88	549.50	6.75	637.63
1999	102.93	528.22	10.58	620.57
2000	150.85	359.99	20.42	490.42
2001	213.40	329.15	45.25	497.30
2002	267.30	492.50	47.84	711.96
2003	348.90	260.88	80.04	529.74
2004	436.90	228.56	85.71	579.75
2005		174.81	71.80	
2006		143.93	78.59	
2007				
2008				
2009				
2010	928.70	42.30	398.80	572.20

表 2-71　1985—2015 年全国化学农药（折 100%）产量、进出口量及国内消耗量

单位：万吨

年份	产量	进口量	出口量	国内消耗量
1985	20.40	2.70	1.00	22.10
1986	20.30	0.70	1.90	19.10
1987	15.23	0.40	2.20	13.43
1988	17.67	1.60	3.10	16.17
1989	20.62	1.20	2.90	18.92
1990	22.66		2.48	20.18
1991	25.34		3.11	22.23
1992	26.20	3.93	3.27	26.86
1993	23.07	2.40	3.72	21.75
1994	26.37	3.20	6.09	23.48

续表

年份	产量	进口量	出口量	国内消耗量
1995	34.90	3.47	7.08	31.29
1996	38.12	3.22	7.37	33.97
1997	52.09	4.86	8.77	48.18
1998	40.75	4.60	10.69	34.66
1999	42.60	4.77	14.73	32.64
2000	64.77	4.11	16.16	52.72
2001	69.64	3.44	19.70	53.38
2002	82.20	2.70	22.20	62.70
2003	86.30	2.84	27.35	61.79
2004	87.60	2.76	39.09	51.27
2005	103.90	3.70	42.80	64.80
2006	129.60	4.31	39.80	94.11
2007	169.90	4.13	47.74	126.29
2008	190.20	4.42	48.46	146.16
2009	226.20	4.40	50.75	179.85
2010	234.20	5.07	61.29	177.98
2011	264.80	5.28	79.62	190.46
2012	354.80			
2013	318.90			
2014	365.80	9.20	96.30	278.70
2015	371.40	9.00	117.50	262.90

表 2-72　1985—2015 年全国杀虫剂（折 100%）产量、进出口量及国内消耗量

单位：万吨

年份	产量	进口量	出口量	国内消耗量
1985	15.57	0.000	0.00	15.57
1986	15.73	0.000	0.00	15.73
1987	11.49	0.000	0.00	11.49
1988	12.58	0.000	0.00	12.58
1989	15.66	0.000	7.00	15.66
1990	17.85	0.000	0.00	17.85
1991	19.59	0.000	0.00	19.59
1992	20.16	2.310	2.61	19.86
1993	17.57	1.490	2.72	16.34
1994	20.15	1.640	4.28	17.51
1995	24.59	0.930	4.67	20.85

续表

年份	产量	进口量	出口量	国内消耗量
1996	27.17	1.120	4.25	24.04
1997	27.45	1.170	4.39	24.23
1998	29.50	1.070	4.33	26.24
1999	29.62	1.110	5.45	25.28
2000	39.72	0.820	6.09	34.45
2001	41.19	0.690	7.59	34.29
2002	45.90	0.555	9.02	37.43
2003	47.80	0.560	9.61	38.75
2004	42.50	0.680	14.64	28.54
2005	43.43	0.700	14.70	29.43
2006	50.50	0.845	12.20	39.14
2007	60.60	0.688	13.86	47.42
2008	65.80	0.764	13.60	52.96
2009	79.70	0.753	12.66	67.79
2010	74.60	0.862	16.49	58.97
2011	71.10	0.686	19.63	52.15
2012	81.30			
2013	61.30			
2014	53.60	1.100	23.80	30.90
2015	51.40	1.000	22.50	29.90

表 2-73 1985—2015 年全国杀菌剂产量、进出口量及国内消耗量

单位：万吨

年份	产量	进口量	出口量	国内消耗量
1985	1.90	0.00	0.00	1.90
1986	1.60	0.00	0.00	1.60
1987	3.24	0.00	0.00	3.24
1988	2.86	0.00	0.00	2.86
1989	2.45	0.00	0.00	2.45
1990	2.49	0.00	0.00	2.49
1991	3.47	0.00	0.00	3.47
1992	3.37	0.54	0.19	3.72
1993	2.86	0.25	0.18	2.93
1994	2.52	0.42	0.35	2.59
1995	3.75	0.58	0.52	3.81
1996	3.72	0.61	0.58	3.75

续表

年份	产量	进口量	出口量	国内消耗量
1997	4.18	1.13	1.37	3.94
1998	3.73	0.92	2.21	2.44
1999	4.56	0.79	2.86	2.49
2000	6.87	0.95	2.28	5.54
2001	6.77	0.70	2.61	4.86
2002	7.50	0.69	3.33	4.86
2003	8.00	0.90	4.14	4.76
2004	9.10	1.03	5.78	4.35
2005	10.54	1.10	6.40	5.24
2006	11.20	1.12	4.40	7.92
2007	12.30	1.34	5.24	8.40
2008	19.60	1.30	5.51	15.39
2009	24.00	1.23	4.99	20.20
2010	16.60	1.41	6.51	11.50
2011	15.20	1.90	7.70	9.40
2012	15.40			
2013	20.30			
2014	19.90	2.90	8.10	14.70
2015	18.20	2.30	8.30	12.20

表 2-74 1985—2015 年全国除草剂产量、进出口量及国内消耗量

单位：万吨

年份	产量	进口量	出口量	国内消耗量
1985	1.35	0.00	0.00	1.35
1986	1.54	0.00	0.00	1.54
1987	1.45	0.00	0.00	1.45
1988	2.15	0.00	0.00	2.15
1989	2.41	0.00	0.00	2.41
1990	2.11	0.00	0.00	2.11
1991	1.98	0.00	0.00	1.98
1992	2.33	1.00	0.41	2.92
1993	2.87	0.58	0.77	2.68
1994	3.41	1.12	1.13	3.40
1995	5.33	1.87	1.60	5.60
1996	6.03	1.37	2.29	5.11
1997	6.74	2.35	2.92	6.17

续表

年份	产量	进口量	出口量	国内消耗量
1998	6.64	2.50	3.45	5.69
1999	7.69	2.75	5.47	4.97
2000	11.66	2.28	6.65	7.29
2001	13.84	1.99	8.52	7.31
2002	20.20	1.41	8.94	12.67
2003	21.10	1.15	12.49	9.72
2004	23.00	0.96	17.54	6.42
2005	29.69	1.70	20.40	10.99
2006	38.70	2.10	22.30	18.50
2007	54.90	1.82	26.14	30.58
2008	61.60	1.91	27.66	35.85
2009	81.60	1.88	31.74	51.74
2010	105.50	2.04	36.72	70.82
2011	117.30	1.72	50.14	68.88
2012	164.80			
2013	179.90			
2014	180.10	2.90	70.00	113.00
2015	177.40	2.60	82.00	98.00

表 2-75　1985—2015 年全国合成树脂及共聚物产量、进出口量及国内消耗量

单位：万吨

年份	产量	进口量	出口量	国内消耗量
1985	123.30	129.90	0.00	253.20
1986	131.90	116.20	3.80	244.30
1987	152.66	108.30	4.80	256.16
1988	190.48	185.20	4.60	371.08
1989	205.86	92.05	2.26	295.65
1990	228.89	0.00	18.55	210.34
1991	282.09	0.00	22.19	259.90
1992	333.21	421.23	12.46	741.98
1993	350.80	442.70	14.24	779.26
1994	395.06	584.47	32.98	946.55
1995	484.90	708.21	37.89	1155.22
1996	541.09	807.56	31.64	1317.01
1997	685.76	932.94	52.98	1565.72
1998	702.86	1052.54	49.30	1706.10

续表

年份	产量	进口量	出口量	国内消耗量
1999	799.95	1258.56	33.65	2024.86
2000	1079.45	1433.10	43.53	2469.02
2001	1203.84	1649.810	43.98	2809.67
2002	1366.50	1829.70	64.70	3131.50
2003	1593.75	1907.29	91.80	3409.24
2004	1791.00	2131.00	108.70	3813.30
2005	2141.90	1878.80	185.90	3834.80
2006	2528.70	2393.20	286.90	4635.00
2007	3083.30	2429.40	269.90	5242.80
2008	3129.60	2329.60	267.80	5191.40
2009	3603.20	2911.80	218.80	6296.20
2010	4360.90	3069.40	294.70	7135.60
2011	4798.30	3026.30	362.50	7462.10
2012	5213.30	3139.10	378.10	7474.30
2013	5837.00	3123.40	419.60	8540.80
2014	6950.70	3215.30	514.50	9651.40
2015	7691.00	3187.20	498.10	10380.10

表 2-76　1986—2015 年全国合成纤维聚合物产量、进出口量及国内消耗量

单位：万吨

年份	产量	进口量	出口量	国内消耗量
1986	61.07	0.00	0.00	61.07
1987	52.22	0.00	0.00	52.22
1988	53.31	0.00	0.00	53.31
1989	56.72	0.00	0.00	56.72
1990	53.05	0.00	0.00	53.05
1991	60.21	0.00	0.00	60.21
1992	71.99	7.96	1.58	78.37
1993	61.41	31.79	1.35	91.85
1994	119.54	42.39	5.10	156.83
1995	176.11	42.18	8.54	209.75
1996	111.93	45.15	4.65	152.43
1997	227.16	54.94	8.91	273.19
1998	282.95	54.17	9.57	327.55
1999	209.74	71.42	3.68	277.48
2000	349.34	74.97	2.36	421.95

续表

年份	产量	进口量	出口量	国内消耗量
2001	427.36	49.45	2.98	473.83
2002	493.10	64.19	12.57	544.72
2003	550.40	81.75	26.49	605.66
2004	788.00	0.00	0.00	788.00
2005	874.94	0.00	0.00	874.94
2006	923.10	0.00	0.00	923.12
2007	1149.00	116.14	115.07	1150.07
2008	1157.00	113.00	113.00	1157.00
2009	1302.10	122.50	80.70	1343.90
2010	1358.50	120.40	95.50	1383.40
2011	1501.40	114.90	126.20	1490.10
2012	1621.90	117.30	160.30	1578.90
2013	1726.30	124.80	217.80	1633.30
2014	1721.10	127.00	253.90	1594.20
2015	1827.90	152.20	234.90	1745.20

表 2-77 1985—2015 年全国合成橡胶产量、进出口量及国内消耗量

单位：万吨

年份	产量	进口量	出口量	国内消耗量
1985	18.11	6.30	0.40	24.01
1986	18.84	70.00	0.20	88.64
1987	21.88	3.60	0.20	25.28
1988	25.76	5.70	0.90	30.56
1989	29.22	6.58	1.56	34.24
1990	31.78	0.00	2.23	29.55
1991	33.63	0.00	2.68	30.95
1992	37.26	7.48	1.19	43.55
1993	39.15	6.05	2.07	43.13
1994	42.78	10.04	1.39	51.43
1995	56.91	13.55	1.96	68.50
1996	58.78	15.83	0.51	74.10
1997	64.23	37.85	2.81	99.27
1998	58.92	16.75	2.11	73.56
1999	76.08	53.87	4.49	125.46
2000	83.57	45.76	11.07	118.26
2001	104.55	44.92	17.42	132.05

续表

年份	产量	进口量	出口量	国内消耗量
2002	116.80	91.60	8.30	200.10
2003	127.20	100.53	7.57	220.16
2004	147.80	109.50	8.50	248.80
2005	163.21	108.90	9.10	263.01
2006	184.50	130.30	7.90	306.90
2007	218.20	183.90	8.30	393.80
2008	238.30	155.30	10.20	383.40
2009	275.50	226.50	10.80	491.20
2010	310.00	158.10	23.70	444.40
2011	348.80	146.10	29.30	465.60
2012	378.60	145.00	22.20	501.40
2013	409.00	154.50	21.50	542.00
2014	532.80	153.30	19.80	666.30
2015	516.60	204.50	19.10	702.00

表 2-78　1985—2015 年全国聚乙烯产量、进出口量及国内消耗量

单位：万吨

年份	产量	进口量	出口量	国内消耗量
1985	33.50	67.50	0.00	101.00
1986	37.71	58.50	0.00	96.21
1987	51.52	62.50	0.00	114.02
1988	69.25	98.10	0.00	167.35
1989	76.41	46.15	0.04	122.52
1990	78.35	0.00	0.00	78.35
1991	94.98	0.00	0.00	94.98
1992	112.33	141.79	0.50	253.62
1993	112.70	103.50	0.48	215.72
1994	117.80	133.71	1.18	250.33
1995	132.19	182.53	1.37	313.35
1996	171.40	219.33	1.55	389.18
1997	219.29	228.33	2.93	444.69
1998	229.21	246.25	3.50	471.96
1999	271.40	259.90	1.14	530.16
2000	300.10	296.71	0.93	595.88
2001	312.24	411.25	7.00	716.49
2002	354.70	455.90	1.10	809.50

续表

年份	产量	进口量	出口量	国内消耗量
2003	413.20	469.02	1.44	880.78
2004	441.30	479.70	2.00	919.00
2005	529.00	526.00	5.70	1049.30
2006	599.30	494.60	10.50	1083.40
2007	686.00	462.40	15.10	1133.30
2008	689.50	458.70	17.60	1130.60
2009	812.90	756.10	17.80	1551.20
2010	985.80	735.80	15.80	1705.80
2011	1015.20	744.40	32.20	1727.40
2012	1030.00	788.80	28.80	1790.00
2013	1174.00	881.50	20.30	2035.20
2014	1336.60	910.90	24.80	2222.70
2015	1385.50	986.70	26.90	2345.30

表 2-79　1985—2015 年全国聚丙烯产量、进出口量及国内消耗量

单位：万吨

年份	产量	进口量	出口量	国内消耗量
1985	13.20	36.20	0.00	49.40
1986	13.85	39.20	0.02	53.03
1987	17.75	25.00	0.20	42.55
1988	26.78	46.40	0.20	72.98
1989	29.27	21.17	0.03	50.41
1990	37.79	0.00	0.00	37.79
1991	57.59	0.00	0.00	57.59
1992	72.22	62.39	0.53	134.08
1993	78.61	58.32	0.38	136.55
1994	88.26	81.16	0.55	168.87
1995	107.35	107.03	1.46	212.92
1996	140.89	112.90	0.51	253.28
1997	181.68	124.80	1.92	304.56
1998	207.49	154.51	2.83	359.17
1999	272.15	147.27	0.87	418.55
2000	323.95	164.63	1.02	487.56
2001	322.54	208.65	0.93	530.26
2002	374.20	244.20	1.30	617.10
2003	426.82	273.43	1.19	699.06

续表

年份	产量	进口量	出口量	国内消耗量
2004	474.90	291.40	1.50	764.80
2005	523.00	302.30	2.20	823.10
2006	584.20	308.20	2.80	889.60
2007	708.40	312.80	3.30	1017.90
2008	733.20	283.90	4.40	1012.70
2009	820.50	430.80	4.60	1246.70
2010	916.80	386.80	8.30	1295.30
2011	980.40	377.80	16.60	1341.60
2012	1121.60	404.70	16.10	1510.20
2013	1238.50	359.30	14.70	1583.10
2014	1378.00	363.30	12.50	1728.80
2015	1686.30	339.70	16.60	2209.40

表 2-80　1985—2015 年全国聚氯乙烯产量、进出口量及国内消耗量

单位：万吨

年份	产量	进口量	出口量	国内消耗量
1985	50.78	4.20	0.00	54.98
1986	54.30	6.00	2.60	57.70
1987	57.98	6.40	2.00	62.38
1988	63.84	6.90	1.40	69.34
1989	69.08	7.35	0.90	75.53
1990	78.53	0.00	10.54	67.99
1991	88.02	0.00	8.51	79.51
1992	92.08	33.11	2.33	122.86
1993	107.08	42.14	3.05	146.17
1994	119.40	48.86	10.96	157.30
1995	137.39	57.62	8.08	186.93
1996	138.90	86.00	4.66	220.24
1997	153.35	117.11	5.21	265.25
1998	159.91	157.20	4.01	313.10
1999	189.39	179.73	2.12	367.00
2000	239.72	192.45	2.20	429.97
2001	287.68	250.80	3.63	534.85
2002	338.90	217.40	1.90	554.40
2003	400.65	220.56	2.52	618.69
2004	503.20	200.20	2.00	701.40

续表

年份	产量	进口量	出口量	国内消耗量
2005	649.20	155.10	12.50	791.80
2006	823.80	145.20	49.90	919.10
2007	931.00	130.40	75.30	986.10
2008	881.70	112.70	64.60	929.80
2009	915.50	195.52	27.50	1083.52
2010	1130.10	151.10	26.60	1254.60
2011	1295.20	131.60	44.20	1382.60
2012	1317.80	121.00	45.40	1393.30
2013	1529.50	104.40	73.40	1560.60
2014	1636.80	92.60	69.60	1659.80
2015	1609.20	92.90	87.70	1614.40

表 2-81 1995—2015 年全国聚苯乙烯产量、进出口量及国内消耗量

单位：万吨

年份	产量	进口量	出口量	国内消耗量
1995	25.54	106.70	6.60	125.64
1996	30.60	128.90	12.80	146.70
1997	33.90	139.80	11.90	161.80
1998	45.75	137.59	9.76	173.58
1999	47.70	151.70	2.79	196.61
2000	75.06	142.60	2.87	214.79
2001	84.00	153.70	4.60	233.10
2002	174.97	162.75	1.88	335.84
2003	216.21	156.43	5.39	367.25
2004	202.94	156.25	7.44	351.75
2005		142.14	12.58	
2006		131.91	18.83	
2007				
2008				
2009	111.10	118.50	27.50	202.10
2010	155.30	115.20	35.80	234.70
2011	202.90	103.90	35.60	271.20
2012	210.10	98.00	33.50	274.60
2013	229.10	94.70	32.70	291.10
2014	208.70	75.50	42.70	241.50
2015	301.10	77.80	33.00	345.90

表 2-82 1995—2015 年全国 ABS 树脂产量、进出口量及国内消耗量

单位：万吨

年份	产量	进口量	出口量	国内消耗量
1995	4.00	80.40	0.80	83.60
1996	2.80	99.20	9.90	92.10
1997	1.60	101.10	5.60	97.10
1998	9.90	107.10	2.90	114.10
1999	15.00	133.40	2.10	146.30
2000	34.00	147.00	2.80	178.20
2001	32.00	142.60	2.87	171.73
2002	45.98	163.76	1.96	207.78
2003	77.38	179.01	2.14	254.25
2004	91.50	196.31	1.59	286.22
2005	91.00	198.70	1.42	288.28
2006		201.47	1.96	
2007				
2008				
2009	28.10	216.80	5.00	239.90
2010	33.80	216.90	5.50	245.20
2011	148.90	185.30	4.30	329.90
2012	105.70	166.50	4.20	268.00
2013	129.70	167.00	3.10	293650.00
2014	267.50	166.80	3.30	431.00
2015	330.90	162.50	2.40	491.00

表 2-83 1995—2006 年全国聚酰胺产量、进出口量及国内消耗量

单位：万吨

年份	产量	进口量	出口量	国内消耗量
1995	1.2614	5.9760	0.0710	7.16
1996	0.3534	7.9570	0.0791	8.23
1997	0.9295	4.8253	0.2447	5.51
1998	1.7185	4.5103	0.2329	5.99
1999	3.0718	4.2252	0.1908	7.10
2000	3.0900	5.7574	0.4562	8.39
2001	3.1000	6.6438	0.3155	9.42
2002	3.3000	8.9667	0.9735	11.29
2003	6.4835	10.7833	1.1568	16.11
2004	8.2100	9.8173	1.3216	16.70

续表

年份	产量	进口量	出口量	国内消耗量
2005	10.1100	6.7195	0.6314	16.19
2006		7.2867	3.0961	

表 2-84　1995—2005 年全国聚甲醛产量、进出口量及国内消耗量

单位：万吨

年份	产量	进口量	出口量	国内消耗量
1995	0.1944	2.6420	0.0820	2.75
1996	0.0655	3.9410	0.5078	3.49
1997	0.0045	5.7141	0.8225	4.89
1998	0.0700	6.3410	0.7461	5.66
1999		9.0600	0.7899	
2000	0.0200	10.8325	0.9074	9.94
2001	0.0620	10.9001	0.9960	9.96
2002	1.2000	13.5573	0.8994	13.85
2003	1.5800	15.1519	0.9334	15.79
2004	3.5500	18.8510	1.4683	20.93
2005	4.1000	17.2260	2.1288	19.19

表 2-85　1995—2006 年全国聚碳酸酯产量、进出口量及国内消耗量

单位：万吨

年份	产量	进口量	出口量	国内消耗量
1995	0.0593	4.1460	0.0270	4.17
1996	0.0798	6.5450	0.4610	6.16
1997	0.0225	8.1884	1.9814	6.22
1998	0.0381	10.8831	2.3060	8.61
1999	0.1300	16.0559	3.3544	12.83
2000	0.2200	23.6356	5.4539	18.40
2001	0.2300	26.5967	5.4805	21.34
2002	0.3500	41.5407	7.2587	34.63
2003	0.3200	53.4761	8.9527	44.84
2004	0.3300	72.9813	11.7650	61.54
2005	0.3600	73.0809	13.2093	60.23
2006		89.9271	18.5437	

表2-86　1995—2005年全国PBT树脂产量、进出口量及国内消耗量

单位：万吨

年份	产量	进口量	出口量	国内消耗量
1995	0.6100	0.2900	0.0420	0.85
1996	0.7500	0.3100	0.0450	1.01
1997	0.2327	0.4200	0.0480	0.60
1998	0.2515	0.4400	0.0500	0.64
1999	0.3200	0.4500	0.0515	0.71
2000	0.4000	0.4600	0.0530	0.80
2001	0.9400	0.4800	0.0540	1.36
2002	2.4500	0.5000	0.0545	2.89
2003	2.9000	0.7500	0.0620	3.58
2004	2.4000	3.3000	0.3000	5.40
2005	2.5200	3.6300	0.4111	5.73

表2-87　1995—2005年全国聚苯醚树脂产量、进出口量及国内消耗量

单位：万吨

年份	产量	进口量	出口量	国内消耗量
1995	0.2500		0.2500	0
1996	0.3100		0.3100	0
1997	0.3300		0.3300	0
1998	0.3500		0.3500	0
1999	0.3800		0.3800	0
2000	0.4000		0.4000	0
2001	0.4200		0.4200	0
2002	0.4800		0.4800	0
2003	0.5600		0.5600	0
2004	0.6000		0.6000	0
2005	0.6320		0.6320	0

表2-88　1995—2006年全国有机环氧烷产量、进出口量及国内消耗量

单位：万吨

年份	产量	进口量	出口量	国内消耗量
1995	0.3713	1.4977	0.1665	1.70
1996	0.4000	1.8404	0.0778	2.16
1997	1.0034	2.9223	0.3006	3.62
1998	1.1200	3.1149	0.1740	4.06
1999	1.5771	4.3434	0.1847	5.73

续表

年份	产量	进口量	出口量	国内消耗量
2000	2.3934	5.1199	0.3426	7.17
2001	2.1243	6.2610	0.5432	7.84
2002	3.7925	8.1732	0.8801	11.08
2003		10.1710	1.0736	
2004		14.3762	2.0838	
2005				
2006		16.8752	3.0714	

表 2-89　1995—2006 年全国有机氟聚合物产量、进出口量及国内消耗量

单位：万吨

年份	产量	进口量	出口量	国内消耗量
1995	0.6101	0.1186	0.0597	0.66
1996	0.7197	0.0971	0.0517	0.76
1997	0.3763	0.7297	0.1043	1.00
1998	1.0175	0.8481	0.0904	1.77
1999	0.5726	1.2146	0.1101	1.67
2000	0.6300	0.7424	0.2603	1.11
2001	0.6800	0.7867	0.3376	1.12
2002	1.3851	0.7545	0.3938	1.74
2003		1.0290	0.5264	
2004		1.0983	0.8264	
2005		0.6351	9264.0000	
2006		1.2940	1.0973	

表 2-90　1997—2004 年全国聚氨酯产量、进出口量及国内消耗量

单位：万吨

年份	产量	进口量	出口量	国内消耗量
1997	3.4047	3.8333	0.1015	7.13
1998	1.0698	3.8358	0.1227	4.78
1999	1.5273	5.4544	0.1657	6.81
2000	2.2100	6.7908	0.6605	8.34
2001	5.1000	6.7070	0.7898	11.01
2002	3.3000	8.9667	0.9735	11.29
2003	6.4835	10.7833	1.1568	16.11
2004		12.6626	1.6544	

表 2-91 1985—2015 年全国聚酯产量、进出口量及国内消耗量

单位：万吨

年份	产量	进口量	出口量	国内消耗量
1985	38.95	0	0	38.95
1986	45.79	0	0	45.79
1987	41.75	0	0	41.75
1988	42.67	13.49	0	56.16
1989	43.33	13.30	0	56.63
1990	43.93	16.26	0	60.19
1991	45.27	18.61	0	63.88
1992	57.17	5.93	1.38	61.72
1993	52.30	28.95	1.07	80.18
1994	68.77	36.95	4.74	100.98
1995	141.91	37.25	7.92	171.24
1996	88.16	235.95	3.66	320.45
1997	195.80	37.40	7.04	226.16
1998	250.33	43.27	8.11	285.49
1999	189.78	56.33	2.75	243.36
2000	221.08	60.15	1.27	279.96
2001	293.17	34.35	1.95	325.57
2002	313.90	26.53	9.51	330.92
2003	415.26	29.78	2.82	442.22
2004	712.70	33.30	2.90	743.15
2005	777.60	33.50	4.60	806.50
2006	818.10	35.80	7.00	846.90
2007	1057.30	33.20	102.20	988.30
2008	1058.30	25.20	96.10	987.40
2009	1152.10	27.30	68.10	1111.30
2010	1189.10	27.40	78.20	1138.30
2011	1182.00	22.90	104.70	1100.20
2012	1140.10	20.70	136.90	1023.90
2013	1219.20	21.30	196.50	1044
2014	1662.60	51.20	232.90	1480.90
2015	1828	61.70	209.60	1680.10

表 2-92　1985—2008 年全国顺丁橡胶产量、进出口量及国内消耗量

单位：万吨

年份	产量	进口量	出口量	国内消耗量
1985	8.77		0.40	
1986	8.85		0.20	
1987	9.16		0.20	
1988	11.02		0.50	
1989	11.88		0.58	
1990	11.91			
1991	12.83			
1992	14.91	1.35	0.45	15.81
1993	15.79	0.96	0.46	16.29
1994	17.22	1.61	0.29	18.54
1995	22.60	1.54	0.76	23.38
1996	26.40	2.16	0.29	28.27
1997	27.83	1.01	0.82	28.02
1998	22.50	2.25	1.52	23.23
1999	29.29	4.93	18.06	16.16
2000	29.59	5.24	3.67	31.16
2001	33.41	5.72	6.98	32.15
2002	34.10	6.87	3.28	37.70
2003	39.10	8.72	3.02	44.80
2004	39.70	10.69	3.80	46.59
2005	39.85	11.5	3.70	47.65
2006	45.30	15.33	2.32	58.31
2007	43.80	21.94	1.47	64.27
2008	41.90	18.65	2.54	58.01

表 2-93　1995—2006 年全国氯丁橡胶产量、进出口量及国内消耗量

单位：万吨

年份	产量	进口量	出口量	国内消耗量
1995	2.4280	1.1807	0.1224	3.48
1996	2.8564	1.0500	0.0200	3.88
1997	2.8321	1.7100	0.0700	4.47
1998	2.5775	1.5800	0.0400	4.11
1999	2.6537	1.5393	0.0108	4.18
2000	3.0338	2.0564	0.0628	5.02
2001	4.0917	2.1991	0.1523	6.13

续表

年份	产量	进口量	出口量	国内消耗量
2002	3.8840	2.2439	0.0774	6.05
2003	3.7991	2.3528	0.0912	6.06
2004	3.5567	3.2536	0.0694	6.74
2005	4.1456	2.7000	0.1000	6.74
2006	4.8982	2.4300	0.6608	6.66

表 2-94　1985—2010 年全国染料产量、进出口量及国内消耗量

单位：万吨

年份	产量	进口量	出口量	国内消耗量
1985	8.98	0.80	1.10	8.68
1986	10.66	0.59	2.10	9.15
1987	11.29	0.67	2.60	9.36
1988	12.63	1.07	3.10	10.60
1989	12.74	0.76	3.63	9.87
1990	13.63		5.00	8.63
1991	14.13		4.39	9.74
1992	15.74			
1993	17.32			
1994	18.96			
1995	24.06			
1996	22.31			
1997	44.45	3.85	12.69	35.61
1998	26.45	3.70	13.18	16.97
1999	30.76	3.77	15.58	18.95
2000	51.38	4.53	17.96	37.95
2001	56.82	12.09	18.79	50.12
2002	73.21	15.08	21.59	66.70
2003	85.95	17.10	21.80	81.25
2004	99.10	20.60	25.70	94.00
2005	106.10	21.30	27.20	100.20
2006	128.50	22.30	31.40	119.40
2007	130.00	22.80	35.90	116.90
2008	124.80	18.60	30.60	112.80
2009	142.40	17.10	29.00	130.50
2010	160.10	21.90	34.10	147.90

表 2-95 1985—2011 年全国涂料产量、进出口量及国内消耗量

单位：万吨

年份	产量	进口量	出口量	国内消耗量
1985	76.90	0.00	0.00	76.90
1986	74.68	0.00	0.00	74.68
1987	80.98	0.00	0.00	80.98
1988	85.97	0.00	0.00	85.97
1989	77.74	0.00	0.00	77.74
1990	84.61	0.00	0.00	84.61
1991	92.84	0.00	0.00	92.84
1992	105.84	0.00	0.00	105.84
1993	106.02	0.00	0.00	106.02
1994	112.53	0.00	0.00	112.53
1995	166.95	0.00	0.00	166.95
1996	120.89	0.00	0.00	120.89
1997	170.40	0.00	0.00	170.40
1998	107.90	15.71	7.42	116.19
1999	171.22	0.00	0.00	171.22
2000	183.94	18.00	7.50	194.44
2001	72.56	25.95	11.27	87.24
2002	83.46	28.28	12.89	98.85
2003	97.69	29.60	13.05	114.24
2004	346.50	30.80	15.40	361.90
2005	382.60	28.10	17.80	392.90
2006	507.80	31.50	23.60	515.70
2007	592.80	30.20	25.50	597.50
2008	638.00	26.70	23.30	641.40
2009	911.40	18.10	16.40	913.10
2010	966.60	22.90	17.50	972.00
2011	1079.30	20.70	17.30	1082.70
2012	1271.90	18.10	17.00	1273
2013	1303.30	18.10	17.70	1303.70
2014	1648.80	18.90	18.90	1648.80
2015	1717.60	17.60	20.90	1714.30

表 2-96　1985—2010 年全国颜料产量、进出口量及国内消耗量

单位：万吨

年份	产量	进口量	出口量	国内消耗量
1985	32.40			
1986	36.04			
1987	39.16			
1988	40.81			
1989	41.07			
1990	50.75			
1991	49.04			
1992	49.96			
1993	46.91			
1994	49.84			
1995	78.73			
1996	60.61			
1997	90.52			
1998	51.26			
1999	63.15			
2000	88.07			
2001	100.25	30.34	32.62	97.97
2002	101.40	35.42	36.90	99.92
2003	111.42	41.37	43.89	108.90
2004	131.60	44.00	53.80	121.80
2005	139.20	39.90	67.90	111.20
2006	146.60	44.10	79.70	111.00
2007	177.90	47.00	83.40	141.50
2008	159.80	44.10	70.80	133.10
2009	183.90	39.90	71.20	152.60
2010	225.80	46.40	100.70	171.50

表 2-97　1985—2011 年全国轮胎外胎产量、进出口量及国内消耗量

单位：万条

年份	产量	进口量	出口量	国内消耗量
1985	1923.90	1.80	53.00	1872.70
1986	1924.65	0.00	80.70	1843.95
1987	2333.38	0.00	114.00	2219.38
1988	2990.71	0.00	131.20	2859.51
1989	3234.35	0.00	172.70	3061.65

续表

年份	产量	进口量	出口量	国内消耗量
1990	3209.20	0.00	230.28	2978.92
1991	3938.84	0.00	230.70	3708.14
1992	5180.49	43.49	300.19	4923.79
1993	6426.32	55.72	389.05	6092.99
1994	9299.32	32.62	479.59	8852.35
1995	7119.00	20.99	720.40	6419.59
1996	7137.00	177.49	669.54	6644.95
1997	7532.48	115.49	2505.95	5142.02
1998	7977.90	94.99	1358.85	6714.04
1999	8456.72	45.79	3867.70	4634.81
2000	12157.87	40.28	4910.12	7288.03
2001	13356.17	19.22	2636.00	10739.39
2002	16046.10	65.50	3523.20	12588.40
2003	18785.49	115.86	4565.85	14335.50
2004	23926.30	177.30	6875.20	17228.40
2005	31819.90	188.10	9179.40	22828.60
2006	43318.80	611.20	26612.50	17317.50
2007	51185.10	640.30	32645.30	19180.10
2008	54614.50	676.10	31237.10	24053.50
2009	65464.10	757.20	30220.60	36000.70
2010	77634.40	1035.50	36967.70	41702.20
2011	83209.10	1148.70	39737.00	44620.80

表2-98　1985—2005年炭黑产量、进出口量及国内消耗量

单位：万吨

年份	产量	进口量	出口量	国内消耗量
1985	24.21			
1986	28.02			
1987	28.98			
1988	29.02			
1989	32.02			

续表

年份	产量	进口量	出口量	国内消耗量
1990	32.66			
1991	33.40			
1992	36.10	0.60	2.18	34.52
1993	43.41	0.76	1.41	42.76
1994	46.30	0.81	1.32	45.79
1995	51.35	0.80	3.40	48.75
1996	50.99	1.24	2.71	49.52
1997	51.48	2.28	2.25	51.51
1998	44.04	5.20	1.71	47.53
1999	43.81	6.14	1.21	48.74
2000	68.65	8.32	1.58	75.39
2001	76.36	9.56	1.39	84.53
2002	85.80	12.24	2.72	95.32
2003	101.80	13.07	5.66	109.21
2004		11.43	8.93	
2005		12.84	12.05	

第七节　化工引进项目

　　1949年中华人民共和国成立之后，特别是1978年改革开放以来，在以自力更生为主、争取外援为辅的方针指导下，化工部党组组织化工系统和行业的化工企事业单位，积极地、有计划、有步骤地从国外引进了大批国家建设需要的新技术和新设备，促进了我国化学工业的发展，提高了化工生产技术水平，缩小了我国化学工业与发达国家化学工业水平的差距。为了使广大化工企业、化工科技研究单位及化学工作者更好地了解整个化学工业的引进状况，总结经验教训，加强对技术引进与战略的探讨，加强咨询与信息系统的建设，我们整理了新中国成立以来至1995年的化工引进项目，汇编成册，供大家参考。由于我们水平有限，历史资料收集困难，难免存在遗漏和信息收集不全之处，请同志们批评指正。

表 2-99 新中国成立以来 934 项化工引进项目汇编*

序号	项目名称	引进单位	国别(或地区)	厂商	生效日期	引进方式	合同号	建成期	采用技术
1	乙烯 30 万吨/年	大庆石化总厂化工一厂	日本	日挥株式会社	1978-07-05		CJA-7862	1986-06	S.W.公司专利，超选择性裂解炉，后加氢顺序分离流程
2	乙烯装置节能改造技术服务 30 万吨/年	燕山石化公司化工一厂	美国		1986-01-14		85NKHI/393007MR	1987-10-31	鲁姆斯技术
3	乙烯 30 万吨/年	燕山石化公司化工一厂	日本	东洋工程公司	1973-01-31		CJ-7205	1975-12-25	鲁姆斯专有的 SRT 型管式炉蒸汽裂解技术和顺序分离流程
4	乙烯 30 万吨/年扩建到 45 万吨/年	燕山石化公司化工一厂	日本	东洋工程公司	1993-01-31		扩建新区 92NKHI/408JPLT-II-2，改造老区 92NKHI/401JPLT-II-2	1994-09-06	鲁姆斯专有的 SRT 型管式炉蒸汽裂解技术和 MCET（最大能力扩建技术）
5	乙烯装置改基础设计	上海石油化工总厂	日本	三菱重工业株式会社	1988-11-20	顾问咨询	88YKAL/39026CN		
6	乙烯 11.5 万吨/年	上海石化股份有限公司炼化部	日本	三菱油化	1973-03-28		CT7203	1976-05-29	三菱油化技术
7	乙烯 30 万吨/年	上海石化股份有限公司炼化部	日本	东洋工程公司	1976-06-23		CJA7843IT	1989-12-11	鲁姆斯技术
8	乙烯 6 万吨/年	齐鲁石化公司烯烃厂乙烯装置	日本	东洋工程公司	1994-01-10		93NKHI/4030JPLT-II-3	1995-08	鲁姆斯技术
9	乙烯 30 万吨/年	齐鲁石化公司烯烃厂	日本	东洋工程公司	1979-06-23		CJA-78428	1987-05	鲁姆斯技术

续表

序号	项目名称	引进单位	国别(或地区)	厂商	生效日期	引进方式	合同号	建成期	采用技术
10	乙烯30万吨/年	扬子石化公司烯烃厂	日本	东洋工程公司	1976-06-23		CJA-78430LT	1987-06	常压和减压柴油采用SRT-III型炉,乙烷采用SRT-I型炉
11	乙烯改造40万吨/年	扬子石化公司烯烃厂	日本	东洋工程公司	1993-11-26		93NKHI/4040JPLT-II-3	1995-10	鲁姆斯技术,采用SRT-IV型炉
12	乙烯30万吨/年	茂名石化公司乙烯建设指挥部	日本	日挥公司	1993-03-22		92NKHI/3061JP	1996-03	斯通韦伯斯特公司的第二代乙烯生产技术
13	乙烯11.5万吨/年	吉林化学工业公司	日本	三菱重工业株式会社	1976-12-31	关键设备	CJA-7628		
14	乙烯装置裂解气体压缩机工艺改造技术服务	吉林化学工业公司有机合成厂	日本	石川岛播磨重工株式会社	1987-09-23	技术服务	87CSVR/39045CN		
15	乙烯11.5万吨/年	吉林化学工业公司	日本	东工物产、三菱重工业株式会社	1978-03-15	关键设备			
16	乙烯14万吨/年	河南中原石化联合总公司	意大利	柯梯普国际有限公司	1989-04-24	成套设备	CITAB-P89007-1GL-BC		
17	乙烯7.28万吨/年	辽阳石油化纤公司化工一厂	法国	德希尼布和斯贝西姆公司	1973-09-28		CF-7344	1979-10	法国石油研究院管式炉裂解技术和顺序分离流程
18	乙烯改扩建工程裂解系统8万吨/年,分离系统16万吨/年	兰州化学工业公司石油化工厂			1992-12-21		92MCOJ/721010US	1996-05	常抄炉裂解、低压脱甲烷顺序分离流程

114

续表

序号	项目名称	引进单位	国别(或地区)	厂商	生效日期	引进方式	合同号	建成期	采用技术
19	乙烯 8 万吨/年	兰州化学工业公司	美国	凯洛格公司	1984-12-29	技术许可	84NKHI/393004MR		毫秒炉技术
20	乙烯 3.6 万吨,丙烯 2.2 万吨	兰州化学工业公司	联邦德国	鲁奇公司	1964	成套设备			
21	乙烯 14 万吨/年	天津联合化学有限公司	日本	东洋工程公司, 西班牙 TR 公司	1991-06-22		CESA-P91021	1995-08	鲁姆斯技术
22	乙烯 11.5 万吨/年	盘锦天然气化工厂	日本	东洋工程株式会社	1987-08-05	成套设备	CJA/87020		
23	乙烯 12 万吨/年	抚顺石油化工公司	加拿大	鲁姆斯公司	1988-08-16		CMCDFAA-880062	1991-09	鲁姆斯技术
24	乙烯 15 万吨/年	广州乙烯股份有限公司	意大利	泰克尼蒙公司	1993-02-01		CITD-P92001	1996-04	S&W 高温、短停留时间裂解技术
25	乙烯 14 万吨/年	北京东方化工厂	意大利		1991-11-08	成套设备	CITA-P91018		
26	乙烯 14 万吨/年	新疆乙烯联合工厂	英国		1991-08-31	成套设备	CGBA-P91023		
27	乙炔（溶解乙炔）生产线	湘潭电石厂	比利时	昂莱滋公司	1985-01	设备			
28	乙炔 2.87 万吨/年	四川维尼纶厂化工厂	法国	斯贝西姆公司	1973-05-15	成套设备	CFD7316	1978-06	巴斯夫公司天然气部分氧化法制乙炔技术
29	乙炔（瓶装溶解乙炔）成套设备	内蒙古海拉尔化工厂	中国香港	香港海坚公司	1988-04-26	成套设备	88MMDS-39017		

续表

序号	项目名称	引进单位	国别(或地区)	厂商	生效日期	引进方式	合同号	建成期	采用技术
30	乙炔发生器生产装置(1100立方米/小时)	北京化工二厂	日本	新日本通商株式会社	1964	成套设备			
31	乙炔(溶解乙炔)生产线	龙海角美合成氨厂	日本	岩谷产业株式会社	1986-01-29	成套设备	FICE-HKF85028		
32	乙炔(溶解乙炔)气瓶填料技术	黑龙江石油化工机械厂	美国	科因气瓶公司	1987-03-21	技术许可	86MHML/39100ISR		
33	乙醇10万吨/年	吉林化学工业公司	联邦德国	伍德公司	1975-12-22	成套设备	CG-7532		
34	乙醇20万吨/年	大庆石油化工总厂	联邦德国	伍德公司	1978-06-30	成套设备	CGA-7857		
35	乙苯装置改造技术(5万吨/年)	上海高桥石油化工公司	美国	鲁姆斯,孟山都公司	1987-01-17	技术许可	86NKHI/39237MR-A-B		
36	乙醇胺技术	吉林市第三化工厂	美国	酸胺公司	1987-09-23	技术许可	87QH/LB002MR		
37	乙醛6万吨/年	吉林化学工业公司	联邦德国	伍德公司	1978-06-30	成套设备	CGA-7860		
38	乙醛6万吨/年	大庆石油化工总厂	联邦德国	伍德公司	1978-06-30		CGA-7861	1987-06	乙烯一步法直接氧化制乙醛
39	乙醛3万吨/年	上海石化股份有限公司	联邦德国	伍德公司	1973-07-17		CG7339	1976-05-31	乙烯一步法直接氧化制乙醛
40	乙醛6万吨/年	扬子石化公司	联邦德国	伍德公司	1978-06-30		CGA-7859	1989-03-04	乙烯一步法直接氧化制乙醛

续表

序号	项目名称	引进单位	国别(或地区)	厂商	生效日期	引进方式	合同号	建成期	采用技术
41	亚乙胺类 1500 吨/年	湘潭精细化工厂	加拿大	工程服务公司	1987-03-21	技术许可	84MO/Q206MC		
42	醋酸 10 万吨/年	上海吴泾化工厂	英国	JOHNBROWN	1993-05-12				英国 BP 甲醇低压羰基合成
43	亚乙胺技术设备	湘潭精细化工厂	日本	住友商事株式会社	1984-01-30		NO-43-021		
44	亚乙胺类装置技术及成套设备	常州石油化工厂	日本	住友商事株式会社	1985-02-10	关键设备	CJA-85134CJB		
45	丙烯酸酯 3 万吨	北京东方化工厂	日本	三菱重工业株式会社、触媒化学	1979-06-08	成套设备	CJA-78391		日本触媒化学
46	丙烯酸羟基酯技术及成套设备	北京东方化工厂	日本	三菱商事株式会社	1988-01-20	成套设备	87UMXH/50306		
47	丙烯酸（3 万吨/年）及丙烯酸酯设备及技术	吉化公司电石厂	日本	日挥公司	1988-10-17	技术许可	88CSVR/50090CN	1992	日本日挥
48	乳剂型丙烯酸酯 1.7 万吨/年	北京东方化工厂	美国	美国 UCC，雷华德化学公司	1983-10-31		83UMXH/50302MR		
49	丙烯酸系树脂专有技术	北京东方化工厂	美国	雷华德化学公司	1984-07-16	技术许可	84UMXH/50303MR		
50	丙烯酸精制装置	北京东方化工厂	日本	三菱重工业株式会社	1987-09-29	关键设备	CJHM/7099	1991	日本三菱
51	氯乙烯单体 20 万吨/年	齐鲁石化公司	日本	东洋工程公司	1979-02-05		CJA-78375	1988-02-27	日本三井东压化学公司平衡氧氯化工艺

续表

序号	项目名称	引进单位	国别(或地区)	厂商	生效日期	引进方式	合同号	建成期	采用技术
52	氯乙烯单体 20 万吨/年	上海石油化工总厂	日本	东洋工程公司、三井物产株式会社	1979	成套设备	CJA-78404		
53	氯乙烯 3 万吨/年	北京化工二厂	韩国	乐喜金星	1994-04-05		CG-73120		
54	氯乙烯 8 万吨/年	北京化工二厂	联邦德国	伍德公司	1973-12-10	成套设备	CFD-7316		
55	醋酸乙烯 9 万吨/年	四川维尼纶化工一厂	法国	斯贝西姆公司	1973-05-15		CFD7316	1979-10	固定床气相法合成技术
56	醋酸乙烯和甲醇联合装置（乙烯 9 万吨，甲醇 9.5 万吨，乙炔 2.8 万吨）	四川维尼纶厂	法国	斯贝西姆公司	1973-05-15	成套设备	CFD7316		
57	丁二烯抽提 3.1 万吨/年	大庆石化总厂乙烯厂	日本	东洋工程公司	1978-07		CJA-7826	1986-06	GPB法
58	丁二烯抽提 1.5 万吨/年	抚顺石化乙烯化工厂	日本	千代田化工建设株式会社	1988-04-26		CCNDFAAP88063	1992-07	GPB法
59	丁二烯抽提 4.5 万吨/年	燕山石化公司合成橡胶厂	日本	东洋工程公司	1973-01-31		CJ-7205	1975-12-25	GPB法
60	丁二烯抽提 2.5 万吨/年	广州乙烯股份有限公司	意大利	Techemont S.P.A	1993-02-01		CITTD-P92001	1996-04	GPB法
61	丁二烯抽提 5.6 万吨/年	上海石化股份有限公司乙烯厂	日本	东洋工程公司	1979-06-23		CJA78431	1989-12	GPB法

续表

序号	项目名称	引进单位	国别(或地区)	厂商	生效日期	引进方式	合同号	建成期	采用技术
62	丁二烯抽提 5.6 万吨/年	齐鲁石化公司橡胶厂	日本	东洋工程公司	1979-05		CJA-78428LT	1987-05	GPB 法
63	丁二烯抽提 5.3 万吨/年	扬子石化公司烯烃厂	日本	东洋工程公司	1979-06-23		CJA-78430LT	1987-06	GPB 法
64	1-丁烯 0.76 万吨/年	大庆石化总厂塑料厂	日本	三菱重工业株式会社	1984-01-02		CJA-84128	1988-05	超级精馏技术
65	1-丁烯 1.5 万吨/年	齐鲁石化公司橡胶厂	日本	日挥公司	1985-10-25		85NKHI/393005CN	1988-05	GPB 法，反应精馏结合及 MTBE 法相结合
66	1-丁烯 1.0 万吨/年	抚顺石化公司乙烯化工厂	日本	千代田化工建设株式会社	1993-02-01		CCNDFEAAA-P880063	1991-04	法国 IFP 法
67	1-丁烯 15.0 万吨/年	茂名乙烯工程	日本	日挥公司	1994-01-24		93NKHI/3011JP	1996-03-24	法国 IFP 技术与日本 GPB 法相结合
68	1-丁烯 1 万吨/年	辽宁抚顺乙烯化工厂	日本	千代田化工建设	1988-03-31	成套设备	CCNDFAAT880063		
69	1-丁烯 0.7 万吨/年	广州乙烯股份有限公司	日本	东洋工程公司	1994-04-23		CJPD-P92057T	1996-05	法国 IFP 公司两段加氢工艺
70	丁烯异构叠合装置 10 万吨/年	石家庄炼油厂	法国	石油研究院	1985-02-04		85NKHI/394011CF 86NKHI/394092MR 86NKHI/394020MR	1988-12	
71	丁辛醇 2 万吨/年(丁醇)、5 万吨/年(辛醇)	齐鲁石化公司第二化肥厂	法国	斯贝西姆公司	1978-07-31		CGA-7869	1987-05-27	
72	丁辛醇 7 万吨/年	北京化工四厂	日本	宇部兴产公司	1992-04-11		92UMXH/50301JP		戴维低压羰基合成技术

续表

序号	项目名称	引进单位	国别（或地区）	厂商	生效日期	引进方式	合同号	建成期	采用技术
73	丁辛醇（辛醇）5万吨/年，2万吨/年（丁醇）	大庆石油化工总厂化工二厂	英国	戴维动力煤气公司	1978-09-30	成套设备	CEA-7868	1986-07	低压羰法羰基合成气相循环技术
74	丁辛醇 7500吨/年	兰州化学工业公司	法国	麦尔公司，斯贝西姆公司	1964	成套设备			
75	丁辛醇 5万吨/年	吉林化学工业公司	联邦德国	巴斯夫公司	1976-02-24	成套设备	CGA-7609		德国BASF高压羰基合成技术
76	电石炉及其净化系统配套件	浙江衢州化学工业公司	挪威	埃肯技术公司	1988-12-15	关键设备	88AMWR/153131EN		
77	电石（石灰窑技术及设备）150吨/日	内蒙包头第二化工厂	联邦德国	威尔马斯特公司	1987-02-28	技术许可	86UMXH/50309CD		
78	电石（石灰窑技术及设备）150吨/日	河北张家口化园电石厂	联邦德国	威尔马斯特公司	1987-02-28	技术许可	86UMXH/50308		
79	电石（石灰窑）170吨/日	贵州有机化工厂	意大利	曹尔卡克斯公司	1987-02-28	技术许可	86UMXH/50307CU		
80	电石（NO.4密闭电石炉）改造	北京化工二厂	日本	三菱商事株式会社	1984-01-10	成套设备	CJA-83109		
81	电石炉气烧窑技术、设备	贵州有机化工厂	日本		1985-12	设备			
82	电石炉及其净化系统配套件	湖南株洲化工厂	挪威	埃肯技术公司	1988-12-25	关键设备	88AMWR/153132EN		

续表

序号	项目名称	引进单位	国别(或地区)	厂商	生效日期	引进方式	合同号	建成期	采用技术
83	电石6万吨/年	吉林电石厂	苏联		1955-05	成套设备			
84	电石炉空心电极和原料风送系统设备	吉林化学工业公司	联邦德国	伍德公司	1983-10-06	成套设备	83UMXH/50307CO		
85	甲醇10万吨/年	齐鲁石油化工公司	联邦德国	鲁奇煤和矿物油技术有限公司	1979-01-01	成套设备			德国鲁奇
86	甲醇10万吨/年	齐鲁石化第三化肥厂	日本	日挥公司	1978-01-29		CGA-78376	1987-06-22	鲁奇低压合成甲醇技术
87	甲醇9.5万吨/年	四川维尼纶厂	法国	斯贝西姆公司	1973-05-15		CFD7316	1979-08	英国ICI公司低压合成甲醇技术
88	甲醇生产装置	哈尔滨煤气加工厂	苏联	全苏石油化学科技有限公司	1987-11-17	成套设备	71-037/03400CCR		前苏联全苏石油化学公司
89	甲醛6万吨/年	黑龙江佳木斯化工五厂	美国	ABB鲁姆斯公司	1990-09-15	技术许可	CMRSTSY-90034	1993	美国ABB鲁姆斯公司
90	甲烷氯化物3万吨/年	泰安化工厂	日本	旭硝子公司	1994-09-17	技术许可	89RMTQH/ME024CN		
91	甲乙酮7000吨/年	浙江衢州化学工业公司	日本	日商岩井贸易株式会社	1989-08-22	技术许可			
92	甲乙酮3000吨/年	江苏泰州石油化工总厂	联邦德国	埃德尼努公司	1988-05-12	技术许可	88UMXH/50JS05CD	1991	德国埃德尼努
93	环己醇、环己酮4.288万吨/年	辽阳石油化纤公司化工四厂	法国	斯贝西姆公司	1973-09-28		CF7344	1980-09	气-液-无催化剂氧化法

续表

序号	项目名称	引进单位	国别(或地区)	厂商	生效日期	引进方式	合同号	建成期	采用技术
94	环己烷 4.458 万吨/年	辽阳石油化纤公司化工四厂	法国	罗纳-普朗克公司	1973-09-28		CF-7344	1979-12	悬浮液相加氢法
95	己二胺 2.08 万吨/年	辽阳石油化纤公司化工四厂	法国	斯贝西姆公司	1973-09-28		CF-7344	1980-12	气-液-固三相低温中压加氢工艺
96	己二酸工业级 3.064 万吨/年，精品 2.824 万吨/年	辽阳石油化纤公司化工四厂	法国	斯贝西姆公司	1973-09-28		CF-7344	1980-10	液-液接触低温氧化反应
97	己二腈 2 万吨/年	辽阳石油化纤公司化工四厂	法国	斯贝西姆公司	1973-09-28		CF-7344	1980-11	液-气接触工艺
98	环氧乙烷/乙二醇 EO2.2 万吨/年，EG2 万吨/年	天津联合化学有限公司	西班牙	福斯特惠勒公司	1992-06-01		CESA-P91033	1995-06	壳牌公司的纯氧气氧化法
99	环氧乙烷/乙二醇 12 万吨/年	上海石化股份有限公司化工二厂	日本	东洋工程公司	1987-08-28		87NKHI/392007CN	1990-03-17	SD 公司纯氧气氧化法
100	环氧乙烷/乙二醇 20 万吨/年	扬子石化烯烃厂	日本	东洋工程公司	1983-06-24		CJA-83033	1987-09	SD 公司纯氧气氧化法
101	环氧乙烷/乙二醇 6 万吨/年	燕山石化公司	日本	日曹工程株式会社	1974-02-24		CJ73124	1978-07-20	SD 公司纯氧气氧化法
102	乙二醇专有技术及设备	扬子石油化工公司	日本	东洋工程公司	1983-06-01	技术许可	CJA-83033LT		
103	环氧乙烷 4 万吨/年	吉林化学工业公司	加拿大	福陆丹尼尔公司	1990-03-01	技术许可	89JLCI/50095MC-SCMC		纯氧气氧化法

续表

序号	项目名称	引进单位	国别(或地区)	厂商	生效日期	引进方式	合同号	建成期	采用技术
104	环氧乙烷/乙二醇 10 万吨/年	茂名石化公司乙烯建设指挥部	日本	三井造船公司	1993-07-23		92NKHI/3068JP	1995-12-23	壳牌公司纯氧气氧化法技术
105	环氧乙烷/乙二醇 5.0 万吨/年(当量环氧乙烷)	抚顺石化公司	法国	德希尼布公司	1986-06-06		CCFDFAA-P880008CFMC	1991-10	纯氧气氧化法
106	环氧乙烷/乙二醇 4 万吨/年	新疆乙烯联合工厂	西班牙		1991-07-23	成套设备	CESA-P91026		
107	环氧乙烷 5 万吨,乙二醇 4 万吨	抚顺石油化工公司	法国	德希尼布公司	1988-06-25	成套设备	CCFDFFAA-P880008CFMC		纯氧气氧化法
108	环氧乙烷/乙二醇 4.39 万吨/年	辽阳石油化纤公司化工三厂	法国	贝斯贝西姆公司	1973-09-28	成套设备	CF7344	1980-11	胥尔斯公司空气氧化法工艺
109	环氧乙烷/乙二醇技术改造 5.833 万吨/年	辽阳石油化纤公司化工三厂			1986-11-21		86NKHI/210MR	1989-10	联合碳化物公司的纯氧气氧化法
110	环氧丙烷 1 万吨/年	南京金陵石化公司化工二厂	日本	蝶理株式会社	1985-05-14		CJA-85023LT	1987-12-25	改良氯醇法
111	环氧丙烷 1 万吨/年	张店化工厂	日本	日棉株式会社	1987-01-26	成套设备	86RMSD/11029CN		
112	环氧丙烷 2 万吨/年	天津大沽化工厂	日本	东洋工程公司	1986-04-30	关键设备	CJHG-640054/CIB		氯醇法
113	环氧氯丙烷合成甘油 3.2 万吨/年(环氧氯丙烷)	齐鲁石化公司氯碱厂	日本	日挥株式会社	1979-08-21		CJA-78392LT	1983-03-27	丙烯氯醇法

续表

序号	项目名称	引进单位	国别(或地区)	厂商	生效日期	引进方式	合同号	建成期	采用技术
114	环氧丙烷 2 万吨，聚醚 2 万吨，丙二醇 0.5 万吨技术及设备	锦西化工总厂	日本	旭硝子公司	1986-12-09	关键设备	86UMXH/50305CN		
115	环氧丙烷 2 万吨，聚醚 2 万吨，丙二醇 0.5 万吨技术及设备	浙江省化工厂	加拿大	陶氏化学加拿大有限公司	1989-11-06	关键设备	88UMXH/50301MCSCMC		氯醇法
116	环氧丙烷 2 万吨，聚醚 2 万吨，丙二醇 0.5 万吨技术及设备	江西九江化工厂	加拿大	蒙特利尔 SNC 服务有限公司	1989-11-01	技术许可	88UMXH/50302MCSCMC		
117	芳烃抽提 7.4 万吨/年	上海石化股份有限公司炼化部	日本	住友化学工业株式会社，住友商事株式会社	1973-07-28		CJD7318	1976-09-03	环丁砜抽提法
118	芳烃联合装置 40 万吨/年	上海石油化工总厂	联邦德国	鲁奇碳和矿物油公司	1978-12-21	成套设备	CGD78414		德国
119	芳烃 8.4 万吨/年	齐鲁石化公司烯烃厂	日本	东洋工程公司	1979-09-23		CJA-78429		
120	芳烃分厂技术服务协议	上海石油化工总厂	美国	UOP 公司(环球油品公司)	1989-04-28	顾问咨询	89YKAL/39004MR	1987-10	UOP 专利技术 美国 UOP
121	芳烃抽提 16.12 万吨/年(处理量)	辽阳石油化纤公司化工一厂	法国	德希尼布公司	1973-09-28		CF-7344	1979-09	IFP 二甲基亚砜抽提技术

续表

序号	项目名称	引进单位	国别(或地区)	厂商	生效日期	引进方式	合同号	建成期	采用技术
122	芳烃联合装置重整40万吨/年,芳烃抽提18.9万吨/年	辽阳石油化纤公司聚酯厂	英国	帝国化学公司	1992-08-17		92NKHI/4077US	1996-04-15	UOP专利技术
123	芳烃联合生产装置45万吨/年	扬子石油化工有限公司	联邦德国	鲁奇煤和矿物油技术有限公司	1979-01-01	成套设备	CGD78415		德国
124	芳烃装置	辽阳石油化纤公司	美国	UOP公司	1992-04-25		92NKHI/4077US		
125	芳烃厂加氢裂化装置的基础工程设计	扬子石油化工有限公司	联邦德国	鲁奇矿物油技术有限公司	1989-10-12	技术服务	89NKHI/3004CB		
126	芳烃装置技术服务	上海石油化工总厂	美国	UOP公司	1990-08-10	顾问咨询	90NKHI/2010MR		美国UOP
127	苯10万吨/年	北京燕山石油化工公司	联邦德国	林德股份有限公司慕尼黑低温工艺技术部	1975-06-28	成套设备	CG7512		
128	对苯二甲酸22.5万吨/年	上海石化股份有限公司	日本	三井石化,日本三井造船株式会社	1979-06-06		CJT-78417 LT	1983-07	二甲苯液相氧化,粗对苯二甲酸精制
129	对苯二甲酸3.6万吨/年	燕山石化公司聚酯厂	联邦德国	矿物油技术有限公司	1977-06-28		CGD-7731	1981-11-11	阿莫柯高温氧化法和用钯催化剂的加氢精制法

125

续表

序号	项目名称	引进单位	国别(或地区)	厂商	生效日期	引进方式	合同号	建成期	采用技术
130	对苯二甲酸 25 万吨/年	仪征化纤工业联合公司	意大利	UOP 公司	1992-08-01		CITD/P92040		
131	对苯二甲酸 7.5 万吨/年	乌鲁木齐石化总厂化纤		福斯特惠勒能源有限公司	1992-06-15		91NKHI/2002GB	1996-08-15	对二甲苯高温氧化及用钯催化剂的加氢精制
132	对苯二甲酸 22.5 万吨/年	辽阳石油化纤公司聚酯厂	美国	FW 公司	1992-0-128		92NKHI/2024US	1996-04-15	高温氧化法
133	对苯二甲酸 45 万吨/年	扬子石油化工化工厂	联邦德国	鲁奇矿物油技术公司	1979-01-22		CGD-78416	1989-10	阿莫柯高温氧化法
134	对苯二甲酸 22.5 万吨/年	辽阳石油化纤公司	美国	UOP 公司	1992-06-22		92NKHI/2024US		
135	对二甲苯 UOP 吸附分离工艺装置改造	天津石油化工公司	美国	UOP 公司	1990-08-14	技术许可	90NKHI/392017MR	1993	美国 UOP
136	对二甲苯装置扩建工艺技术	辽阳石油化纤公司	美国	阿科公司	1985-06-12	技术许可	85NKHI/391301CMR	1988	美国阿科公司
137	对二甲苯 1.72 万吨/年	上海石化股份有限公司涤化部	日本	东丽株式会社,三井造船株式会社	1973-07-14	成套设备	CJD-7315	1977-05-25	使用临氢烷基转移反应和吸附分离技术
138	对二甲苯 6.4 万吨/年,苯 2 万吨/年	天津石油化工厂	日本	日挥株式会社	1975-12-17		CJ7533	1978	日本日挥株式会社
139	对二甲苯 2.7 万吨/年	燕山石化公司化工一厂	美国	UOP 公司	1979-09-15		CU7516	1980-11-30	UOP 模拟移动床吸附工艺

续表

序号	项目名称	引进单位	国别(或地区)	厂商	生效日期	引进方式	合同号	建成期	采用技术
140	对二甲苯45万吨/年	扬子石化公司	联邦德国	法兰克福矿物油技术有限公司	1979-01-21		CGD-78415	1989-10	三家专利商公司技术
141	对二甲苯5.5万吨/年	乌鲁木齐石油化工总厂	英国	巴布科克承包公司	1992-09-23		91NKHI/2003GB	1996-09-23	20世纪80年代先进的甲苯歧化工艺,UOP吸附分离工艺和异构化工艺
142	对二甲苯5.76万吨/年,苯4.8万吨/年	辽阳石油化纤公司化工一厂	法国	德希尼布公司	1973-09-28		CF-7344	1979-06	美国大西洋富士及恩格哈特技术
143	对二甲苯邻二甲苯成套设备	齐鲁石油化工公司	日本	东洋工程公司	1979-06-22	成套设备	CJA-78429		
144	对二甲苯6.4万吨/年,邻二甲苯2万吨/年	齐鲁石油化工公司	联邦德国	鲁奇煤矿和矿物油技术有限公司	1979-01-01	成套设备	CGA-78376	1983	联邦德国
145	对苯二甲酸二甲酯9万吨/年	天津石油化工公司	联邦德国	克鲁伯-考贝尔有限公司	1975-11-26	成套设备	CG7525		联邦德国
146	对苯二甲酸二甲酯	天津石油化工公司	联邦德国	克鲁伯-考贝尔有限公司	1986-02-14	成套设备	85NKHI/392023CD		联邦德国
147	对苯二甲酸二甲酯8.8万吨/年	辽阳石油化纤公司化工二厂	法国	德希尼布公司	1973-09-28		CF7344/71	1980-03	威顿合并氧化酯化法
148	对苯二甲酸二甲酯(DMT装置残渣二甲醇分解)技术	辽阳石油化纤公司	联邦德国	诺贝尔股份公司	1985-08-11	技术许可	85NKHI/392007CD	1988	联邦德国
149	苯酚、丙酮8万吨/年	燕山石化公司化工二厂	日本	三井造船株式会社	1979-06-05		CJA-78412LT	1986-09-12	三氯化铝轻烃法

续表

序号	项目名称	引进单位	国别(或地区)	厂商	生效日期	引进方式	合同号	建成期	采用技术
150	苯乙烯 6 万吨/年	辽宁盘锦天然气化工厂	加拿大		1991-01-16	成套设备	CCAAC-P90028SCMC		
151	苯乙烯 10 万吨/年	茂名石化公司乙烯建设指挥部	意大利	斯娜姆公司	1993-08-11		92NKHI/3960IT	1996-08-11	鲁姆斯专利技术
152	苯乙烯 8 万吨/年	广州乙烯股份有限公司	美国	贝捷尔工程公司	1993-06-01		93NKHI/3002US	1996-06	Mobil/Badge 气相分子筛烃化法
153	苯乙烯 6 万吨/年	大庆石化总厂	美国	贝捷尔工程公司	1992-12-31		92NKHI/2031US	1996-05-31	气分子筛法
154	苯乙烯 6 万吨/年	齐鲁石化公司	美国	鲁姆斯公司	1985-06-05		CUA-85076	1988-12	孟山都-鲁姆斯工艺
155	苯乙烯 6 万吨/年	齐鲁石油化工公司	美国	孟山都鲁姆斯公司	1985-08-16	成套设备	CUA-85070	1988	孟山都
156	苯酐 4 万吨/年	金陵石油化工公司	联邦德国	巴斯夫公司	1985-12-05	成套设备	CGA-85110		巴斯夫技术
157	苯酐 2 万吨/年	厦门厦扬化工有限公司	日本	日商岩井贸易株式会社	1989-03-30	成套设备	F88IWVO/39011CN	未实施	
158	苯酐尾气回收富马酸设备技术	大连染料厂	意大利	ALUSULSSE	1984-12-01	关键设备	84UMDL/50103CL		意大利 ALUSULSSE
159	苯酐 4 万吨/年	齐鲁石化公司	德国	巴斯夫公司	1985-01-24	成套设备	CGA-85111	1989-12	巴斯夫公司 60 克低能耗工艺
160	苯酐 2 万吨/年	哈尔滨化工厂	德国	DAVYMCKE EAG	1984-10-29		CJA84097		德国 DAVYMCK-EEAG
161	苯酐生产技术及设备	上海染料化工七厂	美国	FORREL, MENDERSON	1983-10	关键设备	CLA83220-83221		

续表

序号	项目名称	引进单位	国别(或地区)	厂商	生效日期	引进方式	合同号	建成期	采用技术
162	苯酐(萘制苯酐)专有技术	梁化七厂	美国	巴德加工程公司	1984-01-14	技术许可	CUA-83104	1988	美国巴德加工程公司
163	四氯化碳-四氯乙烯成套设备	上海氯碱总厂	意大利	意大利TESNIMONT S.PA.	1987-11-25	成套设备	87IS/393025CL		
164	顺酐1.5万吨/年	胜利油田	日本	东洋工程公司	1993-02-20				
165	顺酐1万吨/年	盘锦市有机化工厂	法国	TP公司	1988-07-01				美国SD技术
166	顺酐1万吨/年	天津中河化工厂	日本	三菱商事株式会社	1986-05-06	成套设备	8609/2-A007CN		
167	双酚A生产专有技术	江苏省无锡石油化工总厂	英国	POLIBUR工程有限公司	1989-04-11	技术许可	88JSMP-601CE		用HCl催化剂的加压缩合法
168	双酚A 0.5万吨/年	巴陵石化公司岳阳石油化工总厂	美国	文氏工程公司	1991-07-23			1995-01	
169	丙烯腈装置	大庆石化总厂	日本	丸红株式会社	1985-01-07	成套设备	CJA84158LT		
170	丙烯腈5.0万吨/年	大庆石化二厂	美国	标准油化学公司	1984-0-720	成套设备	CUA-84071	1989-06(验收)	Sohio公司专有的丙烯氨氧化法
171	丙烯腈废液处理装置	上海石油化工总厂	日本	新泻铁工所	1973-03-15	成套设备	CJD7314	1977	日本
172	丙烯腈5万吨/年	上海石化股份有限公司	日本	旭化成工业株式会社	1973-04-26		CJ-7204	1976-12-01	Sohio公司丙烯氨氧化法

续表

序号	项目名称	引进单位	国别(或地区)	厂商	生效日期	引进方式	合同号	建成期	采用技术
173	丙烯腈 5 万吨/年（副产氢氰酸 0.55 万吨/年）	安庆石化总厂腈纶厂	美国	BP 化学公司	1988-01-01		88NKHI/2001MR	1994-12	BP 公司丙烯氨氧化技术
174	丙烯腈 5 万吨/年	抚顺石化公司	美国	SOHIO	1986-01-11		CUD-86064	1990-11	美国 Sohio 公司的丙烯氨氧化技术
175	丙烯腈工艺专利使用及技术转让	兰州化学工业公司	美国	标准油化学公司	1986-12-05	技术许可	86RMZS/11027MR	1989	美国标准油化
176	丙烯腈 1 万吨/年	兰州化学工业公司	联邦德国	鲁奇公司	1965-01-01	成套设备			德国
177	丙烯腈装置技术改造 2.5 万吨/年	兰州化学工业公司石油化工厂	美国	标准油化	1986-11-24		86NKHI/209MR	1991-12	采用标准油公司的部分专利技术，用国内开发的 MB-82 催化剂
178	己内酰胺 5 万吨/年	南京东方化工有限公司	德国	迪迪尔工程有限公司	1988-03-14		NCCICCN88/001	1992	荷兰 DSM 技术
179	己内酰胺 5 万吨/年	岳阳石油化工总厂	日本	千代田化工建设株式会社	1989-03-30	成套设备	88NKHI/392008MC		以环己烷为原料，采用 DSM 技术
180	尼龙 66 盐水溶液 4.644 万吨/年	辽阳石油化纤公司化工四厂	法国	斯贝西姆公司	1973-09-28		CF7344	1980-10	罗纳普朗克公司液-液常压低温中和反应
181	尼龙 66 盐 6.5 万吨/年	平顶山	日本	旭化成工业株式会社	1993-12-08				
182	精胺 1 万吨/年	济宁煤化公司	瑞士	苏尔寿	1992-03-23		121691		
183	尼龙 66 切片	平顶山	意大利		1993-12-08				
184	高碳醇 10 万吨/年	吉化公司	意大利	SNAM	1993-07-24				美国威斯卡技术

续表

序号	项目名称	引进单位	国别(或地区)	厂商	生效日期	引进方式	合同号	建成期	采用技术
185	苯胺 1 万吨/年	重庆长风化工厂	联邦德国	林德股份有限公司					林德股份有限公司
186	氯乙酸 1 万吨/年	阜新有机化工厂	捷克		1993-01-28				捷克
187	MTBE 4 万吨/年	茂名石油化工公司	日本	瑞翁	1993-06-24				日本瑞翁
188	二甲基甲酰胺 8000 吨/年	浙江江山化工总厂	美国	酸胺公司	1991			1994	美国酸胺技术
189	二甲基甲酰胺 8000 吨/年	山东淄博东风化工厂	美国	酸胺公司	1989-11-22	技术许可	89GNXH/3913MR	1993	美国酸胺公司
190	三聚氰胺 12000 吨/年	安徽风台化肥厂	荷兰	KTI	1994-12				
191	三聚氰胺补偿贸易（1200吨/年）	四川天然气化工厂	比利时	克洛克纳公司	1980-06-02	成套设备	CBA-8007IC		
192	三聚氰胺（低压法生产三聚氰胺）技术及设备	宁阳化工厂	日本	ONZ RIGHT 公司	1987-10-08	关键的设备	87GNSH/3906		
193	烷基胺（C_1-C_2 烷基胺）专有技术 5000 吨/年	山东淄博东风化工厂	美国	酸胺公司	1989-11-22	技术许可	89GNXH/3912MR		
194	磺化 2 万吨、5 万吨洗衣粉装置	金陵石油化工公司	意大利	巴拉斯丽公司	1986-01-28	成套设备	85NKHI/404020CL		

续表

序号	项目名称	引进单位	国别(或地区)	厂商	生效日期	引进方式	合同号	建成期	采用技术
195	工业用直链烷基苯磺酸（1吨/小时烷基苯磺酸，2.5万吨/年洗衣粉）	烷基苯厂	意大利	现代机械公司	1975-09-03		CI-7517	1981-08	包括空气干燥、硫黄燃烧制三氧化硫、磺化、中和、尾气处理等步骤
196	磺化装置	南京烷基苯厂	意大利	现代机械公司	1975-09-30	成套设备	CI-7517		
197	工业用直链烷基苯磺酸2万吨/年	金陵石化公司烷基苯厂	意大利	米兰巴拉斯屈公司	1985-12-21	成套设备	85NKHI/404020 CL	1988-11	包括空气干燥、硫黄燃烧制三氧化硫、磺化、中和及尾气处理
198	脂肪胺及含氯衍生物生产装置	四川泸州化工厂	英国	PETER JOWUTLAND CO.LTD	1988-12-26	成套设备	CGBCA-P88111		
199	脂肪酸成套设备	四川泸州化工厂	意大利	CMB	1988-12-26	成套设备	CITCA-P88110		
200	脂肪酸（合成脂肪酸）精馏设备	大连油脂厂	联邦德国	化工设备联合公司	1985-11	设备			
201	脂肪酸和甘油生产装置	吉林省长岭化肥	意大利	加纳查公司	1988-04-20	成套设备	87MFNXH/50501		
202	2,6-二乙基苯胺技术	吉林化学工业公司	瑞士	瑞士龙沙有限公司	1987-11-23	技术许可	87UMXH/50301CT	1991	瑞士龙沙技术
203	精制对二氯苯3000吨/年	河北邯郸釜阳化工厂	瑞士		1991-12-27	成套设备	91HKFBA-PT006		
204	对二氯苯分离6000吨/年	锦西化工总厂	加拿大	丽确公司	1992-11-30		92UMXH-50323CA		

续表

序号	项目名称	引进单位	国别（或地区）	厂商	生效日期	引进方式	合同号	建成期	采用技术
205	对二氯苯 3000 吨/年	山东农药厂	加拿大		1987-03-01				
206	乙氧基化生产装置合同	辽宁抚顺醇醚化学厂	意大利		1991-09-13	成套设备	91MM9-391（8）004IT		
207	乙氧基产品0.6万吨/年	金陵石化公司化工二厂	意大利	勃里斯工业公司	1993-08-07		93NKHI/20351T	1996-02	Pressindustria 公司的气-液接触工艺
208	硫酸烷基化工艺技术	抚顺石油化工公司	美国	斯楚特克有限公司	1985-06-15	技术许可	85NKHI/394006MR		
209	壬基酚 5000 吨/年	江苏常州第二化工厂	波兰		1991-06-21	技术许可	90UMXH/50JS12		
210	壬基酚 1 万吨/年	黑龙江石油化工厂	波兰		1991-06-21				波兰石油科学研究院技术
211	汽油加氢7.78万吨/年	辽化公司化工一厂	法国	德希尼布公司	1973-09-01		CF7344	1979	法国石油研究院技术
212	柴油加氢精制装置 40 万吨/年	金陵石化公司炼油厂	德国	托马森公司，德国 Borsig 公司	1991-11-29		91JDAZPA/39105NL,91NKHZ/3940520 E	1993-08	德国
213	加氢装置汽轮机-压缩机组 40 万吨/年	抚顺石油化工公司石油三厂						1984-04	
214	加氢裂化装置 80 万吨/年	金陵石化公司炼油厂	日本	日挥株式会社	1979-06-15		CJA-78434	1985-12	美国加州联合油技术
215	加氢裂化装置 80 万吨/年	茂名石化公司炼油厂	日本	日挥株式会社	1979-06-15		CJA-78433	1982-04	美国联合油技术

续表

序号	项目名称	引进单位	国别(或地区)	厂商	生效日期	引进方式	合同号	建成期	采用技术
216	催化裂化120万吨/年蜡油催化裂化改造为140万吨/年重油催化	镇海炼油化工股份有限公司炼油厂	美国	石伟公司(SWEC)	1985-08-17		85NKHI/394009 MR	1990-06	石伟工程公司重油催化裂化技术
217	石蜡加氢精制5万吨/年	高桥石化公司上海炼油厂	法国	德希尼布工程公司	1987-05-08		87AEDN/39005CF	1991-07	法国石油研究院技术
218	减压渣油溶剂脱沥青技术	广州石油化工总厂	美国	环球油品公司	1985-03-25	技术许可	85NKHI/394004MR		
219	氢气回收系统成套设备	衡州化工厂	美国	孟山都国际销售公司	1984-05-07	成套设备	84UMXH/50402MR		
220	氢回收系统设备	栖霞山化肥厂	美国	孟山都国际销售公司	1984-07-19	成套设备	CUA80044		
221	重建一号喷粉塔工程成套设备	上海合成洗涤剂厂	意大利	巴莱斯特公司	1986-08-16	成套设备	CIHS-6120-CIB		
222	催化裂化100万吨/年	金陵石油化工公司炼油厂	美国	石伟公司(SWEC)	1988-09-12		87NKHI/394113MR	1990-12	美国石伟公司技术
223	尤里卡装置100万吨/年减压渣油热裂解及配套加氢精制	南京扬子石化公司炼油厂	日本	千代田化工建设株式会社	1979-06-21		CJA-78432LT	1988-04	日本吴羽技术,美国雪弗隆公司
224	催化裂化气体压缩机140万吨/年装置配套	福建炼油厂	美国	A-C压缩机公司	1990-10-26		90NKHI/394022MR	1992-09	
225	催化裂化装置100万吨/年	广州石油化工总厂	美国	石伟公司(SWEC)	1986-01-31		85NKHI/394067MR	1990-10	石伟公司重油催化裂化工艺

续表

序号	项目名称	引进单位	国别(或地区)	厂商	生效日期	引进方式	合同号	建成期	采用技术
226	减黏裂化装置100万吨/年	广州石油化工总厂炼油厂	荷兰	鲁姆斯公司	1985-01-23		85NKHI/394012CH	1989-09-27	英荷壳牌公司上流式塔式减黏裂化技术和鲁姆斯公司技术
227	蒸气裂解炉利节能成套设备	辽阳石油化纤公司	法国	德希尼布公司	1985-02-28	成套设备	85NKHI/392006CF		
228	催化裂化80万吨/年	济南炼油厂	联邦德国	M.A.N.Maschinfabrik, Augshurg-Numberg Aktienges.	1985-12-20		85NKHI/3950834CD	1988-10	(厂商) - ellschaft. Unternehme nsbereich Maschinenund Anlagen
229	催化重整生产装置(15套)	辽阳石油化纤公司	美国	大西洋富士	1973-09-28	成套设备	CF7344		
230	润滑油加氢处理装置40万吨/年	兰州炼油化工总厂炼油二厂	法国	石油研究院提供专利技术和基础设计,国内洛阳石化工程公司	1992-05-16	施工图设计	92NK/4079FR	1996-06(预计)	法国石油研究院润滑油两段加氢工艺
231	加氢脱蜡装置(加氢精制80万吨/年,催化裂化20万吨/年)	山东炼油厂	日本	千代由化工建设株式会社等	1978-12-20	成套设备	CAJ-78370		
232	加氢裂化装置90万吨/年	上海石油化工股份有限公司炼油化部	联邦德国	鲁奇公司	1979-03-20		CGD78414	1986-05	美国加州联合油技术

135

续表

序号	项目名称	引进单位	国别(或地区)	厂商	生效日期	引进方式	合同号	建成期	采用技术
233	催化裂化60万吨/年蜡油催化改造为100万吨/年重整催化	武汉石化工厂	美国	石伟公司(SWEC)	1985-09-06		85NKHI/394010MR	1987-06	石伟公司技术
234	催化裂化100万吨/年	巴陵石化公司长岭炼油化工厂	美国	石伟公司(SWEC)	1986-11-01		85NKHI/394061MR	1989-08	石伟公司:1.高效雾化喷嘴;2.两段再生工艺
235	加氢、脱蜡1.80万吨/年,2.20万吨/年	齐鲁石油化工公司胜利炼油厂	日本	千代田化工建设株式会社	1978-08-20		CJA-7837OLT(采用技术)公司的馏分油脱蜡 MDDW 工艺及 ZSM5 催化剂	1981-10	1.美国加州联合油公司加氢精制工艺及 N-22 催化剂;2.莫比尔研究发展
236	渣油轻质化装置	扬子石油化工公司	日本	和光交易株式会社	1979-06-22	成套设备	CJA-78432		
237	溶剂脱沥青装置80万吨/年	广州石油化工总厂炼油厂	美国	环球油品公司作基础设计	1985-03-25		85NKHI/394004MR	1989-12	美国环球油品公司的 Demex 专利技术
238	丁烷脱沥青单体设备引进40万吨/年装置配套	兰州炼油化工总厂炼油二厂	美国	英格索兰业公司等	1993-05-13		93JDAZPA/391001US 93JDAZPA/391002AT 93VMWEZ/189005USVMEZ/18900		
239	聚乙烯(超高分子量聚乙烯)加工设备	北京助剂二厂	联邦德国	P.M.公司	1985-12	设备			
240	聚乙烯4万吨/年	广东霞山区塑料工业集团公司	美国		1992-11-21		(1990)00122		

续表

序号	项目名称	引进单位	国别(或地区)	厂商	生效日期	引进方式	合同号	建成期	采用技术
241	聚乙烯14万吨/年	河南中原石化联合总公司	意大利	柯梯普国际有限公司	1989-04-24	成套设备	CITAB-P89006-1GL-BC		
242	聚乙烯（高压聚乙烯）18万吨	北京燕山石油化工公司	日本	住友化学工业株式会社	1973-08-20	成套设备	CJ-7341		
243	聚乙烯（高压聚乙烯）18万吨/年	北京燕山石化公司化工一厂	日本	住友商事株式会社	1973-10-18		CJ-7341	1976-03-18	
244	聚乙烯（高压聚乙烯）3.4万吨	兰州化学工业公司	英国	卜内门公司,西蒙卡夫公司	1964-01-01	成套设备			
245	更新低密度聚乙烯生产装置以适应EVA生产	上海石化总厂	日本		1992-10-06		92NKHI/392035		
246	聚乙烯（高压聚乙烯）6万吨/年	上海石油化工总厂	日本	三菱油化株式会社	1973-07-25	成套设备	CJ7340		
247	聚乙烯（低密度聚乙烯）8万吨/年	上海石油化工总厂	意大利	司南普吉提公司	1989-12-26	成套设备	89NKHI/392003CL		
248	聚乙烯（高压聚乙烯）14万吨/年	上海石油化工股份有限公司塑料厂	日本	三菱油化斯那姆公司	1989-09-23		CJD7340 89NKHI/392003CI		三菱油化-巴斯夫公司超高压管式法工艺
249	聚乙烯（高密度）14万吨/年	齐鲁石化公司塑料厂	美国	约翰布朗建设有限公司	1978-12-19		CEA-78400	1986-12	UCC Unipoirmz 气相法工艺
250	聚乙烯（线型低密度聚乙烯）6万吨/年	齐鲁石化公司塑料厂			1987-04-16		CUA-87028	1990-09	UCC的Unipol工艺

续表

序号	项目名称	引进单位	国别(或地区)	厂商	生效日期	引进方式	合同号	建成期	采用技术
251	聚乙烯（线型低密度聚乙烯）6万吨/年	大庆石油化工厂塑料总厂	日本	三菱重工业株式会社	1984-12-28		CJA-84128LT	1988-03	UCC的Unipol气相流化床工艺
252	聚乙烯（高压聚乙烯）6万吨/年	大庆石油化工厂塑料总厂	联邦德国	伍德公司	1978-06-30		CGA-7858	1985-12	伊姆豪逊高压管式法
253	高压聚乙烯（低密度聚乙烯）6万吨/年	大庆石油化工厂	联邦德国	伍德公司	1978-06-30	成套设备	CGA-7858		
254	聚乙烯（高密度聚乙烯）14万吨/年	大庆石油化工厂塑料总厂	日本	造船株式会社	1978-12-29		CJA-78420	1986-03	三井油化浆液法工艺
255	聚乙烯（高密度聚乙烯）14万吨/年	南京扬子石化公司塑料厂	日本	三井造船株式会社	1979-06-16		CJA-78419LT	1987-08	三井油化专利技术
256	聚乙烯（7000F, 8200B高密度聚乙烯）技术	扬子石油化工公司	日本	三井造船株式会社	1987-04-20	技术许可	87NKHI/39304CN		
257	聚乙烯（高压聚乙烯）10万吨/年	茂名石化公司乙烯建设指挥部	日本	司南普吉提公司	1993-03-30		92NKHI/3063JP	1996-03-30	Quantum公司工艺技术
258	聚乙烯（全密度）14万吨/年	茂名石化公司乙烯建设指挥部	意大利		1993-06-21		92NKHI/3062IT	1996-03-21	UCC的Unipol气相法工艺
259	聚乙烯（线型低密度和高密度聚乙烯）6万吨/年	兰州化学工业公司石油化工厂			1986-11-21		NKHI/304CE; 86NK/SKC002	1990-11	BP气相流化床工艺

续表

序号	项目名称	引进单位	国别(或地区)	厂商	生效日期	引进方式	合同号	建成期	采用技术
260	聚乙烯12万吨/年	河南中原石化联合公司	意大利	斯纳姆普吉蒂	1992-05-30		CITP-P92002		
261	聚乙烯（高密度聚乙烯）3.5万吨/年	辽阳石油化纤公司化工二厂	德国	费里特里希·伍德德公司	1974-06-15		CG7409	1979-12	Hoechst公司淤浆法乙烯低压聚合工艺
262	聚乙烯（线型低密度、高密度聚乙烯）技术	兰州化学工业公司	英国	BP化学品有限公司	1986-11-01	技术许可	86NKHI/304CEE		
263	聚乙烯6万吨/年	天津联合石化公司			1991-10-21		CESA-P91032ABC	1995-10	UCC的气相流化床工艺
264	聚乙烯4万吨/年，聚丙烯4万吨/年	盘锦天然气化工厂	意大利	石油技术公司	1987-03-23	成套设备	CIA/87011/IGL/BC		
265	聚乙烯8万吨/年	抚顺石化公司乙烯化工	加拿大	鲁姆斯公司	1988-08-16		CCCA-87123	1991-09	DuPont加拿大Sclairtech溶液法
266	聚乙烯（全密度聚乙烯）10万吨/年	广州乙烯股份有限公司	日本	东洋工程公司	1994-04-23		CJPD-P92057LT	1996-05	UCC的Unipol工艺
267	聚乙烯装置（12万吨/年）	新疆乙烯联合化工厂	意大利		1991-07-23	成套设备	CESA-P91024A		
268	聚丙烯11.5万吨/年	燕山石油化工公司化工二厂			1985-03-29		85VMEZ/390305CN		三井油化溶剂法工艺
269	聚丙烯3万吨/年	北京燕山石油化工公司	日本	三井油化工业株式会社	1973-09-29	成套设备	CJ-73117		

续表

序号	项目名称	引进单位	国别(或地区)	厂商	生效日期	引进方式	合同号	建成期	采用技术
270	聚丙烯(玻璃和无机物增强聚丙烯)0.2万吨/年	燕山石化公司化工二厂	意大利	斯蒂普公司	1981-01-08		PYCD-301	1983-11	
271	聚丙烯 8 万吨/年	燕山石油化工公司化工二厂	日本	三井造船株式会社	1973-11-14		CJ73117	1976-06-06	三井油化常规催化剂溶剂法工艺
272	聚丙烯(阻燃)	北京化工研究院	联邦德国	W.Q公司	1985-05-01	技术			
273	聚丙烯 7 万吨/年	上海石油化工股份有限公司塑料厂	意大利	蒙克尼蒙特公司	1988-01-27		87NKHI/392006CL	1989-11-25	意大利海蒙特公司的Spheripol工艺
274	聚丙烯 14 万吨/年	扬子石化公司塑料厂	日本	三井造船株式会社	1983-06-01		CJA-83041LT "一买三合作"合同	1987-07	三井油化HYPOL工艺
275	聚丙烯 14 万吨/年	茂名石化公司乙烯建设指挥部	意大利	蒙克尼蒙特公司	1993-05-13		92NKHI/3064IT	1996-01-13	Himont的Spheripol工艺
276	聚丙烯 6 万吨/年	洛阳石化总厂	意大利	技术工程公司	1990-02-20		CITAD-P89069, CITAD-P89085, CITAD-S910507	1992-11-25	三井油化本体法工艺
277	聚丙烯 4 万吨/年	河南中原石化联合总公司	意大利	蒙利工程公司	1989-04-24	成套设备	CITAB-P89005-1GL-BC		
278	聚丙烯 4 万吨/年	中原石化联合公司	意大利	海蒙特	1992-06-22		CITA-P92008		
279	聚丙烯 3.5 万吨/年	辽阳石油化纤公司化工二厂	意大利	斯拿姆公司	1974-01-21		CI-73121	1979-12	Amoco公司淤浆法生产工艺

续表

序号	项目名称	引进单位	国别（或地区）	厂商	生效日期	引进方式	合同号	建成期	采用技术
280	聚丙烯5000吨/年，其中纤维3000吨/年	兰州化学工业公司	英国	维克斯吉玛公司	1964-01-01	成套设备			
281	聚丙烯4万吨/年	天津联合化学有限公司	意大利	泰克尼蒙及西班牙印泰克隆公司	1992-09-15		CESA-P91031	1995-04	Himont的Spheripol工艺
282	聚丙烯6万吨/年	抚顺石化公司乙烯化工厂	意大利	TECNIMON	1989-01-10		CIA-87100	1991-06-30	Himont的Spheripol工艺
283	聚丙烯7万吨/年	广州乙烯股份有限公司	日本	三井造船株式会社	1993-04-23		92NKHI/3040JP（LT-II-2）	1996-04	三井油化本体工艺
284	聚丙烯4万吨/年	广州石油化工总厂聚丙烯厂	意大利	TPL公司	1991-10-17		CITA-P91058	1995-01	三井油化HYPOL工艺
285	聚苯乙烯装置（7万吨/年）	新疆乙烯联合工厂	意大利		1991-07-06	成套设备	CESA-P91025-A		
286	聚苯乙烯（发泡聚苯乙烯）1万吨/年	上海高桥石油化工公司	英国	阿克玛公司	1987-05-04	关键设备	87AEDN39006CE		
287	聚苯乙烯3.6万吨/年	齐鲁石化公司塑料厂	日本	东洋工程公司	1991-05-24		91NKHI/3024 JP	1994-10	TEC-MTC HIPS-II型工艺
288	聚苯乙烯2.5万吨/年	大庆石油化工总厂乙烯厂区	韩国	大林工程有限公司	1993-03-01		92NKHI/2032 KR	1996-05-31	ABB鲁姆斯公司和汉斯化学公司连续本体工艺
289	聚苯乙烯（EPS）1万吨/年	金陵石化公司塑料厂	英国	考斯特·贝德公司	1988-12-19		88NHI/393019 CE	1991-09	壳牌公司一步法工艺

续表

序号	项目名称	引进单位	国别（或地区）	厂商	生效日期	引进方式	合同号	建成期	采用技术
290	聚苯乙烯（改进型高冲聚苯乙烯）1万吨	吉林化学工业公司	日本	东洋工程公司	1987-01-04	技术许可	86CSVR/39018 CN		
291	聚苯乙烯（高冲聚苯乙烯）工艺及关键设备	吉林化学工业公司	日本	东洋工程公司	1984-09-17	关键设备	84UMXH/50304CN		
292	聚苯乙烯（高冲聚苯乙烯）0.5万吨/年	兰州化学工业公司合成橡胶厂	日本	东洋工程公司	1982-03-23		CJA-82054	1984-08	东洋工程公司和三井东亚化学公司连续本体工艺
293	聚乙烯 3 万吨，聚乙烯6万吨	盘锦天然气化工厂	加拿大	兰万灵公司	1992-08-13		CCAB-P92028		
294	聚苯乙烯（高冲聚乙烯）1万吨/年	抚顺石化公司化工塑料厂	美国	福陆丹尼尔公司	1986-06-19		86NKHI/303 MR	1988-12	连续本体工艺
295	聚苯乙烯 5 万吨/年	广州乙烯股份有限公司	美国		1993-05-18	成套设备	CUSD-P93005	1996-05	Fino 公司的连续本体聚合工艺
296	苯乙烯-丙烯腈共聚物1.5万吨	兰州化学工业公司	日本	东洋工程公司	1989-05-03		88NKHI/39316CN		
297	ABS 树脂 1 万吨/年（粒料）	兰州化学工业公司合成橡胶厂	日本	新泻铁工所/丸红株式会社	1982-05-12		CJA-82060 LT	1984-07	瑞恩/三菱人造丝专利技术
298	ABS 树脂 10 万吨/年	吉林化工公司	日本	JSR 日绵商社	1994-11				美国钢铁公司技术
299	ABS 树脂 1 万吨/年	高桥石油化工公司化工厂	日本	日绵实业公司	1983-06-06		SITC-B83002	1987-04	美国钢铁公司专利技术

续表

序号	项目名称	引进单位	国别（或地区）	厂商	生效日期	引进方式	合同号	建成期	采用技术
300	SBS装置技术与设备	岳阳石化总厂	意大利		1985-12	技术服务			
301	聚氯乙烯1万吨树脂	牡丹江树脂厂	日本	和光交易株式会社	1986-03-03	成套设备	T/85MST39153CN		
302	聚氯乙烯（糊）树脂1万吨/年	上海天原化工厂	日本	三菱化成乙烯株式会社	1986-01-18	关键设备	85UMXH/50316C	1989	日本三菱
303	聚氯乙烯20万吨/年	齐鲁石化公司氯碱厂	日本	日绍实业公司	1979-06-22	成套设备	CJA-78402	1988-03-15	信越化学工业公司的悬浮聚合法
304	聚氯乙烯（糊）树脂2万吨/年	上海氯碱总厂	美国	西方化学公司	1988-03-05	成套设备	CUTHS-875048		美国西方化学
305	聚氯乙烯（糊）树脂1万吨/年	天津化工厂	日本	三菱化成乙烯株式会社	1986-01-18	关键设备	85UMXH/50325CN	1988	日本三菱
306	聚氯乙烯4万吨/年	锦西化工总厂	日本	堃素公司	1986-02-24	成套设备	CJA/85157LT		美国GOODRICH
307	聚氯乙烯干燥喷雾干燥设备	葛店化工厂	美国	波文公司	1995-12	设备			
308	聚氯乙烯4万吨/年成套设备	北京化工二厂	日本	堃素工程公司	1986-02-22	成套设备	CJA/85155LT		美国GOODRICH
309	聚氯乙烯20万吨/年	上海石油化工总厂	日本	信越化学工业株式会社	1979-06-22	成套设备	CJA-78403		日本信越
310	聚氯乙烯（糊）树脂成套设备	沈阳化工厂	日本	钟渊化学工业株式会社	1984-01-10	成套设备	83UMXH/50306CN		
311	聚氯乙烯（本体）2万吨/年	宜宾天原化工厂	法国	阿托公司	1992-08-14		91HKFBA-PT007		

143

续表

序号	项目名称	引进单位	国别（或地区）	厂商	生效日期	引进方式	合同号	建成期	采用技术
312	聚氯乙烯（食品医药级PVC树脂）技术及设备	江苏无锡电化厂	美国	西方化学公司	1987-02-11	技术许可	86UMXH/50304MR	1990	美国西方化学公司
313	聚氯乙烯1.5万吨/年	福州第二化工厂	日本	千代田化工株式会社	1986-02-24	成套设备	CJA/85157LT		
314	聚氯乙烯3.5万吨/年	株洲化工厂	日本	三井造船株式会社	1986-08-27	技术许可	BOC/BOTC/8401		
315	聚氯乙烯（乳液聚氯乙烯）1.2万吨/年	陕西西安工厂	联邦德国	布纳化工厂	1987-12-24	技术许可	88MUM/39102SD	1991	联邦德国布纳化工厂
316	PBT 5000吨/年	南通合成材料厂	美国	文氏公司	1985-12		CJHM5510B	1988	
317	醋酸乙烯乳化技术和设备	北京东方化工厂	日本	中央理化工业株式会社	1987-11-23	成套设备	87NKHI/392054 MR	1990	日本中央理化工业株式会社
318	醋酸乙烯共聚乳液设备1.5万吨/年	四川维尼纶厂	美国	REISKHOLD化学公司	1987-12-29		87NKHI/302054 MR	1992-08	美国REISKHOLD
319	乙烯-醋酸（VAE）乳液1.5万吨/年	四川维尼纶厂	日本	三井东压机工株式会社	1990-12-17	技术许可	90UMXH/50306CE	1992	乳液聚合技术
320	醋酸乙烯乳液（3000吨）专利、专有技术和关键设备材料	北京有机化工厂	英国	皇冠伯爵有限公司	1992-01-12		CITA-P91067		英国伯爵有限公司
321	EVA树脂4万吨/年	北京有机化工厂	意大利	司那姆吉提					

续表

序号	项目名称	引进单位	国别(或地区)	厂商	生效日期	引进方式	合同号	建成期	采用技术
322	醋酸乙烯乳液制造技术	北京有机化工厂	日本	中药理工业株式会社	1986-01-17	技术许可	CJHM-5150B	1989	日本中药理化工业株式会社
323	乙烯-醋酸乙烯乳剂1.5万吨/年	北京有机化工厂	美国	雷华法化学公司	1985-12	关键设备	85VMXH/50317MR		
324	腈纶5万吨/年	安庆石化总厂腈纶厂	美国	姜子公司	1991-10-26		91NKHI/3046 US	1995-05	二步湿法纺丝
325	腈纶5万吨/年	大庆石化总厂腈纶厂			1984-11-14		CJA-84151 LT	1988-08	二步湿法纺丝
326	腈纶8000吨/年	兰州化学工业公司	英国	考特尔茨公司	1965-01-01	成套设备			
327	腈纶3万吨/年	抚顺石化公司腈纶化工厂	美国	康泰斯纤维公司	1987-11-01		CUD-87093	1991-10	二步干法纺丝
328	腈氯纶5000吨/年	辽宁抚顺有机化工厂	意大利	斯尼亚 BPO 公司	1990-01-13	成套引进	CITCA-P89058	1994	
329	有机玻璃1万吨/年	抚顺有机玻璃厂	联邦德国		1989-09-01			1992	美国技术
330	有机玻璃2万吨/年	安达龙新化工有限公司	法国等		1987-10-01				
331	甲基丙烯酸甲酯(MMA)1.3万吨/年	抚顺有机玻璃厂	法国	利特温公司	1987-07-01			1992	
332	聚乙烯醇4.5万吨/年	四川维尼纶化工厂	日本	可乐丽公司	1974-01-27		CJD 7401	1979-01	可乐丽公司低碱醇解技术

续表

序号	项目名称	引进单位	国别(或地区)	厂商	生效日期	引进方式	合同号	建成期	采用技术
333	聚乙烯醇3.3万吨/年	上海石化股份有限公司维纶厂	日本	大阪株式会社可乐丽	1973-05-01	成套设备	CJD 7202	1976-08-17	用Bayer催化剂专利,可乐丽公司乙烯气相法合成及皂醇解带机技术
334	利用增产乙烯生产醇醚技术改造项目合同	吉林化学工艺有限公司	意大利		1991-03-27	成套设备	91 JLCI/50098 IT		
335	聚醚2万吨/年	高化公司化工三厂	日本	三井东压机工株式会社	1988-08-30	技术许可	88AEDN/39042 CN	1994-12	三井东亚化学的生产技术
336	聚醚多醇专有技术3200吨/年	山东烟台合成革厂	日本	大日本油墨化学工业株式会社(DIC)	1978-06-12	技术许可	CJD-7845		
337	聚醚1万吨/年	山东省张店化工厂	日本	日棉株式会社	1988-04-07	关键设备	882MZ5-11010CN		
338	聚醚多元醇2万吨/年	天津石化公司第三石油化工厂	日本	技术宇宙株式会社	1988-09-05	技术许可	86NKHI/39222 CN	1989-11-07	间歇式工艺
339	聚醚20000吨/年	天津石油化工公司	日本	三井东压化学株式会社	1986-09-05	技术许可	86NKHI/39222CH		
340	C₅石油树脂7500吨/年	鞍山化工一厂	美国	WILCREST	1992-06-17		92BQARJA/71907US		
341	聚酯4.2万吨/年	乌鲁木齐石化总厂化纤厂	法国	德西尼布公司和日本丸红株式会社	1990-02-20		88NKHI/392032 CF	1993-04-28	钟纺连续直接缩聚工艺
342	聚酯绝切片干燥设备	山西省化纤研究所	联邦德国	西勒米压格公司	1985-07	设备			

续表

序号	项目名称	引进单位	国别(或地区)	厂商	生效日期	引进方式	合同号	建成期	采用技术
343	聚酯设备	山东济南涤纶厂	日本	日立制作所	1987-03-11	成套设备	CJD/87017LT		
344	聚酯树脂500吨/年	江苏常州绝缘材料厂	英国	斯司考贝尔斯公司	1965	成套设备			
345	聚酯53万吨/年	仪征化纤总厂	联邦德国	吉玛股份公司	1978-12-21	成套设备	CGD78423		
346	聚酯连续缩聚挖潜改造增产7392吨/年	天津石化公司涤纶厂	日本	帝人株式会社	1984-12-26		84NKHI/392001 CN	1985-08-28	帝人公司技术
347	聚酯（连续缩聚）挖潜增产改造工程设备	天津涤纶厂	日本	帝人株式会社	1984-12-10	成套设备	84NKHI/392001CN		
348	聚酯（一期）8.472万吨/年	天津石化公司涤纶厂	日本	帝人株式会社	1976-04-01		CJD 7611	1981-12	帝人公司DMT法
349	聚酯造粒0.2万吨/年	天津石化公司涤纶厂			1985-11-16		85NKHI/3901204 CG	1987-10	
350	聚酯（薄膜级聚酯）切片0.4万吨/年	天津石化公司涤纶厂	联邦德国	卡尔菲塞公司	1988-12-01	技术服务	88NKHI/392027CD，单机 88NKHI/76202 9CD及89NKHI/702001	1991-05-22	C.K.F工艺
351	聚酯（高黏度PET）1.5万吨	北京燕山石油化工公司	美国	文氏公司	1984-11-20	技术服务	84NKHI/393003MR		
352	聚酯增黏措施	燕山石化公司	美国	文乃健公司	1985-10	设备			
353	聚酯切片装置改造	北京燕山石油化工公司	美国	E.N.Wen.Inc	1987-12-12	成套设备	87NKHI/393183MR		

续表

序号	项目名称	引进单位	国别(或地区)	厂商	生效日期	引进方式	合同号	建成期	采用技术
354	聚酯 4 万吨/年	燕山石化公司聚酯厂	联邦德国	吉玛股份公司	1977-07-06		CGD 7730	1981-06-26	PTA 直接酯化缩聚法
355	聚酯 8.667 万吨/年	辽阳石油化纤公司化工二厂	法国	德西尼布和斯贝西姆公司	1973-09-28		CF 7344/72	1980-09-28	酯交换法
356	聚酯 20 万吨/年	辽阳石油化纤公司聚酯	联邦德国	吉玛公司	1992-11-13		92NKHI/2008FR-A	1996 年底	德国吉玛公司直接酯化五釜流程生产工艺
357	聚酯线改造专有技术	辽阳石油化纤公司	联邦德国	诺贝尔股份公司	1985-08	技术许可	85NKHI/392007CD		
358	聚酯 20 万吨/年	上海石化股份有限公司涤纶二厂	日本	钟纺株式会社	1979-06-11		CJD78422 LT	1983-06	钟纺公司 PTA 直接缩聚法
359	聚酯 2.5 万吨/年	上海石化股份有限公司涤纶厂	日本	东丽株式会社三井造船株式会社	1973-07-14		CJD 7315	1976-05-25	东丽 DMT 法
360	聚酯切片干燥装置	上海石油化工总厂	联邦德国	美阿格有限公司	1981-12-31	成套设备	CGTJ-15003		
361	不饱和聚酯树脂技术	山东烟台氯碱厂	英国	英国垒可得化学公司	1987-12-21	技术许可	CUHQ/7048C12	1990	英国
362	不饱和聚酯树脂技术	西安绝缘材料厂	英国	司考特·巴德公司	1986-02-28	技术许可	85BMSJ-200109CE	1989	英国
363	不饱和树脂生产技术	新干化工厂	中国香港	香港台湾长兴公司	1985-12	技术许可	85MY39-229CK	1988	

续表

序号	项目名称	引进单位	国别(或地区)	厂商	生效日期	引进方式	合同号	建成期	采用技术
364	不饱和聚酯树脂（SMC/DMC 用不饱和聚酯树脂）技术	黑龙江哈尔滨绝缘材料厂	英国	司考特·巴德有限公司	1987-04-02	技术许可	86AMWR/200019CE	1989	英国
365	环氧树脂 3000 吨	岳阳石油化工总厂	日本	东都化成株式会社	1985-12-22	技术许可	85NKHI/392016		
366	环氧树脂成套设备	江苏无锡化工树脂厂	联邦德国	汉德鲁工程公司	1987-01-17	成套设备	86QDQY/390306CD		
367	MDI 成套设备 3200吨/年	山东烟台合成革厂	日本	聚氨酯株式会社	1978-08-19	成套设备	CJD-7866	1982	日本聚氨酯技术
368	甲苯二异氰酸酯（TDI）2 万吨	甘肃银光	联邦德国	巴斯夫公司	1987-01-01	成套设备			德国 BASF 技术
369	甲苯二异氰酸酯（TDI）成套设备 2 万吨/年	山西太原化学工业公司	瑞典	诺贝尔化工公司	1988-01-21	成套设备	CHA-87142		
370	甲苯二异氰酸酯 1 万吨/年	上海吴淞化工厂	瑞典	诺贝尔	1988-03-01	成套设备		1992	瑞典诺贝尔
371	氯化聚乙烯装置 6000 吨/年	潍坊化工厂	联邦德国	伍德公司	1987-06-29	成套设备	87RMWH/11002CD		
372	聚丙烯酸酯制造设备	北京东方化工厂	美国	马斯顿公司	1985-12	设备			
373	乙丙橡胶 3 万吨/年	吉林化工公司	日本	三井石油三井造船	1994-05-23				

149

续表

序号	项目名称	引进单位	国别（或地区）	厂商	生效日期	引进方式	合同号	建成期	采用技术
374	丁苯橡胶5万吨/年	茂名石化公司	日本	里特威公司（Lit win inc）	1994-05-11		93NKHI/3044 US	997-01-11	溶液聚合
375	丁苯橡胶8万吨/年	齐鲁石化公司橡胶厂	日本	三菱重工业株式会社	1979-05-20		CJA-78377	1987-07	低温乳液聚合
376	丁苯橡胶8万吨/年	吉林化学工业公司	日本	合成橡胶株式会社	1976-02-09	成套设备	CJA-7607		日本合成橡胶
377	丁苯橡胶1.35万吨/年，丁腈橡胶0.15万吨/年，聚苯乙烯0.1万吨/年	兰州合成橡胶厂	苏联		1953-05	成套设备			苏联
378	丁苯橡胶后处理设备1.5万吨/年	兰州合成橡胶厂	意大利	斯纳姆公司	1965-01-01	成套设备			
379	顺丁橡胶后处理设备5.0万吨/年（顺丁橡胶）	上海高桥石化公司化工厂	美国	安迪生国际公司（Anderson）	1990-03-23		90NKHI/392001MR	1993	挤压脱水膨胀干燥
380	氯丁胶乳万吨干胶后处理技术	青岛化工厂	美国	杜邦公司	1986-01-21	技术许可	85UMXH/50321MR	1990	美国杜邦技术
381	氯丁胶乳万吨干胶后处理技术	山西化工厂	美国	杜邦公司	1986-01-21	技术许可	85UMXH/50322MR	1990	美国杜邦
382	氯丁胶乳万吨干胶后处理技术	长寿化工厂	美国	杜邦公司	1986-01-21	技术许可	85UMXH/50332MR	1990	美国杜邦技术
383	石油树脂生产技术咨询	鞍山化工一厂	日本	东邦化工株式会社	1987-09-15	顾问咨询	87FNXH/39111CN		

续表

序号	项目名称	引进单位	国别(或地区)	厂商	生效日期	引进方式	合同号	建成期	采用技术
384	聚酯纤维1.4万吨/年	上海石油化工总厂	日本	帝人株式会社	1974-05-15	成套设备	CJD73125		
385	聚酯包装瓶生产设备	厦门化工生产服务总厂	日本		1985-11	设备			
386	聚酯薄膜（磁带用强化聚酯薄膜）成套设备	杭州磁带厂	日本	日本制钢所	1984-01-28	成套设备	CJA-83110		
387	聚酯混凝土制品生产线	红星化工	联邦德国	剂量与拌合设备有限公司	1983-10-08	成套设备	83UMXH/5035CD		
388	聚酯薄膜生产线	上海化工厂	联邦德国	西门子	1984-05-17	成套设备	CGA-84019		
389	聚酯薄膜（薄型涤纶薄膜）成套设备1500吨/年	上海化工厂	联邦德国	道尼尔公司	1984-04-26	成套设备	CGA-84001		
390	化学仿皮技术设备	福山化工公司	意大利	埃格勒公司	1985-12	设备			
391	聚氨酯软发泡设备	昆山塑料编织厂	挪威	LETTEBEKA RBELI公司	1985-10	设备			
392	人造麂皮人造革技术	武汉二轻局	中国香港	香港高奇人造革公司	1986-03-10	技术许可	86JK70101		
393	人造麂皮全套生产设备及生产技术	嘉兴人造鞣皮厂	意大利	爱格尔公司	1987-01-01	技术许可	86AUMZ/397034CL		
394	聚氨酯仿皮成套设备	常州有机化工厂	意大利	博尔加罗·托雷尼兹埃格勒	1986-01-04	成套设备	85UMXH/50312CL		
395	人造革生产线	南昌塑料八厂	中国台湾	鑫昌机械厂	1985-12	生产线			

续表

序号	项目名称	引进单位	国别(或地区)	厂商	生效日期	引进方式	合同号	建成期	采用技术
396	超细人造鹿皮设备，如切片干燥机和牵伸机等	天津市化纤研究所	联邦德国	BUNLERMI AG公司	1985-02	设备		1988	BUNLERMI 德国 AG公司
397	人造革生产设备	上海塑料一厂	日本	川上铁工所	1985-02	技术			
398	人造皮毛技术	广东新会人造毛皮厂	奥地利	克利姆斯公司	1986-04-01	技术许可	85GILC/4431-1		
399	聚氨酯多微孔人造鹿皮、羊皮成套设备	杭州人造纤维厂	联邦德国	BRUCKNER干燥技术有限公司	1986-05-10	成套设备	CGD-8016CD		
400	合成革制造技术及设备（300平方米/年）	山东烟台合成革厂	日本	大阪株式会社，可乐丽等	1978-07-06	关键设备	CJD-7846		
401	合成革成套设备（300万平方米）	山东烟台合成革厂	日本	大阪株式会社，可乐丽	1978-05-29	成套设备	CJD7844		
402	聚氯乙烯壁纸生产线	平定山市树脂公司	联邦德国	雷希公司	1985-11	生产线			
403	聚氯乙烯壁纸、地板卷材生产线	哈尔滨塑料三厂	日本	尤米商社	1985-07	生产线			
404	塑料热收缩机	广东佛山市塑料厂	意大利	FLAO公司	1985-03	设备			
405	聚氯乙烯硬管生产线	厦门第四塑料厂	联邦德国	REIFENHAUSER公司	1985-11	设备			
406	聚氯乙烯发泡板压花辊	重庆合成化工厂	奥地利	辛辛那提公司	1985-12	设备			

续表

序号	项目名称	引进单位	国别(或地区)	厂商	生效日期	引进方式	合同号	建成期	采用技术
407	聚氯乙烯弹性地板生产线	常州建筑塑料厂	法国	GERLAND公司	1985-02	生产线			
408	聚氯乙烯整体门装置	北京农药二厂	英国	莫斯特朗公司	1985-12	设备			
409	聚氯乙烯食品级薄膜设备技术	广东佛山塑料七厂	意大利	FLAD公司	1985-03	技术			
410	聚氯乙烯(硬质)异型材	新乡新光塑料厂	意大利	鲍山诺公司	1985-07	生产线			
411	聚氯乙烯墙纸设备	柳州化工	中国台湾	加昱制造厂	1985-05	设备			
412	聚氯乙烯石英地板砖	沧州化工厂	挪威	海德鲁公司	1992-11-24		92HKFBA-PT007		
413	聚氯乙烯塑料窗挤出机	天津市第十二塑料厂	意大利	帕嘎尼公司	1985-12	生产线			
414	聚氯乙烯壁纸生产线	哈尔滨塑料三厂	日本	大日本油墨化学工业(株)	1985-07	生产线			
415	聚氯乙烯硬管制造设备	江苏江阳农药厂	联邦德国	莱芬豪斯公司	1985-12	设备			
416	聚氯乙烯塑料门窗生产线	太原化工厂	奥地利	辛辛那提公司	1985-02	设备			
417	聚氯乙烯生产线	郑州塑料五厂	意大利	何姆特公司	1985-11	设备			
418	聚氯乙烯食品级薄膜设备和技术	昆明塑料厂	意大利	FLAD公司,DOCCI公司	1985-12	技术			

153

续表

序号	项目名称	引进单位	国别(或地区)	厂商	生效日期	引进方式	合同号	建成期	采用技术
419	聚氯乙烯制品1200万平方米	北京建筑塑料制品厂	日本	伦西尔工业株式会社	1976-06-07	成套设备	CJB7618		
420	聚氯乙烯地板生产线	广州化工厂	中国香港	香港源利发塑料五金有限公司	1981-07-24	成套设备			
421	聚氯乙烯硬管制造设备	吉化电石厂	奥地利	辛辛那提公司	1985-12	设备			
422	聚氯乙烯装饰卷材生产线	北京建筑塑料制品厂	联邦德国	奥布里齐公司	1985-12	生产线			
423	聚氯乙烯硬管制造设备	广州化工厂	奥地利	辛辛那提公司	1985-12	设备			
424	聚丙烯薄膜 0.3万吨/年	广州石油化工总厂	法国		1988-01-01		87PIW/393108 CN	1989-04	
425	聚丙烯薄膜 0.3万吨/年	抚顺石化乙烯化工	联邦德国	西利尔公司	1989-11-10		CFRAC-P89020	1992-10	西利尔公司专利技术
426	聚丙烯复合编织袋	吉林市塑料编织袋厂	联邦德国		1985-10				
427	聚丙烯薄膜 0.3万吨/年	洛阳石化总厂	日本	三井东压机工株式会社	1988-12-23	设备	88MRPM-Y2011 MR	1991-09	马歇尔·威廉姆公司的平膜法二次拉伸工艺
428	聚丙烯树脂粒机	北京化工四厂	联邦德国	甫拉马国际公司	1985-12	设备			
429	聚丙烯薄膜 0.32万吨/年	燕山石化公司化工二厂	意大利	斯蒂普公司	1981-01-08		PYCD-301	1985-03.08考核	平膜逐次拉伸方法

续表

序号	项目名称	引进单位	国别(或地区)	厂商	生效日期	引进方式	合同号	建成期	采用技术
430	聚丙烯薄膜	广州石油化工总厂	联邦德国	勃力鲁克纳设备制造公司	1981-08-21	成套设备	GG8101		
431	丙纶1500吨/年	山海关化纤总厂	联邦德国	德国NEUMAG	1987-03-20		87RMEW/400020CD		
432	聚丙烯编织袋、薄膜朴偿贸易	北京燕山石油化工公司	意大利	斯梯普公司	1980-06-19	成套设备	PYCD301		
433	聚苯乙烯发泡材料设备	广西柳州包装公司	联邦德国		1985-12	设备			
434	聚乙烯薄膜分切包装成套设备	抚顺石油亿工公司	日本	住友商事株式会社	1989-05-26	成套设备	CGPAC-P89032		
435	聚乙烯(超高分子量聚乙烯注塑高筒靴设备)	北京橡胶玉厂	法国	Bata公司	1985-06	设备			
436	塑料彩印生产线	大连塑料彩印厂	日本	富士机械(株)、平野野金属(株)、车伸(株)	1985-01	生产线			
437	塑料薄膜包装生产线	哈尔滨塑料三厂	日本	制钢所	1985-07	生产线			
438	塑料色母粒	新会纤维母粒厂	意大利	CDIP公司	1985-04	设备			
439	塑料(双色注塑)成型机组	厦门第二塑料厂	中国台湾	钜钢机器厂	1985-11	设备			

155

续表

序号	项目名称	引进单位	国别(或地区)	厂商	生效日期	引进方式	合同号	建成期	采用技术
441	低753泡板生产线	扬州塑料厂	奥地利		1985-11	生产线			
442	塑料包装生产线	大连利达实业公司	日本	DTD（株）	1985-04	生产线			
443	复合膜制造	河南省地膜厂	日本	东芝（株）	1985-07	设备		1988	
444	挤拉吹塑包装容器	甘肃省皮塑研究试验二厂	联邦德国		1985-12	设备			
445	有机玻璃离用挤板机组	佛山合成材料厂	意大利	OMIPA公司	1985-11	设备			
446	注吹成型塑料瓶制造设备	佳木斯塑料七厂	联邦德国	巴登弗尔德公司	1985-10	设备			
447	塑料袋生产线及全自动吹膜成型机	黑龙江印刷实验厂	中国香港	荣滨企业公司	1985-08	生产线			
448	色母粒（供聚烯烃着色用色母粒）生产装置	辽阳石油化纤公司	联邦德国	伍德公司	1986-10-03	技术许可	86NKHI/391304CD		
449	塑料编织设备	安徽宁国塑料厂	联邦德国		1985-02	设备			
450	塑料壁纸关键设备	济宁塑料制品厂	日本	丸红（株）	1985-03	设备			
451	塑料（建筑用塑料）制品注塑机	天津市第十四塑料厂	意大利	TMC公司	1985-12	设备			
452	特种塑料 3000吨/年	常州合成化工厂	美国	文氏设计公司	1985		W-84003		

续表

序号	项目名称	引进单位	国别(或地区)	厂商	生效日期	引进方式	合同号	建成期	采用技术
453	塑料模具810套成型车间	上海塑料模具厂	民主德国		1955	成套设备			
454	复合编织袋	吉林塑料编织袋厂	联邦德国	WH公司	1985-04	生产线		1988	德国WH公司
455	塑料吹膜瓶机	天津市第十九塑料厂	中国香港	震雄宝马公司	1985-08	设备			
456	塑料苫布生产配套设备	大连第二塑料厂	日本	协新、丰田、藤堂、牛朗、皇光、元木、三菱〈株〉	1985-03	设备			
457	塑料管材生产设备	太原塑料七厂	奥地利	辛辛那提公司	1985-03	设备			
458	塑料密封桶注射机	天津市第七塑料厂	丹麦	苏浓佛斯包装公司	1985-01	设备			
459	塑料膜具生产设备	重庆塑料模具厂	日本	千曲产业(株)、亚美土电气(株)	1985-01	设备			
460	塑料加工中心	柳州塑料机械厂	日本	KURAKI公司	1985-04	设备			
461	丙烯酸脂板加工技术和设备	锦西化工研究院	美国	西拉辛/西尔姆	1984-01-24	成套设备	83UMXH/50410MR	1986	美国
462	改进沥青薄膜技术	无锡减速器公司	联邦德国	CHEMIE/WERKW EINSHEIMGMBH	1987-04-20	技术许可	86RMWS/12051CD	1989	德国

续表

序号	项目名称	引进单位	国别(或地区)	厂商	生效日期	引进方式	合同号	建成期	采用技术
463	塑料薄膜包装生产线	哈尔滨塑料七厂	日本	大日本网目制造(株)、托米机械厂,东伸机械厂	1985-04	生产线			
464	复合软包装	贵阳塑料二厂	日本	东芝机械(株)	1985-12	设备			
465	复合软包装生产线	江门塑料二厂	日本	金凤公司	1985-06	生产线			
466	塑料地板砖生产线	重庆塑料四厂	日本	石川岛播磨(株)	1985-01	设备			
467	塑料防滑膜生产线	宁波塑料厂	芬兰	VH公司	1985-03	生产线			
468	塑料注射成塑机	上海塑料机械厂	联邦德国	曼内斯曼德马克公司	1985-05	技术			
469	塑料注塑机	广东中山南头电子塑料制品厂	日本	三菱重工(株)	1985-06	租赁			
470	塑料(废塑料膜)回收装置	成都第六塑料厂	奥地利	克芳斯·马菲伊公司	1979-08-11	成套设备	CADD-90877		
471	环氧树脂成型材料	无锡红星化工厂	日本	日东	1992-08-19		91UMXH/50314JP		
472	锦纶综丝	北京合成纤维厂	联邦德国	茉芬豪斯公司	1985-12	设备			
473	锦纶综合生产线	北京合成纤维厂	联邦德国	鲁奇公司	1985-03	生产线			

续表

序号	项目名称	引进单位	国别(或地区)	厂商	生效日期	引进方式	合同号	建成期	采用技术
474	合成氨 30 万吨/年	乌石化总厂化肥厂	意大利	泰克尼蒙特公司	1994-06-01		92NKHI/2040 IT	1997-06-01	布朗以油田汽为原料的复合氨化工艺
475	合成氨 30 万吨/年	乌鲁木齐石化总厂化肥厂	日本	宁部兴产株式会社,丸红株式会社	1979-06-04		CJA-78396LT	1984-10-24	Texaco 公司燃料油气化工艺
476	合成氨 30 万吨/年,尿素 52 万吨/年	金陵石油工业公司化肥厂	法国	赫尔蒂公司	1974-02-16		CF-7403	1978-04-14	
477	合成氨 30 万吨/年	渭河化肥厂	日本	宁部兴产公司	1992-03-07		CJPC-P91083VLT		
478	合成氨由 5 万吨/年扩建到 12.5 万吨	兰州氮肥厂	苏联		1958-08	成套设备			
479	合成氨 30 万吨/年	山西潞城化肥厂	联邦德国	鲁奇煤和矿物油技术有限公司	1979	成套设备	CGA-7838		
480	合成氨 30 万吨/年	沧州化肥厂	美国	凯洛格公司	1973-11-08	成套设备	CU7373		
481	合成氨 30 万吨/年	赤水天然气化工厂	美国	凯洛格公司	1973-1-108	成套设备	CU7375		
482	合成氨 30 万吨/年	四川天然气化工厂	意大利	TELHNIMONT S.P.A.	1989-03-28	成套设备	CIETAB-P88045		
483	合成氨 7.5 万吨/年	广州氮肥厂	波兰		1957-01-01	成套设备			

续表

序号	项目名称	引进单位	国别（或地区）	厂商	生效日期	引进方式	合同号	建成期	采用技术
484	合成氨（天然气）原料合成氨600吨/日	四川化工总厂	美国	凯洛格公司	1987-04-01	技术许可	CUA/86066		
485	合成氨30万吨/年	四川天然气化工厂	美国	凯洛格公司	1973-06-12	成套设备	CU7374		
486	合成氨30万吨/年	湖北枝江化肥厂	美国	凯洛格公司	1973-11-08	成套设备	CU7376		
487	合成氨5万吨/年重油化装置	陕西兴平化肥厂	瑞士	蒙特卡提尼公司	1963				
488	合成氨厂增加压气化的煤专有技术	鲁南化肥厂	美国	德士古开发公司	1984-03-21	技术许可	CUA-84017		
489	合成氨30万吨/年项目，副产40万吨/年二氧化碳	大庆石化总厂化肥厂			1973-06-19		CU-7330	1976-06	美国凯洛格技术
490	合成氨（苯菲尔工程项目工艺设计）技术	湖北化肥厂	美国	联合碳化物公司	1987-08-25	技术许可	87NKHI/3141MR		
491	合成氨5万吨/年	武汉氮肥厂	捷克		1955				
492	合成氨30万吨/年	巴陵石化公司洞庭氮肥厂	日本	东洋工程公司	1973-01-18	成套设备	CU7377	1979-06	凯洛格公司的烃类蒸气催化转化工艺
493	合成氨30万吨/年	辽河化肥厂	美国	凯洛格公司	1973-06-19	成套设备	CU7329		

续表

序号	项目名称	引进单位	国别(或地区)	厂商	生效日期	引进方式	合同号	建成期	采用技术
494	合成氨 30 万吨/年	大连化工公司	联邦德国	林德公司	1992-07-21		CDEB-P92043		
495	合成氨 7.5 万吨/年	四川硝酸铵厂	捷克		1955	成套设备			
496	合成氨 30 万吨/年	大庆石油化工总厂	美国	凯洛格公司	1973-06-19	成套设备	CU7330		
497	合成氨 30 万吨/年	九江石化总厂化肥厂	日本	东洋工程公司	1993-02		CJPC-P93002	1996-03(计划)	部分氧化气化工艺、低温甲醇洗脱硫脱碳工艺和卧式合成塔工艺
498	合成氨 30 万吨/年	泸州天然气化工厂	美国	凯洛格公司	1973-06-12	成套设备	CU7328		
499	合成氨 1000 吨/日	濮阳中原化肥厂	联邦德国	伍德公司	1986-10-23	成套设备	CGA/86022		
500	合成氨 30 万吨/年	宁夏化工厂			1979-06-04		CJA-78397 LT		
501	合成氨(天然气)原料合成氨塔改造技术和部分配件(30 万吨/年)	泸州天然气化工厂	英国	汉格有限公司	1986-03-31	技术许可	86UMX/501001CE		
502	合成氨装置合成塔改造技术和部分配件(30 万吨/年)	上海吴泾化工厂	瑞士	AMMONIA CASALE.S.A	1988-01-05	技术许可	87ELTW-39-111CT	1988-07	美国德士古、林德、丹麦托普索技术
503	合成氨 30 万吨/年,尿素 52 万吨/年	锦西化工总厂	法国	德希尼布公司	1989-05-24	成套设备	CFRAB-P89012		

161

续表

序号	项目名称	引进单位	国别(或地区)	厂商	生效日期	引进方式	合同号	建成期	采用技术
504	合成氨 24 万吨/年扩至 30 万吨/年	湖北化肥厂	日本	东洋工程公司	1987-07-11		87NKHI/393103MR	1990-01	
505	合成氨(天然气)制合成氨 10 万吨/年	四川泸州天然气化工厂	英国	汉格拉斯哥有限公司	1963	成套设备			
506	合成氨 30 万吨/年	内蒙古化肥厂	日本	东洋工程公司	1992-11-24		CJPC-P920664		
507	合成氨 30 万吨/年	兰州化学工业公司化肥厂	日本	东洋工程公司	1993-08		93NKHI/3003 JP	1997-08	汽化及炭黑回收甲醇洗采用德国鲁奇公司技术空分氮洗采用德国技术
508	合成氨 30 万吨/年,尿素 48 万吨/年	四川化工总厂	日本	东洋工程公司	1973-04-10	成套设备	CJC7319		
509	合成氨 30 万吨/年,尿素 52 万吨/年	四川涪陵八一六厂	法国	德希尼布公司	1989-01-14	成套设备	CFRAB-P88078		
510	合成氨 30 万吨/年,尿素 52 万吨/年	广州石油化工总厂化肥厂	法国	赫尔蒂公司	1974-02-16		GF-7404	1979-11	
511	合成氨 30 万吨/年,尿素 40 万吨/年	齐鲁石化公司第二化肥厂	日本	东洋工程株式会社	1973-10-22		CJ-7351	1976-05-30	合成氨凯洛格技术尿素日本三井东亚水溶液全循环改良 C 法

续表

序号	项目名称	引进单位	国别(或地区)	厂商	生效日期	引进方式	合同号	建成期	采用技术
512	合成氨 30 万吨/年，尿素 52 万吨/年	镇海炼油化工股份有限公司化肥厂	日本	宇部兴产株式会社	1978-11-23	成套设备	CJA-78350，CHA-78371，CHA-7821	1986-01-01	林德，德士古，克劳斯，荷兰斯太米卡帮，凯洛格大陆公司技术
513	合成氨 5 万吨/年，硝酸铵 9.6 万吨/年，甲醇 1～1.2 万吨/年	兰州氮肥厂	苏联		1953-05	成套设备			
514	合成氨 30 万吨/年，尿素 52 万吨/年	海南天然气化肥厂	意大利	斯那姆	1994-05				
515	合成氨 5 万吨/年，硝酸铵 9 万吨/年，甲醇 4000 吨/年，浓硝酸 1.5 万吨	吉林氮肥厂	苏联			成套设备			
516	合成氨 5 万吨/年，硝酸铵 12 万吨/年，甲醇 1.2 万吨/年	太原氮肥厂	苏联		1953-05	成套设备			
517	合成氨（天然气原料日产千吨合成氨节能服务）	泸州天然气化工厂	美国	休斯顿 MW 凯洛格公司	1986-01-06	技术许可	85UMXH/50022MR		
518	成回路合成塔合成氨节能改造 1000 吨/日	辽河化肥厂	瑞士	洛加诺阿摩尼亚长萨里公司	1987-12-08	技术许可	87UMXH/50108ICT		

163

续表

序号	项目名称	引进单位	国别(或地区)	厂商	生效日期	引进方式	合同号	建成期	采用技术
519	氨合成塔（01000）更换所需关键设备和材料合同	云南驻昆解放军化肥厂	瑞士		1991-08-16	关键设备	91YNC39-001CH		
520	合成氨生产技术服务	江苏栖霞山化肥厂	丹麦	哈尔德托普索	1988-12-19	顾问咨询	885AYS/39301CN		
521	合成氨节能改造技术服务	南京栖霞山化肥厂	丹麦	托普索公司	1986-10-24	顾问咨询	86NKHI/309CN		
522	合成氨TDC3000/PM300控制系统关键设备合同	云南天然气化工厂	日本		1991-07-03	关键设备	91YNC39-006JP		
523	合成氨集散型控制系统	南京栖霞山化肥厂	美国	福克斯波罗远东公司	1985-01-04	关键设备	84NKHI/475014CG		
524	合成氨生产用溶液泵	甘肃省刘家峡化肥厂	日本	新泻贸易株式会社	1990-01-12	关键设备	89QPSI-391023CN		
525	尿素52万吨/年	濮阳中原化肥厂	意大利	斯纳姆公司	1986-10-22	成套设备	CIA/86021		
526	尿素48万吨/年	辽河化肥厂	荷兰	凯洛格大陆公司	1973-02-08	成套设备	CHC7312		
527	尿素52万吨/年	乌石化总厂化肥厂	荷兰	凯洛格大陆公司	1979-06-04		CHA-78421	1984-10-24	Stamicarbon 二氧化碳汽提技术
528	尿素48万吨/年	湖南洞庭氮肥厂	荷兰	凯洛格大陆公司	1973-08-29	成套设备	CH7356		

续表

序号	项目名称	引进单位	国别(或地区)	厂商	生效日期	引进方式	合同号	建成期	采用技术
529	尿素52万吨/年	宁夏化工厂	荷兰	凯洛格大陆公司	1985-01-01		共57份合同	1988-07	荷兰斯太米卡帮二氧化碳汽提工艺
530	尿素52万吨/年	乌石化总厂化肥厂			1994-01-28		94NKHI/392001 IT 等8个	1997-06-01	改进型二氧化碳汽提工艺
531	尿素16万吨/年	四川泸州天然气化工厂	荷兰	大陆工程公司	1963	成套设备			
532	尿素52万吨/年	兰州化学工业公司化肥厂	意大利	斯那姆普罗吉提公司	1994-08-01		93NKHI/3004 IT	1997-08	意大利斯那姆普罗吉提公司的氨汽提尿素生产工艺
533	尿素52万吨/年	内蒙古化肥厂	意大利	斯那姆吉提公司	1992-11-29		CITC-P92067		
534	尿素52万吨/年	渭河化肥厂	日本	东洋工程公司	1992-03-07		CJPC-P91083VLT		
535	尿素48万吨/年	沧州化肥厂	荷兰	凯洛格大陆公司	1973-08-29	成套设备	CH7352		
536	尿素48万吨/年	四川四川天然气化工厂	荷兰	凯洛格大陆公司	1973-08-29	成套设备	CHC7353		
537	尿素6万吨/年	魏县化肥厂	日本	东洋工程公司	1994-02				
538	尿素52万吨/年	九江石化总厂化肥厂	意大利	斯纳姆公司	1993-02-01		CITC93003 U	1996-03(计划)	氨汽提工艺
539	尿素26万吨/年	云南赤水天然气化工	韩国	现代工程公司	1994-11				
540	尿素52万吨/年	四川天然气化工厂	意大利	斯那姆普吉提公司	1989-03-28	成套设备	CIETAB-P88046		

续表

序号	项目名称	引进单位	国别（或地区）	厂商	生效日期	引进方式	合同号	建成期	采用技术
541	尿素48万吨/年	赤水天然气化工厂	荷兰	凯洛格大陆公司	1973-08-29	成套设备	CHC7354		
542	尿素48万吨/年	巴陵石化公司洞庭氮肥厂	荷兰	凯洛格大陆公司	1973-08-29		CH 7356	1979-07	Stamicarbon 公司的 CO_2汽提工艺
543	尿素26万吨/年	泸州天然气化工厂	意大利	得克尼蒙特公司	1986-03-31	技术许可	85UMX/501002CL		
544	尿素48万吨/年	大庆石化总厂化肥厂	荷兰	凯洛格大陆公司	1973-02-08		CHC 7310	1976-06-29	Stamicarbon 公司二氧化碳汽提技术
545	尿素48万吨/年	泸州天然气化工厂	荷兰	凯洛格大陆公司	1973-02-08	成套设备	CHC7313		
546	尿素基础设计	化工部	荷兰		1979-01-01	技术许可			
547	尿素装置技术	大庆石油化工总厂	荷兰	斯泰米卡邦	1986-01-14	技术许可	85NKHl/7050194CH		
548	尿素技术许可证（400吨/日）	陕西宝鸡氮肥厂	意大利	斯纳姆普罗给提	1990-03-15	技术许可	89MMG-392（4）01C1		
549	尿素基础设计	浙江炼油厂	荷兰	斯特米卡帮公司	1978-12-07	顾问咨询	CHA-78371		
550	尿素回收、钝化技术和造粒喷头技术	贵州省赤水天然化肥厂	瑞士	卡萨里制氢公司	1989-11-18	技术许可	CCTRG-89003		
551	尿素装置（集散系统）	大庆石化总厂	荷兰		1985-10-01	设备			

续表

序号	项目名称	引进单位	国别(或地区)	厂商	生效日期	引进方式	合同号	建成期	采用技术
552	尿素设计和设备采购技术咨询	乌鲁木齐石油化工总厂	芬兰	凯洛格大陆公司	1979-01-01	顾问咨询	CH-78421		
553	尿素废水水解装置改造（1620吨/日）	沧州化肥厂	意大利	斯纳姆普鲁吉蒂工程公司	1986-03-31	技术许可	86UMXH/501003CL		
554	尿素装置增产改造技术服务	江苏栖霞山化肥厂	荷兰	斯太米卡本有限公司	1988-10-07	顾问咨询	SAYJ/393029C		
555	硫铵回收装置基础工程设备咨询	上海化工二厂	美国		1986-03-28	顾问咨询	84JS/39019MR		
556	硝酸磷肥90万吨/年	山西潞城化肥厂	日本	东洋工程公司	1979-01-01	成套设备	CJA-78388		
557	硝酸（BOLME法制硝酸尾气）专有技术	山西太原化肥厂	美国	美国化学公司	1989-07-19	技术许可	89RN-5024MR		
558	硝酸5.358万吨/年	辽阳石油化纤公司化工四厂	法国	斯贝西姆公司	1973-09-28		CF7344	1980-01	
559	磷铵工厂专有技术基础工程设计及服务	大连化学工业公司	美国	雷克兰德戴维麦基公司	1984-12-27	技术许可	84UMXH/50418MR		
560	磷铵（MAP、DAP）造粒装置技术和技术服务合同	湖北黄麦岭磷化工公司	美国		1991-06-12	技术许可	91UMXH/50106MR		

续表

序号	项目名称	引进单位	国别（或地区）	厂商	生效日期	引进方式	合同号	建成期	采用技术
561	磷铵工厂专有技术基础工程设计及服务	南京化学工业公司	美国	雷克兰戴维斯基公司	1984-12-17	技术许可	84UMXH/50417MR		
562	磷酸二铵（1600吨/日）、氮磷钾肥（2000吨/日）工厂建设承包合同	中-阿化肥有限公司	法国	斯贝巴特纽尔	1988-03-17	成套设备	87001-FGM		
563	重钙项目部分设备	湖北黄麦岭磷化工公司	美国	EIMCO, MONSANTO	1994-02				
564	重钙装置技术和服务合同	湖北荆襄磷化工公司	法国		1991-07-19	技术许可	91UMXH/501017FR		
565	重钙40万吨/年	云南磷肥工业公司	日本	三井造船	1992-04-28	技术许可	CJPC-P92006VLT		
566	磷酸装置技术和服务合同	湖北黄麦岭磷化工公司	美国		1991-06-12	技术许可	91UMXH/501014MR		
567	磷酸装置技术和服务合同	湖北荆襄磷化工公司	美国		1991-06-12	技术许可	91UMXH/501015MR		
568	磷酸（半水法磷酸）工艺生产装置及技术（110吨/日）	广东湛江化工厂	美国	西方化学公司农产品集团	1989-08-18	技术许可	89UMXH/50401MR		
569	磷酸（湿法磷酸）工艺专有技术及技术服务	云南氮肥厂	美国	戴维复基公司	1988-06-21	技术许可	88UMXH/501022MR		

续表

序号	项目名称	引进单位	国别(或地区)	厂商	生效日期	引进方式	合同号	建成期	采用技术
570	磷酸 12 万吨/年, 氧化铝 6000 吨/年成套设备	江西贵溪化肥厂	法国	斯卓西姆公司	1987-01-02	成套设备	CFA/86072		
571	硫黄回收尾气技术及设备	金陵石油化工公司	美国	联合油品公司	1988-04-02	技术许可	87SAYJ/39J006MR		
572	硫黄回收装置	四川石油管理局	加拿大	阿尔伯塔卡加里德尔泰项目公司	1989-01-10	成套设备	CCACA-P8117		
573	黄磷项目	云南磷肥厂	德国, 美国	SCHIELE	1994-11				
574	制酸装置技术和服务合同	湖北大峪口硫酸厂	法国		1991-06-08	技术许可	91UMXH/501013CF		
575	硫酸 20 万吨/年	南京化学工业公司	联邦德国	鲁奇公司	1984-08-06	关键设备	CGA-84077		
576	硫酸 8 万吨/年	北京染料厂	日本	三井造船株式会社	1985-01-15	成套设备	CJA84183		
577	硫酸(焙烧和硫酸)的专有技术及服务	云南氮肥厂	联邦德国	鲁奇公司	1988-04-07	技术许可	88UMXH/501016CD		
578	环工艺流程净化工艺及设备	上海硫酸厂	联邦德国	鲁奇公司	1984-10	关键设备	84JS-39385CD		
579	制酸装置技术和服务合同	湖北黄麦岭硫酸厂	法国		1992-06-08	技术许可	91UMXH/501012CF		

169

续表

序号	项目名称	引进单位	国别(或地区)	厂商	生效日期	引进方式	合同号	建成期	采用技术
580	磷酸盐项目	瓮福磷矿	美国		1994-03				
581	硫酸钾1.2万吨/年	云南磷肥厂	日本	日产化工有限公司	1989-09-19	成套设备	89YNC39-313CN		
582	硫铁矿焙烧装置技术和技术服务合同	湖北黄麦岭磷肥厂	瑞典		1991-06-06	技术许可	91UMXH/501010CS		
583	硫铁矿焙烧装置技术和技术服务合同	湖北大峪口硫酸厂	瑞典		1991-06-06	技术许可	91UMXH/501011CS		
584	磷矿100万吨/年	开阳磷矿	瑞典,法国		1994-01-01				
585	采矿(自然矿)开采技术服务	泰安朱家庄硫黄矿	波兰	卡托维兹罗兹普外贸公司	1984-08-27	顾问咨询	84MSF13113SB	1987	波兰
586	采矿试验技术服务	开阳磷矿矿务局	法国	采矿研究会	1985-05-22	顾问咨询	CFA-85057		法国采矿研究所
587	烧碱(离子膜烧碱)1万吨/年	上海天原化工厂	日本	旭硝子	1984-04-26				
588	烧碱(离子膜法)食盐电解工艺2.5万吨/年	天津化工厂	日本		1991-12-28	成套设备	91UMXH/50312JP		
589	烧碱(离子膜法)3.2万吨/年	浙江普善化学有限公司	日本	旭硝子株式会社	1990-08-25	成套设备	90UMXH/50320CN		日本旭硝子株式会社

续表

序号	项目名称	引进单位	国别（或地区）	厂商	生效日期	引进方式	合同号	建成期	采用技术
590	烧碱（离子膜烧碱）1万吨/年	河北唐山市开平化工厂	日本		1991-03-25	成套设备	91UMXH/50301CN		
591	烧碱（离子膜法）3万吨/年	湖北江汉石油管理局	加拿大	凯密油国际公司	1990-10-25	成套设备	90HKFBA-PT0036CMC		英国ICI
592	烧碱（离子膜烧碱）1万吨/年	大连染料厂	日本	德山曹达株式会社	1984-12-01	关键设备	84UMDL-50101CN		日本德山曹达
593	烧碱（离子膜烧碱）1万吨/年	青海电化厂	日本	旭化成株式会社	1992-08-31		92UMXH/50316JP		
594	烧碱（离子膜烧碱）2万吨/年	青岛化工	意大利	迪诺拉	1994-03				意大利迪诺拉
595	烧碱（离子膜烧碱）1万吨/年	河北保定电化厂	日本		1991-12-28	成套设备	91UMXH/5031JP		
596	烧碱（离子膜烧碱）2万吨/年	兰化盐锅峡化工厂	日本	旭化成株式会社	1983-08-16	成套设备	83UMXH/50301CH		日本旭化成
597	烧碱（离子膜烧碱）5万吨/年	泰安化工厂	日本	旭硝子株式会社	1994-09-17				日本旭硝子
598	烧碱（100%）20万吨/年，氯气（100%）18.3万吨/年	齐鲁石化公司氯碱厂	日本	三井物产氯工程公司	1979-06-21		CJA-78410	1988-03-28	改性隔膜电解，四效逆流蒸发工艺
599	烧碱（离子膜法）15万吨/年	上海氯碱总厂	日本	旭硝子株式会社	1987-09-21	成套设备	87JS/3913010CN		日本旭硝子
600	烧碱（离子膜法）2万吨/年	芜湖化工厂	日本	氯化工	1994-09-01				日本氯化工

续表

序号	项目名称	引进单位	国别(或地区)	厂商	生效日期	引进方式	合同号	建成期	采用技术
601	烧碱（离子膜烧碱）2万吨/年	江门农药厂	日本	旭硝子株式会社	1992				
602	烧碱（离子膜法）4万吨/年	锦西化工总厂	日本	旭硝子株式会社	1988-03-10	技术许可	87UMXH/50304		日本旭硝子
603	烧碱（离子膜烧碱）2万吨/年	杭州电化厂	意大利	迪诺拉	1993-01				
604	烧碱（离子膜烧碱）1万吨/年	宜宾天原化工厂	英国	ICI	1988-06				
605	烧碱（离子膜烧碱）1万吨/年	江门电化厂	美国	大祥	1985-02-02				
606	烧碱（离子膜烧碱）1万吨/年	徐州电化厂	日本	旭化成株式会社	1986-01-11	技术许可	85UMXH/50329CN		
607	烧碱（离子膜烧碱）2万吨/年	徐州电化厂	日本	旭化成株式会社	1994-09-02				
608	烧碱（离子膜烧碱）二期2万吨/年	大沽化工厂	日本	旭化成株式会社	1988-09-01				
609	烧碱（离子膜烧碱）2万吨/年	大沽化工厂	日本	旭化成株式会社	1984-11-10				
610	烧碱（离子膜烧碱）1万吨/年	齐齐哈尔电化厂	日本	旭化成株式会社	1983-10-08	成套设备	83UMXH/50308CH		日本旭化成株式会社
611	烧碱（离子膜烧碱）1万吨/年	齐齐哈尔电化厂	日本	旭化成株式会社	1988-07-08	成套设备	88UMXH/50303CN		日本旭化成株式会社

续表

序号	项目名称	引进单位	国别(或地区)	厂商	生效日期	引进方式	合同号	建成期	采用技术
612	烧碱(离子膜法)2万吨/年	北京化工二厂	日本	旭化成株式会社、蝶理株式会社	1985-05-14	成套设备	85UMXH-50305		日本旭化成株式会社
613	烧碱(离子膜烧碱)4万吨/年	北京化工二厂	意大利	迪诺拉	1994-04-19				意大利迪诺拉
614	纯碱60万吨/年	山东潍坊碱厂							
615	纯碱(干法加灰蒸馏)技术	青岛碱厂	荷兰	阿姆、海姆阿克苏工程公司	1986-02-17	技术许可	85UMXH/50422CH	1989	荷兰阿克苏
616	纯碱关键设备1800吨/日	山东寿光纯碱厂	联邦德国	化工设备进出口公司	1985-06-27	关键设备	CDR-85068	1988	德国
617	纯碱技术专利使用权、工厂基础设计、人员培训等	内蒙古吉兰泰纯碱厂	荷兰	阿克苏工程公司	1990-09-30	技术许可	CNLCA-P90022	1993	荷兰阿克苏
618	氧化钠0.807万吨/年	上海石化股份有限公司化工二厂	日本	新泻铁工所株式会社	1973-03-15		CJD-7314	1976-09-20	昭和电工专有技术
619	固体氧化钠装置4000吨/年	河北任丘化肥厂	美国	诺贝尔公司	1991-11-11	技术许可	91/RMXY/I-HG0002		
620	偏硅酸钠2万吨/年	天津东方红化工厂	瑞典	诺贝尔公司	1992-12-01			1995	瑞典诺贝尔
621	偏硅酸钠1万吨/年	青岛泡花碱厂	美国	康劲公司	1990-03-01				
622	氯酸盐	大连氯酸钾厂	法国		1985-09-01				
623	氯酸钠1万吨/年	福州第一化工厂	芬兰	NOKIA公司	1987-12-09				

续表

序号	项目名称	引进单位	国别(或地区)	厂商	生效日期	引进方式	合同号	建成期	采用技术
624	食品级六偏磷酸钠1500吨/年	昆阳磷肥厂	日本		1992-10-17		91FYN-421066		
625	粒状碳酸锶1000吨/年	重庆市化工研究院	美国	BEPEX公司	1986-12-01				
626	硫酸法钛白粉1.5万吨/年	济南裕兴化工厂	瑞士	斯迈尔特	1992-12-24		CCHP-P92053		
627	钛白颜料生产和稀酸浓缩技术合同	重庆化工	波兰		1991-03-08	技术许可	10-1421/I-2071		
628	CTA-100型钛白粉生产技术及设备补偿贸易合同	广东韶关钛白粉厂	中国香港		1991-09-05	技术许可	91DLKB-003		
629	CTR-930金红石型钛白粉生产技术及设备补偿贸易合同	广东韶关钛白粉厂	中国香港		1991-09-05	技术许可	91DLKB004		
630	氟化氢(无水氟化氢)成套设备	济南化工	美国	施多福化学公司	1986-01-15	成套设备	UMXH/50314MR	1989	美国施多福化学公司
631	氢氟酸(无水氢氟酸)10000吨/年	浙江衢州化工	德国	克金克拉公司	1990-01-02	技术许可	8922MTQH/ME040CD		
632	氢氟酸(无水氢氟酸)5000吨/年	辽宁阜新化学总厂二分厂	瑞士	布斯公司	1990-08-15	成套设备	CCHAC-P90009CSMC		
633	氟制冷剂2.4万吨/年	济南化工	美国	ANLEX	1994-01				美国ANLEX

续表

序号	项目名称	引进单位	国别(或地区)	厂商	生效日期	引进方式	合同号	建成期	采用技术
634	氢氟酸烷基化油生产技术	上海高桥石化炼油厂	美国	菲利浦斯公司	1983-06	技术许可	83MS391/6073MR1		
635	氢氟酸烷基化工艺专有技术	浙江炼油厂	美国	菲利普石油公司	1983-09-10	技术许可	83MS-39100-600MR		
636	氢氟酸烷基化工艺专有技术	天津炼油厂	美国	菲利普石油公司	1983-09-10	技术许可	83MS-391-1443MR		
637	氢氟酸烷基化工艺专有技术	上海炼油厂	美国	菲利普石油公司	1983-09-10	技术许可	83MS-3916073MR		
638	氯二氟甲烷生产装置1万吨/年	浙江衢州化学工业公司	美国	费城联合工程建设公司,斯德恩公司	1989-06-23	成套设备	88RMTQZ/ME102MR		
639	氟化铝6000吨/年	荆襄磷化工公司	奥地利	Lin Z	1992-05-09	成套设备	92UMXH-501001AT		
640	硝酸54万吨/年	山西潞城化肥厂	日本	东洋工程公司	1979	成套设备	CJA-78347		
641	次氯酸钙工厂设备设计	湖北江汉石油管理局	加拿大	凯密油国际公司	1990-10-25	成套设备	90HKFBA-PT004SCMC	1993	加拿大凯密油国际公司
642	次氯酸钙工厂许可证及设计	江汉石油管理局,中国科学院	加拿大	凯密油国际公司	1990-12-13	技术许可	90HKFBA-PT005	1993	加拿大凯密油国际公司
643	三氧化硫磺化(膜式)工厂	洛阳合成洗涤剂	美国	克莱松公司	1987-03-03	成套设备	86MRPM/Y2004MR		
644	三氧化硫磺化生产装置	大连油脂化学厂	美国	契米松	1985-05-01	关键设备	85MJNG-3922IMR		

续表

序号	项目名称	引进单位	国别(或地区)	厂商	生效日期	引进方式	合同号	建成期	采用技术
645	三氯化铁 220 吨/年	北京燕山石油化工公司	日本	东邦钛株式会社	1974-01-27	成套设备	CJ-73123		
646	三聚磷酸钠成套设备(黄磷 3 万吨/年,五钠盐 7 万吨/年)	昆明三聚磷酸钠厂	联邦德国	伍德公司	1978-12-17	成套设备	CGD78368		
647	铬盐改造	济南裕兴化工厂	日本	野村贸易公司	1985-02	设备			
648	水合石灰 4 万吨/年	临淄无机化工厂	日本	宇部兴产	1987-03-12	设备			
649	溴素工厂成套设备	山东羊口盐场	美国	中美进出口公司	1986-05-08	成套设备	86GET2058CE		
650	硫酸法烷基化技术	抚顺石油化工公司石油二厂	美国	斯楚特克公司	1985-10-30	技术许可	85NNKHI/394015MR		
651	化妆品乳化剂	长春市化工厂	日本	米滋侯(株)	1985-08	设备			
652	聚氯乙烯稳定剂专有技术	山东招远化工厂	美国	福陆公司	1988-05-21	技术许可	88CAXH/3905M		
653	漂粉精 5000 吨/年	天原化工厂	加拿大	化学国际公司	1988-03-22	成套设备	88YZQ-0010645MR	1990	加拿大化学国际公司
654	漂粉精 5000 吨/年	上海氯碱总厂	加拿大	化学国际公司	1988-03-22	成套设备	88YVZQ-0010635MC	1990	加拿大化学国际公司
655	漂粉精 5000 吨/年	福州第二化工厂	意大利	德诺拉电化学公司	1986-02-03	关键设备	FBD-85020		

续表

序号	项目名称	引进单位	国别(或地区)	厂商	生效日期	引进方式	合同号	建成期	采用技术
656	油墨（低温固化涂料）技术和设备	福建福州油墨厂	美国	FULLER-OB RIRN CORP	1987-05-01	技术许可	86RMFY/11015MR		
657	油墨技术和设备	福州油墨厂	瑞士	buller brotlers	1985-09	设备			
658	油墨技术	天津油墨厂	美国	开尼靠特公司，玫仪公司，贝克曼公司	1985-01	技术			
659	塑料印刷油墨专有技术	北京油漆厂	美国		1984-10	技术许可	CFA-84127		
660	油墨（胶版凹版）技术	四平市油墨厂	中国香港	香港雷诺公司	1987-05-23	技术许可	86QH/397C112CX		
661	油墨生产技术及设备	深圳深日油墨有限	日本	油墨化学工业株式会社	1986-02-24	技术许可			
662	油墨（印刷油墨）技术及设备	武汉油墨厂	日本	野村贸易株式会社	1986-03-04	关键设备	T/85MHG39130CN		
663	塑料印刷油墨专有技术	北京油漆厂	法国	茵蒙特公司	1984-11-28	技术许可	CFA-84127		
664	涂料（丙烯酸脂涂料）生产线	济南油漆厂	美国	斯特鲁宾，肯尼思有限	1986-02-06	成套设备	85MGPK3914191MR		
665	涂料（彩色镀钢塑料）技术	上海振华造漆厂	美国	RELIANCE UNIVERSAL公司	1985-12	技术			

续表

序号	项目名称	引进单位	国别(或地区)	厂商	生效日期	引进方式	合同号	建成期	采用技术
666	涂料（卷钢表面前处理液）生产及应用技术	上海振华造漆厂	新加坡	百科化学私人有限公司	1986-02-04	技术许可	85UMXH/50326SP		
667	涂料（卷材涂料）制造、销售、应用技术	上海振华造漆厂	美国	万信公司	1986-02-25	技术许可	85UMXH/50326MR		
668	涂料（高级重防腐涂料）专有技术	江苏无锡造漆厂	日本	涂料株式会社	1990-10-26	技术许可	90UMXH/50304CN		
669	涂料（粉末涂料）生产技术及设备	无锡造漆厂	美国	曼蒙公司	1983-08-15	关键设备	83UMXH-50302CE		
670	罐头漆厂制造设备	青岛油漆厂	比利时	苏斯梅尔公司	1985-04	设备			
671	罐头漆厂生产工艺技术	山东青岛油漆厂	美国	迪李托有限公司	1987-03-31	技术许可	85GNSH/3928MR		
672	涂料（水性丙烯酸树脂合成）技术	青岛油漆厂	日本	高压瓦斯工业株式会社	1986-06-13	成套设备	85GMXH3912CN		
673	涂料（汽车维修漆）专有技术	甘肃西北油漆厂	美国	弗勒-奥白兰公司	1986-06-28	技术许可	85RMA-1163MR		
674	涂料和设备	吉林长春市第一饭金厂	中国香港	香港万达胜有限公司	1988-11-21	关键设备	88CNEM40D009		
675	涂料专有技术转让	广东省湛江市制漆厂	日本	涂料株式会社	1990-03-01	技术许可	GPI-930		

续表

序号	项目名称	引进单位	国别(或地区)	厂商	生效日期	引进方式	合同号	建成期	采用技术
676	涂料（HFB/06感热记录纸涂料）及配制技术	上海有线电厂	日本	东京贸易株式会社	1986-12-01	技术许可	86HMSX/4118CN		
677	涂料（装饰玻璃涂料）技术	福建宁德地区物资局	菲律宾	柯经纶旅行社	1987-03-05	技术许可	FIEC/TT87101		
678	涂料（粉末涂料）生产技术	肇庆化工颜料厂	中国香港	香港DM高级涂料集团	1986-06	技术许可	GPTSC-186007		
679	涂料（46种船舶漆）专有技术	上海开林造漆厂	英国	INTERNATIONAL PAINT	1982-09	技术许可	85SIT76059CE		
680	涂料（汽车涂料）配方5000吨/年	沈阳油漆厂	日本	关西涂料	1984-08-18	技术许可	84MJNG407/256CN		
681	涂料（面漆烘干磁漆）技术	长春油漆厂	奥地利	期托拉公司	1985-10-14	技术许可	85QH-LB51CO		
682	涂料（聚氨酯漆）生产技术及设备	齐齐哈尔油漆厂	日本	东明贸易株式会社	1985-02	关键设备	PG85123		
683	涂料（丙烯酸系乳液）产品制造技术	苏州新型涂料厂	美国	康迪克州丹布里联合化物公司	1985-10-26	技术许可	QL-85018-1		美国康迪克州丹布里联合化物公司
684	涂料（反应成磨机等）43套	南京造漆厂	奥地利	格里尔-格里斯曼公司	1990-12-21	技术许可	CATCA-P00017		
685	涂料（丙烯酸涂料）及黏合剂技术和设备	福州化学有限公司	日本	富川株式会社	1987-02-23	技术许可	1	1989	日本

续表

序号	项目名称	引进单位	国别(或地区)	厂商	生效日期	引进方式	合同号	建成期	采用技术
686	涂料加工反应釜过滤器、装瓶机	乌兰浩特油漆化工厂	比利时	SUSSMEYER公司	1985-06	设备			
687	涂料（船舶漆涂料）技术	大连油漆厂	日本	日本中国涂料株式会社	1984-09-01	技术许可	CJD-4039		
688	涂料（钢桶焊接机与展卷剪切机组）	北京制漆厂	美国	卡兰多公司	1985-03	设备			
689	涂料生产技术	武汉制漆厂	美国	宣伟·威廉姆斯公司	1987-12-21	技术许可	CUHW/7067-CIB		
690	涂料（汽车涂料）专有技术	上海造漆厂	联邦德国	巴斯夫涂料油墨有限公司	1988-03-19	技术许可	88YVZQ-0010396CD		
691	涂料（建筑、工业涂料）设备和技术	北京门头沟工业总公司	中国香港	香港中华制漆公司	1986-04-09	技术许可	85NY006206CK		
692	汽车涂料	武汉双虎涂料股份有限公司	联邦德国	BAST	1992-08-07		FTCE302		
693	涂料（丙烯酸乳胶漆）生产技术	天津油漆总厂	美国	宣威公司	1986-01-15	技术许可	85UMXH/50302MR		
694	护肤及洗漆系列产品专有技术	广州美彩日用化工厂	中国香港	香港金涛公司	1990-03-21	技术许可	滨I（1990）字第1号		
695	涂料（汽车维修漆）技术	江苏南京造漆厂	美国	奥兰公司	1988-08-26	技术许可	CUHY-7058		
696	涂料设备	北京钢琴厂	日本		1985-10	设备			

续表

序号	项目名称	引进单位	国别（或地区）	厂商	生效日期	引进方式	合同号	建成期	采用技术
697	染料（分散染料和还原染料后处理）专有技术和设备	吉林染料厂	意大利	MODNTEDA ISANGRO NP	1984-07-09	技术许可	84UMXH/50301CL		
698	染料0.413万吨/年、染料中间体1.52万吨/年、硫酸等5.3万吨/年	吉林染料厂	苏联		1957-10	成套设备			
699	分散染料后处理500吨/年	天津染化九厂	日本	技术宇宙株式会社	1984	技术许可	840MXH/50305CN		
700	染料（分散染料）后处理技术	青岛染料厂	意大利	意大利阿克纳有机化学公司	1986-01-14	技术许可	85UMXH/50319CL		
701	染料（染料后处理）设备	青岛染料厂	日本	岛律制作所	1985-05	设备			
702	染料（中性染料）设备	青岛染料厂	日本	京工物产蝶理公司	1985-05	设备			
703	染料（B型酞菁蓝）补偿贸易	北京染料厂	美国	辛克莱-瓦伦丁公司	1982-10-20	关键设备	（82）PCT-01		
704	染料（分散染料）后处理技术	青岛染料厂	意大利	阿克那公司	1985-04	技术			
705	催化剂（合成氨用催化剂）3100吨/年	辽河化工厂	丹麦	托普素公司	1973-11-28	成套设备	CK73118	1976	丹麦托普素公司

续表

序号	项目名称	引进单位	国别(或地区)	厂商	生效日期	引进方式	合同号	建成期	采用技术
706	催化剂（环氧乙烷工艺催化剂）技术	北京燕山石油化工公司	美国	联合碳化物	1985-0-909	技术许可	85NKHI/393009MR	1988	美国联合碳化物
707	丁辛醇铑催化剂再生设备	大庆石油化工总厂	英国	DAVYMCKEE	1987-08-11	成套设备	87NKHI/392017CE	1990	英国 DAVYMCKEE
708	丁辛醇铑催化剂再生设备	齐鲁石油化工公司	英国	DAVYMCKEE	1987-08-11	成套设备	87NKHI/392019CE	1990	英国 DAVYMCKEE
709	催化剂（HY-HS）高效催化剂	中国石化总公司	日本	三井石油化学	1985-03-25	技术许可	85UMHI/39035CN		日本三井石油化学
710	低压氨合成（74-1型）催化剂技术转让及其产品补偿协议	南京化学工业（集团）公司	英国		1991-09-04	技术许可	（91）YLBM-001		
711	邻二甲苯和使用异构化催化剂技术	扬子石油化工公司	美国	环球油品公司	1986-12-03	技术许可	CUA/86061		
712	催化剂技术与设备	长岭炼油厂	丹麦	ANYHDO 公司	1985-12	技术服务			丹麦 ANYHDO
713	增塑剂 5 万吨/年	金陵石化公司化工一厂	联邦德国	巴斯夫公司	1986-12-22		86NKHI/39307 CD	1990-02	巴斯夫的非酸性连续酯化工艺
714	增塑剂 5 万吨/年	齐鲁石化公司	联邦德国	巴斯夫公司	1986-01-15		86NKHI/39308CD	1991-06-24	非酸性催化剂，连续生产工艺
715	酶制剂生产设备	上海新型发酵厂	日本	深江工业（株）	1985-11	设备			

续表

序号	项目名称	引进单位	国别(或地区)	厂商	生效日期	引进方式	合同号	建成期	采用技术
716	十溴二苯醚装置	山东青岛红旗化工厂	法国	德希尼布工程公司	1989-03-08	成套设备	CFRAC-P88092		
717	有机锡稳定剂技术与设备	锦州石油化工公司	日本	日棉株式会社、东京精密化学株式会社	1989-01-04	技术许可	CCNCTSY-P88010		
718	有机锡稳定剂	北京化工三厂	美国	安美特公司	1985-12-19	技术许可	CUHM/5102B		
719	皮革鞣剂和复鞣剂技术	成都望江化工厂	意大利	赛高公司	1987-06-04	技术许可	850B/78018CK		
720	黏合剂（聚酯型服装胶）设备	北京市化工研究院	日本	细川公司	1985-12	设备			
721	黏合剂（厌氧密渍胶制造）专有技术	上海新光化工厂	日本	三键株式会社	1984-11-01	技术许可	84UMXH/50306CN		
722	黏合剂（丙烯酸酯系列黏合剂）生产配方反设备	广东潮州工程塑料厂	中国香港	香港美国天成公司	1987-01	关键设备	88CUILC-008/X		
723	黏合剂（包装黏合剂）生产技术	吉林公主岭包装黏合剂厂	美国	THEADHESTIVERPRODUCTS.INC	1989-04-18	技术许可	880E/20048CU		
724	黏合剂（丙烯酸酯系乳液型黏合剂）成套设备	广州东风化工厂	日本	东工物产株式会社	1986-01-06	成套设备	85UMXH/50330CN		
725	黏合剂（聚氨酯复合黏合剂）技术	北京化工研究院实验厂	联邦德国	汉高公司	1985-01-17	技术许可	CGA-84129		

续表

序号	项目名称	引进单位	国别（或地区）	厂商	生效日期	引进方式	合同号	建成期	采用技术
726	黏合剂（丙烯酸系乳胶）产品专有技术	北京东方化工厂	美国	联合碳化物公司	1983-12-30	技术许可	83UMXH/50302MR		美国联合碳化物公司
727	黏合剂（印花黏合剂）技术、设备	沈阳助剂厂	联邦德国	赫斯特公司	1985-12	技术			
728	黏合剂（760黏合剂）技术	沈阳助剂厂	日本	赫斯特合成株式会社	1986-01-22	技术许可	85UMXH/50310VN		
729	饲料添加剂技术	自贡市饲料添加剂厂	意大利	GIZA.S.P.A公司	1985-12	设备			
730	饲料（高蛋白饲料）成套设备	北京酒精厂	挪威	挪威 STORD BAST ZA/S	1987-11-05	成套设备	CND/87026		
731	非蛋白氮饲料生产线	内蒙古通辽胜利饲料厂	美国	布朗研究公司	1985-12	生产线			
732	蛋氨酸2万吨	天津化工	法国	斯卓西姆	1988-10-31	成套设备	CFZCA-P88059	1992	法国罗纳-普朗克
733	柠檬酸提取精制设备及技术	沙市柠檬酸厂	联邦德国	曼内斯曼·德马克公司	1990-01-18	成套设备	89FGQM40/300ICD（DF）		
734	山梨醇（固体山梨醇）3000吨/年	南宁木薯综合开发公司	匈牙利	化工机械贸易公司	1987-01-07	成套设备	CHUR/86043		
735	食品级六偏磷酸钠1600吨/年	昆阳磷肥厂	日本	东绵	1992-10-07	成套设备	91FYN-421066JP		
736	氢化油、人造黄油（食用）生产线	北京化工实验厂	瑞典	阿法拉伐公司	1982-08-25	成套设备	BEDC82/B002A		
737	山梨醇（固体山梨醇）3000吨/年	南宁木薯综合开发公司	匈牙利	化工机械贸易公司	1987-01-07	技术许可	CHUR/86042		

续表

序号	项目名称	引进单位	国别(或地区)	厂商	生效日期	引进方式	合同号	建成期	采用技术
738	医药（链霉素 36 吨/年，青霉素 32.5 吨/年，淀粉 14916 吨/年，葡萄糖 3362 吨/年）	华北药厂	苏联		1953-05	成套设备			
739	医药（驱虫原料药 E TOBI-MIN）生产技术	上海第二制药厂	中国香港	香港爱适亚洲有限公司	1988-02-13	技术许可	87ZS-7701CK		
740	水杨酸生产技术与设备	山东新华药厂	瑞典	Nobel chematur 公司	1985-05	技术			
741	医药（磺胺药剂 910 吨/年，青霉素 64 吨/年，中间体 2462 吨/年	太原制药厂	苏联		1953-05	成套设备			
742	医药（甲基多巴）工艺技术	湖南制药厂	美国	国际技术研究公司	1987-04-27	技术许可	86HIH/056MR		
743	甘草霜 870 吨/年，甘草酸单胺盐 39 吨/年，甘草酸二钠 75 吨/年	新疆天山制药厂	日本	阿东佩斯制药品株式会社	1984		CJP-01		
744	农药乳化剂 1.2 万吨/年	金陵石化公司化工二厂	日本	住友商事株式会社	1986-03-01		CJA-85075LT	1988-12-25	
745	农药气雾剂自动充装线	石歧农药厂	联邦德国	柏马李公司	1983-11-30		85GDD-0159CK		

续表

序号	项目名称	引进单位	国别(或地区)	厂商	生效日期	引进方式	合同号	建成期	采用技术
746	农得时 100 吨/年	上海农药厂/杜邦公司	美国	杜邦公司	1990-04-30	合资			美国杜邦
747	农药 3.5 万吨/年、染料 500 吨/年、烧碱 1.5 万吨/年、硫酸 4 万吨/年	太原化工	苏联			成套设备			
748	呋喃丹农药颗粒剂成套设备	镇江农药厂	日本	三菱商事株式会社	1984-03-20	成套设备	84UMXH/50403CN		
749	可湿性粉剂 2500吨/年	邢台农药	日本	日产化学会社、日产化学工程公司	1985-12-24				
750	农药灭草特颗粒剂	兰溪农药厂	美国	孟山都	1984-06-30	成套设备	84XXP81581MR		
751	氯羟吡啶（氯吡醇）米料加工合同	南通醋酸化工	法国		1991-10-21	其他	CFRDFNT P91002		
752	全系列洗漆剂、消毒剂、特化品技术许可合同	上海艺康化工及技有限公司	美国	南奇公司	1987-05-27	技术许可			
753	歧化松香皂成套设备	广西梧州松脂厂	日本	荒川化学工业株式会社	1979-02-06	成套设备	CJD-79001		
754	香精专有技术	广州百花香料厂	英国	新时代香精有限公司	1988-05-13	技术许可	87CNE4008174CE		

续表

序号	项目名称	引进单位	国别(或地区)	厂商	生效日期	引进方式	合同号	建成期	采用技术
755	洗涤剂技术	辽宁抚顺洗涤剂化学厂	西班牙	技术联合公司和欧洲控制公司	1988-01-01	技术许可	CECHGAE-P880		
756	香水冷凝精技术和商标许可证	北京丽源日化股份有限公司	法国		1990-08-28	合作生产	CCFYCBJ-P90044L1		
757	发用、护肤化妆品技术	浙江杭州春丝丽有限公司	日本	小林高丝株式会社	1988-06-06	合作生产	ZJ8801		
758	天然樟脑高效精馏塔设备及工艺技术	江西樟脑厂	法国	英佩仕贸易公司	1985-12-24	成套设备	85M40-0191C		
759	高湿润护肤膏技术合作	北京日化四厂	美国	爱方公司	1981-05-02	合作生产	81ZMEM0401M	1983	美国
760	香精(食用香精)及鲜花浸提生产线	昆明香精厂	法国	道畔尔公司	1985-02	生产线			
761	天然香精油制取技术设备	广西容县天然香料厂	法国	英佩仕公司	1985-12	技术设备			
762	乳化香精技术合作	北京丽源日用化学联合公司	瑞士	奇华顿有限公司	1986-05-03	合作生产	86IMEM/04502MR		
763	发用品生产技术	北京丽源日用化学厂	日本	资生堂株式会社	1986-04-10	技术许可	CJHM/6004L1		
764	合成洗涤剂生产线	成都合成洗涤剂厂	意大利	MAZZONIS.P.A	1984-12-29	关键设备	84NAPZ40566CL		
765	丙烯酰胺单体5万吨/年	大庆油田	日本	三菱化成株式会社	1991-01-03				

187

续表

序号	项目名称	引进单位	国别(或地区)	厂商	生效日期	引进方式	合同号	建成期	采用技术
766	聚丙烯酸胺 5.2 万吨/年	大庆油田	法国	雷拉纳公司	1993-02-23				BP技术
767	试剂(临床试剂)技术	北京化工厂	联邦德国		1984-08	技术许可	BEDC84/B014		
768	非离子表面活性剂 0.6 万吨/年	金陵石化公司化工厂	日本	东邦化学工业株式会社	1986-03-31		CJA-85075LT	1989-06	日本东邦化学非离子表面活性剂的专有生产技术
769	合成鞣剂生产技术	合肥轻工模具厂	美国	欧文斯-伊利诺依	1986-05-12	关键设备	85-CNEM-4003214M		
770	润滑油添加剂专有技术	锦州石油六厂	美国	留劲瑞依尔	1983-04-01	技术许可	CUA-83018		
771	山梨醇生产设备合同	广东肇庆市怀集山梨醇筹建处	丹麦		1991-11-07	成套设备	91M1407-7202DK		
772	粗乙硫醇基苯并噻唑生产技术	南京化工厂	美国	固特异轮胎和橡胶公司	1989-07-10	技术许可	89UMXH/50301MR		
773	黑线购图重氮盐药品技术	北京造纸一厂	荷兰	OCE公司	1984-11	技术许可	CGAHD-45831		
774	活性碳1000吨设备	连云港市海滨化工厂	加拿大	芬高·拉华林公司	1988-02-03	技术许可	86QNNJ-3903908CN		
775	金属表面处理剂技术	辽宁沈阳助剂厂	日本	帕卡濑精	1985-07	合作生产	SJ5001		
776	硅藻土助滤剂生产线	吉林梅河口化工材料厂	日本	明治产业株式会社	1986-05-29	成套设备	86FNXH/39502		

续表

序号	项目名称	引进单位	国别(或地区)	厂商	生效日期	引进方式	合同号	建成期	采用技术
777	铸造化学品技术	常州有机化工公司	美国	阿什兰化学公司	1985-04-23	技术许可	84NFNC361024MR		
778	碳素纤维树脂配方技术	上海碳素厂	美国	CALIFORNIA GRAPHITE MACHINES	1986-01-08	技术许可	85LMGW/15303MR		
779	硫化烷基酚钙制造技术	兰州炼油厂	美国	埃克森化工有限公司	1989-05-04	成套设备	88NKHJ/394087MR		
780	碳纤维生产技术	吉林化工公司	英国	RK公司	1985-12	技术			
781	无碳复写纸用的微胶囊技术	北京信息纸厂	联邦德国	兰克有限公司	1986-01-27	技术许可	85BMK/200025CD		
782	轮胎(30万套子午胎)	华南橡胶轮胎有限公司	美国	弗尔斯通	1988-12				
783	轮胎(子午线轮胎)	天津力车胎厂	爱尔兰	都柏林克旧设备(爱尔兰光联投资有限公司)	1985-01				
784	轮胎(30万套全钢丝载重轮胎)	湖北东风轮胎厂	联邦德国、美国	邓录普	1989-11				
785	轮胎(载重轮胎)生产设备	威海轮胎厂	美国	孟山都公司	1985-04	设备			
786	彩色自行车胎用硫化机等	杭州橡胶厂	日本	汤浅(株)	1985-12	设备			
787	轮胎(30万套子午胎、密炼机、钢丝带束)	正泰橡胶厂	意大利		1990-11				

续表

序号	项目名称	引进单位	国别(或地区)	厂商	生效日期	引进方式	合同号	建成期	采用技术
788	彩色自行车外胎生产装置,成型磁化磨削设备	北京橡胶一厂	日本	今中(株),中产造机(株)	1985-05	设备			
789	轮胎(15万套子午线轮胎)	重庆轮胎厂	英国	邓录普	1989				
790	轮胎(六角型胎圈缠绕机)	青岛第二橡胶厂	美国	NS(美国国家半导体)	1989-11				
791	轮胎(力车内胎)技术	青岛同泰橡胶厂	日本	蝶理汤浅公司	1985-01	技术			
792	工程轮胎生产线及服务合同	贵州工程轮胎厂	德国		1991-11-18	成套设备	CDEB-P91064		
793	轮胎(子午胎)50万套	桦林橡胶厂	意大利	皮里列	1994-10-01				意大利皮利里
794	轮胎(20万套乘用子午胎)	桦林橡胶厂	美国						
795	轮胎(一合F-270密炼机)	桦林橡胶厂	意大利	皮列里					
796	轮胎(10万套全钢丝载重轮胎)	桦林橡胶厂	意大利	皮列里	1989-07				
797	轮胎(30万套子午胎)	青岛第二橡胶厂	意大利	皮利里					
798	轮胎(X光轮胎检验机)	青岛第二橡胶厂	美国	BALL	1990-03				

续表

序号	项目名称	引进单位	国别(或地区)	厂商	生效日期	引进方式	合同号	建成期	采用技术
799	轮胎（30万套子午胎）	上海大中华橡胶厂	美国	FIRESTCNE	1987-12				
800	轮胎（尼龙胎关键设备）	大中华橡胶厂	日本		1984-08				
801	钢丝帘线 2500 吨/年	上海钢丝厂	意大利	OCR	1988-11				
802	胶带（三角节玻纤强力风扇带）	洛阳橡胶制品厂	联邦德国	肖茨公司	1985-06	设备			
803	胶带（压敏胶带）技术	广州东风化工厂	日本	钟渊（株）	1985-12	技术			
804	胶带（难燃运输带）	宜昌中南橡胶厂	英国	芬纳公司	1985-03	技术			
805	打磨机	宜昌中南橡胶厂	联邦德国	英纳斯特那尔公司	1985-11	设备			
806	四辊压延机	青岛橡胶六厂	联邦德国	辛贝尔坎普公司	1985-03				
807	密炼机	青岛橡胶六厂	联邦德国	辛尔贝坎普公司	1985-12	技术			
808	胶带（橡胶难燃运输带）	青岛第六橡胶厂	英国	芬纳公司	1985-04				
809	胶带（高强度运输带）	青岛第六橡胶厂	英国	芬纳公司	1988-01-01				
810	胶带（高压胶管生产线）	青岛第六橡胶厂	日本	中田	1985-04				

续表

序号	项目名称	引进单位	国别(或地区)	厂商	生效日期	引进方式	合同号	建成期	采用技术
811	胶管(铜丝缠绕胶管)生产设备	重庆中南橡胶厂	美国	MAYER公司	1985-01	设备			
812	胶料(连续压机胶料生产)和改性工艺技术	福建三明胶合板厂	法国	巴黎机械有限公司	1987-01-27	技术许可	86MXK/120199CD	1988	法国巴黎机械有限公司
813	鞋(搪塑鞋)设备	北京橡胶五厂	芬兰	诺基亚公司	1985-11	设备			
814	鞋(旅游鞋)制造设备	扬州橡胶厂	中国香港	京商有限公司	1985-11	设备			
815	鞋(运动鞋)生产设备	福建泉州橡胶厂	中国香港	京商有限公司	1985-11	设备			
816	鞋(双色运动鞋)用注射机	广东中山橡胶厂	意大利	有联厂	1985-06	设备			
817	鞋(复合尼龙泡沫鞋)面料设备	广州第十一橡胶厂	中国香港	云利公司	1985-12	设备			
818	鞋(冷粘鞋)制造设备	广州第五橡胶厂	中国香港	伟丰贸易公司	1985-12	设备			
819	鞋(注塑鞋)制造设备	沈阳胶鞋总厂	联邦德国	美最时伟乐斯公司	1986-09	设备			
820	鞋(冷粘鞋)技术	青岛橡胶九厂	日本	机才(株)式	1985-04	技术			
821	鞋(聚氨酯鞋)制造设备	广州岭南橡胶厂	中国香港	京商有限公司	1985-12	设备			

续表

序号	项目名称	引进单位	国别(或地区)	厂商	生效日期	引进方式	合同号	建成期	采用技术
822	白炭黑10000吨	南昌化工原料总厂	美国	宝洁公司	1986-04-05	技术许可	CUA-85164		美国宝洁公司的技术
823	炭黑（新工艺炭黑）3万吨	山东青岛炭黑厂	美国	迪高荷炭黑公司	1989-11-21	成套设备	89UMXH/50405MR		
824	炭黑（新工艺硬质炭黑）成套设备1.5万吨	天津炭黑厂	日本	东洋工程公司	1984-05-17	成套设备	CJA-8311 2LT		
825	石墨生产线	中国普惠安化工厂	中国香港	香港朝阳能源有限公司	1986-09-01	成套设备	86CPRR/20/902CK		
826	石墨技术及设备	内蒙古呼和浩特石墨制品厂	美国	福米克斯泰雷卡公司	1988-11-19	成套设备	88ABGR/242002MR		
827	涂布生产线	厦门感光化学厂	联邦德国	HEINZ-DIET ERBANGE	1983-03	成套设备	XP-MOD-001185		
828	胶片（流涎机及生产线）	无锡电影胶片厂	美国	3M公司	1983-11-01	关键设备	CHCA-404767		美国3M公司
829	广播录音带40万盘/年	西安磁带厂	美国	力能达公司香港兴隆贸易	1987-09-18		SH-87005		
830	彩卷、彩色电影正片技术咨询服务协议	上海感光胶片总厂	英国	勃立克联合有限公司	1988-07-26	顾问咨询	CETES-FT8020		英国
831	光刻胶生产技术及设备	北京化工厂	日本	东洋曹达工业	1988-01-04	技术许可	CJHM-5216B	1990	日本东洋曹达工业

193

续表

序号	项目名称	引进单位	国别(或地区)	厂商	生效日期	引进方式	合同号	建成期	采用技术
832	磁带（录像带，录音带）设备及技术	杭州磁带厂	日本	TDK公司	1987-02-24	成套设备	CJA87000LT	1990	日本TDK技术
833	印刷（发泡复合印刷）生产线	兰州塑料包装材料厂	日本	中村公司木机械回收公司	1985-11	生产线			
834	U-BIX1800Z载体，显影剂成套设备	汉光机械厂	日本	小西六写真工业株式会社	1985-12-23	成套设备	CJT-8514III		日本
835	磁带（半英寸VHS录像带）成套设备	宁波录像带制作公司	中国香港	香港瑞菱公司	1986-05-26	成套设备	CHKCG-6002	1987	
836	胶片挤压涂布设备	汕头感光化学厂	联邦德国	霍夫曼公司	1985-11	设备			德国霍夫曼公司
837	照相纸基涂塑生产线	福建厦门感光材料厂	联邦德国	阿维巴机械制造公司	1987-01-11	成套设备	F86GRTR/400-501CD		
838	彩色相纸920万平方米/年，彩色胶卷180万平方米/年	厦门感光材料工程	美国	伊斯曼柯达公司，美国福乐	1984-07-24		CVD-84036		
839	彩色感光材料生产线	广东汕头感光化学	日本	富士胶片公司	1985-12	成套设备	85ML-4077186CN	1988	日本富士胶片公司
840	彩色相纸生产成套设备和生产技术	汕头市感光工业公司	日本	富士胶片公司	1985-09-15	成套设备	85ML-4077185CN	1988	日本富士胶片公司
841	彩色感光材料生产线	广东汕头感光化学	日本	富士胶片公司	1985-06	成套设备	85ML-4077185CN	1987	日本富士胶片公司

续表

序号	项目名称	引进单位	国别(或地区)	厂商	生效日期	引进方式	合同号	建成期	采用技术
842	光刻胶及其配套试剂专有技术	北京化工厂	日本	富士汉特	1985-12	技术许可	CJHN-5216B-A	1988	日本富士汉特
843	胶片(印刷胶片)套纸制造设备	广州摄影化学材料厂	英国	菲利普公司	1985-11	设备		1987	英国菲利普公司
844	胶卷(135胶卷)包装生产线彩色扩印设备	保定第一胶片厂	英国	Sigma app 公司	1985-12	生产线			
845	胶片拉幅机	化工部第一胶片厂	日本	丸红、三菱重工	1994-12-03				日本三菱重工
846	胶片(缩微胶片)制造设备	保定第一胶片厂	中国香港	星海公司	1985-10	设备			
847	胶片(电影照相胶片和航空照相胶片) 2亿直线公尺	保定电影胶片厂	苏联		1958-08	成套设备			苏联
848	磁盘(软磁盘)生产线	保定第一胶片厂	美国	XIDEX公司	1985-12	设备		1988	美国XIDEX公司
849	胶片(彩色胶片)涂布关键设备	保定第一胶片厂	日本	日中经贸中心	1985-03-16	关键设备	CJA-85021LT		
850	胶片(彩色胶片)涂布生产线	保定第一胶片厂	日本	东方写真株式会社	1984-12-27	成套设备	CJA-84152LT		
851	彩色感光材料生产技术及专用设备	保定第一胶片厂	联邦德国	奥尔沃进出口贸易公司	1985-10-04	技术许可	85UMXH/50801SD	1987	德国
852	二氯甲烷回收装置	保定第一胶片厂	日本	伊藤忠(株)	1985-12	设备			

续表

序号	项目名称	引进单位	国别(或地区)	厂商	生效日期	引进方式	合同号	建成期	采用技术
853	胶片涂布机检测仪器	保定第一胶片厂	联邦德国	照相化学联合企业	1985-09	设备			德国照相化学联合公司
854	胶片（预涂感光版）技术及生产设备	保定第二胶片厂	美国	宝历光公司、杜马克工程公司	1986-01-15	技术许可	85UMXH/50323	1989	美国宝历光公司
855	胶卷（135胶卷）包装生产线	第二胶片厂	意大利	Farmomic公司	1985-12	生产线			
856	胶片（印制胶片）用实验设备仪器	第二胶片厂	美国	3M公司	1985-04	设备			
857	离子膜法生产烧碱AZEC电解槽专有技术	北京化工机械厂	日本	旭硝子株式会社	1984-11-22	技术许可	84UMXH/50307CN		日本旭硝子株式会社
858	离子膜法生产烧碱用复极式电解槽专有技术	北京化工机械厂	日本	旭化成株式会社	1984-07-09	技术许可	84UMXH/50302CN		日本旭化成株式会社
859	设备（全方位自动焊）	四川化工机械厂	日本	松田（株）	1985-04	设备			
860	化工专用设备	北京化工八厂	美国	文氏公司	1990-03-25	技术许可	RUGBT/S890215B		美国文氏
861	上位机	四川化工总厂	新加坡	Foxboro公司	1985-12	设备			
862	合成氨装置	锦西化工机械厂	日本	三菱重工业株式会社	1987-12-25	合作生产	87UMXH/50606CH		
863	设备（脱腊过滤机）制造技术	北京燕山石油化工公司	意大利	意大利埃姆科公司	1987-12-19	技术许可	87NKHI/395D3201CL		
864	密炼机组	益阳橡机厂	联邦德国	W.P公司	1985-12	设备			

续表

序号	项目名称	引进单位	国别(或地区)	厂商	生效日期	引进方式	合同号	建成期	采用技术
865	合作生产硫化机	广东省湛江机械厂	日本	三菱重工业株式会社	1992-08-29	成套设备	92INXH/39001JP		
866	喷雾干燥系统设计制造技术及设备	齐鲁石油化工公司	丹麦	安海达诺	1986-01-21	设备	85NKHI/394057CM		
867	橡机（冷暖料挤出机及数控机床）	沈阳橡机厂	联邦德国	COBURG公司	1985-12	设备			
868	硫酸不锈钢冷却器	大连化学公司	加拿大	开米蒂克斯国际分公司	1985-06	设备			
869	监测仪表	赤水天然气化工厂	美国	本卡门公司	1985-10	设备			
870	耐热合金炉管技术	四川化工机械厂	美国	阿贝克斯公司	1985-03	技术服务			
871	水果保鲜处理技术、设备	汕头水果品保鲜公司	意大利	ECCO公司	1985-12	设备			
872	塑料软管生产设备	上海轻工包装研究所	日本		1985-10	设备			
873	采矿"设备	昆阳碱厂	美国	卡特比洛公司	1985-12	设备			
874	橡机（微波硫化机）制造技术	湛江机械厂	联邦德国	Berstcrff公司	1985-12	技术			
875	喷雾干燥系统设计制造技术及设备	北京石油化工科学研究院	丹麦	安海达诺	1986-01-21	关键设备	85NKHI/394059CM		
876	纯氧活性污泥法污水处理成套设备	大庆石油化工总厂	联邦德国	林德股份有限公司	1985-01-31	成套设备	CGA-84159	1988	德国林德

续表

序号	项目名称	引进单位	国别(或地区)	厂商	生效日期	引进方式	合同号	建成期	采用技术
877	在线堵漏技术	上海高桥石油化工公司	美国	弗曼特公司	1985-04-03	技术许可	85NKHI/3950004CE		
878	保鲜膜生产线	浙江包装材料厂	联邦德国	麦芬豪公司	1985-12	生产线		1987	德国
879	氢气（水煤气生产氢气、一氧化碳）装置	北方工业总公司	日本	三井物产株式会社	1985-04-08	关键设备	84CN-3202		
880	计算机（超级小型计算机）	兰州化机院	日本	DN（株）	1985-04	设备			
881	硬质沥青补偿贸易	鞍钢化工总厂	澳大利亚	考伯斯有限公司	1981-09-16	顾问咨询	81YC203002		
882	合成气装置	大庆石油化工总厂	英国	戴维煤气动力有限公司	1978-12-01	成套设备	CEA-78390		
883	三废处理（纯氧活性污泥法污水处理）设备	齐鲁石油化工公司	联邦德国	林德股份有限公司	1984-10-20	成套设备	84NKHI/393002CD		
884	热水除氧器技术	湛江机械厂	美国	ENVIREX 公司	1985-11	技术			
885	保鲜设备生产线	广东中兴有限合营公司	澳大利亚	WENO 公司，LBI 公司	1985-10	合资经营			澳大利亚
886	计算机（化学工程和模拟软件）关键技术	化工部计算中心	美国	ASPEN TECHNOLOGYSO	1983-12-09	技术许可	83UMSH/50403HR		

续表

序号	项目名称	引进单位	国别(或地区)	厂商	生效日期	引进方式	合同号	建成期	采用技术
887	化学清洁保护补偿贸易	北京化工二厂	美国	S.C.约翰逊父子公司	1982-12-06	技术许可	BCA501		
888	农业开发项目	河北鹿县化肥厂	日本	东洋工程公司	1994	设备			
889	氧化氩氮技术设备	北京氧气厂	瑞士	Socsil 公司	1985-06	设备			
890	废气催化焚烧技术及设备	北京东方红化工厂	日本	三菱重工业株式会社	1985-07	关键设备	CJHM-5043B		
891	空分装置	渭河化肥厂	法国	孟山都国际销售公司	1992-03-07	成套设备	CFRC-91084		
892	氢回收系统设备	洞庭氮肥厂	美国	孟山都国际销售公司	1984-07-19	成套设备	CUA84042		
893	催化烟气能量回收技术及设备	湖北荆门炼油厂	联邦德国	M.A.N.GHH	1985-01-04	关键设备	84KHI/395015CD		
894	电雷管设备和生产技术	煤炭部火工局	瑞典	基托普硝基诺贝尔公司	1985-04-08	关键设备	CCSN-840079C		
895	三废处理(纯氧活性污泥法污水处理)设备	扬子石油化工公司	联邦德国	林德股份有限公司	1984-10-20	成套设备	84NKHI/393001CD		
896	氢回收系统设备	安庆石油化工公司	美国	孟山都国际销售公司	1984-07-19	成套设备	CUA84040		
897	SMC 和 SMC 部件专有技术	吉林省东风化工厂	美国	PC 国际公司	1988-11-08	技术许可	88QDQY/390302MR		PC 国际公司
898	氢回收系统设备	湖北化肥厂	美国	孟山都国际销售公司	1984-07-19	成套设备	CUA84043		

199

续表

序号	项目名称	引进单位	国别(或地区)	厂商	生效日期	引进方式	合同号	建成期	采用技术
899	氢回收系统设备	齐鲁石油化工公司	美国	孟山都国际销售公司	1986-12-01	成套设备	86NKHI/40160MR		
900	锅炉烟道气脱硫脱硝 447600 标立方米/小时	宁夏化工厂	日本	宁部兴产株式会社	1985-05-09	成套设备	CJA-50679	1985-05-09	采用 NH3 选择接触还原法脱 NOx 工艺
901	工艺流程模拟程序	北京石油化工工程公司	美国	科学模拟公司	1987-11-19	技术许可	87NKHI/705L3401MR		美国科学模拟公司
902	微处理机-控制毒气监视器技术	吉林化学工业公司仪表厂	美国	MDA 科学公司	1987-04-24	技术许可	86NAST/0492101lNR		
903	氢回收系统设备	广州石油化工总厂	美国	孟山都国际销售公司	1984-07-19	成套设备	CUA84039		
904	氢回收系统设备	大庆化肥厂	美国	孟山都国际销售公司	1984-07-19	成套设备	CUA84041		
905	制氮成套设备	辽阳化工总厂	日本	日立制作所	1979-09-30	成套设备	CJTE-90994		
906	氢回收系统设备	盐锦化肥厂	美国	孟山都国际销售公司	1984-07-19	成套设备	CUA84045		
907	计算机（设计计算程序）	兰州化肥厂	英国	Berkeley Nuclecr 公司	1985-12	技术服务			
908	盐田设计审查、供应采收成套设备	青海钾肥厂	美国	R.A 汉森公司	1985-05-22	成套设备	CUA-85056		
909	咨询（四川盆地东部寻找钾盐矿床技术咨询）	地质部	联邦德国	里麦克斯建设外贸公司	1986-11-27	顾问咨询	CDGAR/60806		

续表

序号	项目名称	引进单位	国别(或地区)	厂商	生效日期	引进方式	合同号	建成期	采用技术
910	培训（钾矿地球物理研究的科技培训）	化工部矿山局	联邦德国	里麦克斯建设外贸公司	1987-08-17	顾问咨询	87UMXH/50801SD		
911	咨询（为化肥合理化项目 DAP/NPK 造粒厂提供技术和服务）	云南氮肥厂	美国	戴维麦基公司	1989-07-10	技术许可	89UMXH/501055MR		
912	咨询（研究解决影响大庆乙烯装置生产能力因素的合同）	大庆石油化工总厂	美国	石伟公司(SWEC)	1988-07-05	顾问咨询	88NKHI/2004MR		
913	咨询（中国东部找钾矿科技咨询）	贵州瓮福磷矿	美国	雅格布斯公司	1985-11-11	顾问咨询	85UMXH/50803SD3201MR		
914	咨询（四套尿素装置技术和服务）	北京化工实验厂等	意大利	斯那姆吉提工程公司	1988-03-17	技术许可	87UMXH/50102CL		
915	咨询（编制可行性研究报告）	贵州瓮福磷矿	美国	雅格布斯公司	1985-11-11	顾问咨询	85UMXH/13201MR		
916	咨询（青海省察尔汉盐湖钾盐项目技术服务）	化工设计院	爱尔兰	雅各布斯公司	1981-12-28	顾问咨询	CJA-81045		
917	咨询（中国磷酸肥开发项目磷精矿浆管道运输系统）	贵州省瓮福磷矿	联邦德国		1989-06-24	技术许可	89UMXH/501004CD		

续表

序号	项目名称	引进单位	国别（或地区）	厂商	生效日期	引进方式	合同号	建成期	采用技术
918	咨询（催化裂化装置用集散系统技术咨询）	抚顺石油化工公司石油二厂	美国	SIMCON 公司	1985-07-27	顾问咨询	85NKHI/4750124MR		
919	咨询（特种树脂单体合成装置技术咨询和服务）	化工建设总公司	美国	艾氏公司	1983-07-14	顾问咨询	83UMXH/50701MR		
920	咨询（化学工程和模拟应用软件）	上海石化总厂设计院	美国	艾斯本技术公司	1989-12-26	技术许可	89NKHI/2031MR		
921	咨询（磷酸盐开发项目设计矿山设备维修系统咨询服务）	贵州省瓮福磷矿	美国	莫里森·克鲁森公司（MK）	1989-06-24	顾问咨询	89UMXN/501006MR		
922	空氧分离设备（3万立方米）	武汉钢铁公司	德国	林德股份有限公司	1990-10-30	合作生产	90ET/15-2602DE		
923	咨询（中化总公司与德国鲁奇公司协议）	扬子石油化工公司	联邦德国	鲁奇公司	1985-10-26	技术服务	85UMXH/50203CD		
924	咨询（化学工程软件应用和模拟用软件协议）	扬子石油化工公司研究院	美国	艾斯本技术公司	1990-03-24	技术许可	89ZOADA/39281		
925	咨询（中型化肥公司提高管理效率研究的咨询）服务	北京化工实验厂	中国香港	香港容永道管理顾问有限公司	1989-06-29	顾问咨询	89UMXH/5010（M）17CK		

续表

序号	项目名称	引进单位	国别（或地区）	厂商	生效日期	引进方式	合同号	建成期	采用技术
926	咨询（贵州瓮福磷矿"矿浆管道运输设计咨询）	化工矿山设计研究院	联邦德国	管道工程公司	1987-10-14	顾问咨询	87UMXH/501073		
927	咨询（磷酸盐开发项目监控管理咨询）服务	贵州省瓮福磷矿	美国	莫里森·克鲁森公司（MK）	1989-06-24	顾问咨询	89UMXH/501005CD		
928	咨询（ASME取证咨询）	吉林省化学工业公司机械厂	美国	哈特福特蒸汽锅炉检验保险公司	1989-08-04	顾问咨询	89JLC1-89048		
929	咨询（PROVOX系统技术）服务	石化科学研究院	美国	控制设备公司	1985-03-08	顾问咨询	85NKHI/39003CF		
930	空气分离设备（3万立方米）	武汉钢铁公司	德国	林德股份有限公司	1990-05-25	合作生产	90ZJ/15-2601DE		
931	咨询（建立经营XYTER产品技术）服务	北京石油化工科学研究院	美国	XYTER公司	1986-01-14	顾问咨询	85NKHI/394024MR		
932	炼油厂能源审计与诊断	北京燕山石化总公司	美国	计算机服务有限公司	1990-09-12	顾问咨询	90NKHI/4009MR		
933	大峪口矿肥结合技术顾问咨询）	武汉化工设计公司	美国	Chem Systems Inc	1987-10-14	顾问咨询	87LINXH/501074MR		
934	咨询（云南磷肥厂技术）服务	云南磷肥厂	联邦德国	国营外贸化学公司	1985-08-14	顾问咨询	85UMXH/50802SD		

注：摘自化工部决策信息计算机网《化工引进项目汇编》（1949—1995）。

第八节 台湾地区重要化工产品数量统计

表 2-100　1950—2000 年硫酸、盐酸、硝酸、烧碱、纯碱产量

单位：万吨

年份	硫酸	盐酸	硝酸	烧碱	纯碱
1950	2.31	0.24		0.40	0.04
1951	3.57	0.36		0.78	0.02
1952	4.05	0.53	0.005	0.89	0.06
1953	4.55	0.61	0.011	1.03	0.08
1954	5.19	1.00	0.089	1.44	0.12
1955	5.02	1.07	0.07	1.57	0.17
1956	6.56	1.21	0.29	2.00	0.25
1957	7.23	1.58	0.50	2.54	0.31
1958	5.88	1.69	0.57	2.57	0.31
1959	8.50	1.77	0.72	2.92	0.47
1960	8.38	2.21	0.79	3.23	1.13
1961	10.13	4.00	3.64	3.51	1.44
1962	11.60	5.87	3.24	3.52	1.22
1963	16.27	6.34	2.98	4.02	1.25
1964	20.20	8.54	4.26	5.04	1.48
1965	29.91	8.19	4.27	5.13	1.69
1966	28.80	9.13	3.84	4.97	2.86
1967	30.97	9.55	5.2	4.45	3.55
1968	34.58	11.25	5.72	3.95	3.47
1969	40.19	14.03	5.15	4.15	3.80
1970	45.17	12.64	7.07	4.64	4.26
1971	50.73	15.84	7.51	5.11	5.25
1972	53.05	16.50	7.74	6.77	5.42
1973	60.91	17.29	7.20	8.66	5.40
1974	54.71	16.33	6.45	8.97	5.97
1975	39.55	18.34	6.88	7.99	6.73
1976	44.93	19.17	5.17	9.19	7.44
1977	54.12	16.00	5.12	8.61	7.46
1978	68.52	18.02	5.82	12.14	7.18
1979	77.67	17.97	6.44	41.95	8.07
1980	76.92	17.87	6.53	40.01	9.25

续表

年份	硫酸	盐酸	硝酸	烧碱	纯碱
1981					
1982	68.50	19.09	5.30	36.52	
1983	67.79	21.24	6.68	29.59	
1984	76.18	22.64	7.09	35.16	
1985	73.30	22.78	9.67	39.16	
1986	72.73	24.2	10.89	33.51	
1987	74.18	25.06	9.82	29.49	
1988	66.38	25.51	9.19	30.99	
1989	76.79	21.73	10.94	16.72	
1990	65.76	23.41	11.12	22.34	
1991	77.63	26.49	5.26	24.41	
1992	71.46	27.27	3.9	26.52	
1993					
1994					
1995					
1996	86.50	20.70		47.80	
1997	91.80	21.00		49.10	
1998	88.60	21.80		50.40	
1999	84.80	20.30		73.40	
2000	102.10	21.50		110.50	

表 2-101　1950—2000 年液氯、氯酸钾、小苏打、氨、硫酸铵产量

单位：万吨

年份	液氯	氯酸钾	小苏打	氨	硫酸铵
1950	0.06			0.003	0.002
1951	0.16			0.14	0.50
1952	0.13			0.17	0.57
1953	0.18			0.17	0.58
1954	0.27			0.17	0.51
1955	0.28			0.15	0.44
1956	0.36			0.29	0.66
1957	0.31			0.70	1.54
1958	0.36			1.10	1.74
1959	0.61			1.33	2.21
1960	0.64			1.30	2.14
1961	0.82	0.03	0.12	1.32	2.95
1962	0.78	0.03	0.19	1.89	7.05

续表

年份	液氯	氯酸钾	小苏打	氨	硫酸铵
1963	0.82	0.03	0.17	2.93	11.14
1964	0.87	0.03	0.23	10.92	22.53
1965	1.03	0.03	0.17	15.38	29.36
1966	1.37	0.03	0.22	15.44	28.76
1967	1.46	0.03	0.21	16.49	33.08
1968	1.33	0.06	0.29	17.19	38.22
1969	1.63	0.09	0.49	14.70	41.84
1970	1.32	0.08	0.63	15.58	39.79
1971	1.56	0.13	0.85	17.82	40.11
1972	1.78	0.16	0.29	15.92	39.5
1973	2.00	0.21	0.27	14.52	52.86
1974	2.30	0.20	0.25	34.92	48.16
1975	2.36	0.18	0.30	15.33	46.77
1976	2.71	0.12	0.52	38.89	45.89
1977	3.07	0.16	0.69	39.60	49.20
1978	2.58	0.14	0.65	53.36	52.91
1979	2.82	0.21	0.62	47.56	55.63
1980	3.36	0.18	0.59	50.41	53.86
1981					
1982	2.43	0.17		38.64	37.33
1983	2.61	0.20		37.79	38.14
1984	2.79	0.13		32.66	43.4
1985	3.13	0.15		25.16	50.73
1986	3.19	0.19		32.27	60.36
1987	3.38	0.16		29.6	48.54
1988	1.89	0.15		33.87	48.43
1989	0.59	0.08		24.64	52.37
1990	0.55	0.08		26.27	50.95
1991	0.57	0.17		29.55	47.81
1992	0.57	0.17		27.17	44.52
1993					
1994					
1995					
1996				30.60	50.10
1997				32.20	56.10
1998				28.10	58.90
1999				17.80	57.50
2000				1.30	68.60

表 2-102 1950—2000 年尿素、硝酸铵钙、过磷酸钙、复合肥料、苯产量

单位：万吨

年份	尿素	硝酸铵钙	过磷酸钙	复合肥料	苯
1950			3.78		
1951			5.42		
1952			6.21		
1953			6.91		
1954			7.80		
1955			8.02		
1956			10.07		
1957		0.19	10.36		
1958		3.25	10.38		
1959	0.66	4.34	11.88		
1960	3.74	4.31	12.15		
1961	4.45	5.30	13.00		0.09
1962	7.54	5.80	14.37		0.07
1963	7.60	5.51	17.22		0.14
1964	13.73	6.32	18.49	1.54	0.14
1965	18.5	4.86	19.59	2.10	0.20
1966	18.93	4.31	21.20	2.94	0.30
1967	19.48	6.42	2035	3.84	0.29
1968	20.41	7.53	20.39	6.51	0.28
1969	25.88	5.37	19.65	12.47	0.38
1970	17.98	4.56	19.00	14.18	0.47
1971	13.97	1.83	19.46	15.46	0.48
1972	20.12	1.07	20.45	22.02	0.77
1973	18.04	2.29	20.12	21.58	1.97
1974	17.75	3.66	23.43	18.98	1.49
1975	17.71	3.06	20.72	25.51	2.16
1976	19.15	1.14	19.55	26.33	5.75
1977	20.50	1.81	19.02	27.14	7.52
1978	36.57	1.28	17.48	25.38	13.04
1979	31.17	0.90	20.79	31.17	15.28
1980	34.34	2.36	20.70	34.26	14.48
1981					
1982	17.54			29.79	11.42
1983	17.05			33.20	16.07
1984	17.86			36.30	24.8

续表

年份	尿素	硝酸铵钙	过磷酸钙	复合肥料	苯
1985	13.90			30.08	28.39
1986	21.36			37.12	28.44
1987	24.45			41.98	28.65
1988	30.65			47.03	30.23
1989	23.68			48.79	29.87
1990	22.91			52.45	28.24
1991	20.61			57.34	23.36
1992	22.09			60.31	26.69
1993					
1994					
1995					
1996			31.00		
1997			28.70		50.61
1998			28.50		41.50
1999			28.10		
2000			31.00		

表2-103 1961—2000年甲苯、二甲苯、甲醇、甲醛、乙烯产量

单位：万吨

年份	甲苯	二甲苯	甲醇	甲醛	乙烯
1961	0.13	0.03		0.27	
1962	0.10	0.04		0.33	
1963	0.26	0.12		0.68	
1964	0.17	0.03		1.02	
1965	0.31	0.10		1.81	
1966	0.63	0.40	1.06	2.19	
1967	0.71	0.55	1.91	2.49	
1968	0.77	0.58	1.65	3.62	1.45
1969	0.90	0.79	1.91	4.11	3.44
1970	1.28	0.93	3.23	5.10	3.53
1971	1.70	1.43	5.35	6.54	4.56
1972	2.56	2.49	6.06	5.88	5.45
1973	3.87	3.80	8.88	11.01	5.69
1974	4.09	3.60	8.29	7.49	7.24
1975	4.40	4.78	8.82	8.61	9.26
1976	5.13	5.15	11.71	9.05	22.78

续表

年份	甲苯	二甲苯	甲醇	甲醛	乙烯
1977	5.86	5.51	11.72	11.03	29.52
1978	9.55	13.17	12.43	13.66	36.60
1979	13.37	28.55	10.81	14.93	44.48
1980	15.29	24.91	11.54	12.78	50.75
1981					
1982	9.82	19.97		8.56	45.18
1983	9.98	23.97		7.93	49.90
1984	16.97	29.09		18.9	65.97
1985	14.91	27.00		16.65	79.25
1986	13.82	23.65		20.41	87.81
1987	9.00	23.46		20.83	82.26
1988	4.60	16.36		20.95	85.15
1989	1.28	21.25		19.98	76.59
1990	2.35	22.11		21.50	77.57
1991	3.01	20.69		22.53	70.92
1992	1.74	21.51		21.64	73.39
1993					
1994					
1995					
1996	2.40				90.50
1997	6.60	54.19	4.68		95.94
1998	2.50	45.92	2.21		93.52
1999	3.30				129.70
2000	4.40				159.20

表 2-104 1950—2000 年氯乙烯单体、对苯二甲酸二甲酯、电石、聚氯乙烯、聚乙烯产量

单位：万吨

年份	氯乙烯单体	对苯二甲酸二甲酯	电石	聚氯乙烯	聚乙烯
1950			0.49		
1951			0.43		
1952			0.49		
1953			0.54		
1954			0.53		
1955			0.44		
1956			0.42		
1957			0.61	0.10	

续表

年份	氯乙烯单体	对苯二甲酸二甲酯	电石	聚氯乙烯	聚乙烯
1958			0.68	0.14	
1959			1.00	0.23	
1960			1.77	0.34	
1961			3.15	0.73	
1962			2.25	1.14	
1963			4.50	1.68	
1964			6.21	2.32	
1965			7.20	2.53	
1966			11.48	4.65	
1967			11.98	6.18	
1968			13.32	6.77	1.86
1969			14.01	6.81	3.57
1970			14.41	10.66	3.59
1971	1.21		15.37	13.38	3.94
1972	2.40		14.09	17.18	4.16
1973	2.82	0.67	13.56	16.24	3.62
1974	3.08	1.35	13.25	13.73	4.61
1975	7.29	1.90	10.82	18.24	6.40
1976	21.10	2.46	8.07	27.26	10.67
1977	26.96	3.75	7.20	31	12.15
1978	31.64	3.75	8.01	40.26	14.39
1979	31.67	4.05	8.33	40.69	15.46
1980	40.52	3.36	8.08	45.45	15.18
1981					
1982	43.43		5.70	46.23	19.2
1983	45.82		6.10	53.04	18.79
1984	49.26		6.96	63.96	26.98
1985	53.67		7.34	59.89	35.04
1986	66.81		7.77	72.41	39.99
1987	69.85		7.86	77.31	37.47
1988	70.76		6.98	77.93	29.02
1989	66.22		6.11	80.54	34.37
1990	66.52		5.26	92.10	35.96
1991	59.46		4.90	97.84	33.43
1992	65.01		5.34	104.26	36.01
1993					

续表

年份	氯乙烯单体	对苯二甲酸二甲酯	电石	聚氯乙烯	聚乙烯
1994					
1995					
1996				110.50	47.40
1997	34.45			115.95	47.73
1998	36.16			117.79	49.7
1999				139.70	63.1
2000				138.70	54.9

表 2-105　1950—2000 年聚苯乙烯、涂料、颜料、染料、汽车外胎产量

年份	聚苯乙烯/万吨	涂料/万吨	颜料/万吨	染料/万吨	汽车外胎/万条
1950		0.18			
1951		0.20			
1952		0.21			
1953		0.15		0.01	
1954		0.22		0.01	
1955		0.27		0.01	
1956		0.31		0.01	
1957		0.34		0.01	
1958		0.44		0.01	
1959		0.50		0.01	0.2
1960		0.49		0.01	2.1
1961		0.46	0.03	0.02	5.5
1962		0.48	0.03	0.03	9.6
1963		0.61	0.04	0.04	9.7
1964		0.70	0.05	0.04	13.5
1965	0.02	0.81	0.05	0.04	15.2
1966	0.15	0.92	0.06	0.06	22.9
1967	0.16	1.2	0.07	0.11	23.9
1968	0.17	1.45	0.08	0.19	45.9
1969	0.20	1.77	0.09	0.25	47.2
1970	0.27	1.79	0.12	0.27	56.9
1971	0.94	2.27	0.19	0.27	72.5
1972	1.27	2.64	0.27	0.22	78.0
1973	1.84	2.86	0.23	0.24	84.4
1974	1.56	2.28	0.24	0.24	78.5

续表

年份	聚苯乙烯/万吨	涂料/万吨	颜料/万吨	染料/万吨	汽车外胎/万条
1975	1.82	2.81	0.37	0.23	74.9
1976	2.70	2.91	0.43	0.29	91.1
1977	3.47	3.50	0.64	0.27	107.2
1978	5.01	4.48	0.89	0.45	134.2
1979	5.08	4.96	1.29	0.61	164.7
1980	5.55	7.91	1.34	0.75	171.7
1981					
1982	8.34	9.74	1.32	0.93	222
1983	10.02	10.75	1.34	1.40	298.4
1984	13.11	12.34	1.58	1.82	375.3
1985	13.82	13.04	1.81	1.92	423.8
1986	20.58	18.42	2.52	1.94	538.2
1987	23.37	22.90	3.35	2.20	626.2
1988	23.81	24.66	2.91	2.58	714.2
1989	31.99	21.39	3.40	3.01	751.3
1990	28.81	23.89	5.44	3.30	826.3
1991	47.6	24.65	5.95	3.84	853.0
1992	52.23	29.02	6.74	3.35	944.6
1993					
1994					
1995					
1996	80.80	42.90			
1997	79.04	46.80			
1998	79.01	43.10			
1999	78.40	42.70			
2000	74.80	40.60			

国外化工篇

【说明】

1. 俄罗斯化学农药、燃料、氨产量，1989年以前为苏联数据；
2. 俄罗斯聚氯乙烯、聚乙烯产量，1990年以前为苏联数据；
3. 俄罗斯甲醇、乙烯、轮胎产量，1991年以前为苏联数据；
4. 俄罗斯烧碱、纯碱、电石、纯苯、塑料、合成橡胶、涂料产量，1992年以前为苏联数据；
5. 俄罗斯硫酸、氮肥、磷肥、钾肥、磷矿产量，1993年以前为前苏联数据；
6. 德国产量，1992年以前为联邦德国数据。

表3-1　1979—1998年美、俄、日、德、英、法、印硫酸产量（折100%）

单位：万吨

年份	美国	俄罗斯	日本	德国	英国	法国	印度
1979	1124				350	496	257
1980	1079				338	481	197
1981	3668				280	437	220
1982	2913	2380	653	375	259	403	234
1983	3092	2470	666	370	283	416	233
1984	3589	2530	646	380	265	449	279
1985	3458	2600	658	363	252	431	271
1986	3118	2790	657	368	233	396	293
1987	3346	2850	654	357	216	414	314
1988	3874	2943	676	449	227	408	316
1989	3916	2830	689	448	215	416	365
1990	4013	2730	688	372	197	377	423
1991	3919	2450	707	340	185	377	470
1992	4452	2120	720	380	157	328	426
1993	3935	1625	696	345	127	250	373
1994	4481	989	662	338	123	223	393
1995	4752	1116	690	353	129	238	440
1996	4777	975	685	398	120	226	450
1997	4802	1051	683	350	121	224	517
1998	4758		674	306			

表 3-2　1979—2001 年美、日、德、英、法、意硝酸产量（折 100%）

单位：万吨

年份	美国	日本	德国	英国	法国	意大利
1979	716.8	66.4	314.6	290.9		107.0
1980	792.8	56.5	317.4	281.9		101.1
1981	823.3	50.8	288.6	297.3		100.6
1982	628.1	52.0	228.8	308.4		100.0
1983	662.1	54.0	262.3	314.5		103.9
1984	725.6	56.9	285.4			109.9
1985	716.5	56.7	288.7			116.9
1986	595.6	55.2	281.7			109.1
1987	644.7	57.3	264.1			117.9
1988	716.4	61.8	231.4			117.1
1989	723.3	64.3	218.4			110.6
1990	703.7	69.7	188.1			104.1
1991	683.3	71.2	134.2			98.3
1992	813.6	70.5	130.3			93.7
1993	852.5	69.2	199.3			72.4
1994	871.4	68.8	202.3		156.0	53.12
1995	884.0	71.2	230.6		150.0	58.75
1996	920.5	67.4	219.5		155.0	54.43
1997	943.3	68.1	220.5			56.02
1998	937.4	64.4	219.2			47.99
1999	894.5	63.3	5026.0			951.0
2000	847.9	65.4	5372.0			1227.0
2001	782.3	61.7	4716.0			1240.0

表 3-3　1979—2005 年美、俄、日、德、英、法、印烧碱产量（折 100%）

单位：万吨

年份	美国	俄罗斯	日本	德国	英国	法国	印度
1979	1124.0	272.0	302.0	342.0		141.0	57.0
1980	1079.0	276.0	303.0	318.0		133.0	55.0
1981	945.0	276.0	286.0	304.0		131.0	61.0
1982	892.0	277.0	279.0	286.0		133.0	61.0
1983	961.0	285.0	286.0	310.0		139.0	61.0
1984	1007.0	297.0	309.0	336.0		149.0	65.0
1985	978.0	306.0	307.0	344.0		145.0	68.0

续表

年份	美国	俄罗斯	日本	德国	英国	法国	印度
1986	999.0	323.0	308.0	339.0		150.0	73.0
1987	1046.0	328.0	323.0	342.0		142.0	95.0
1988	1089.0	332.0	351.0	345.0		148.0	96.0
1989	1006.0	319.0	367.0	335.0		153.0	98.0
1990	1061.0	298.0	392.0	327.0		143.0	99.0
1991	1106.0	275.0	391.0	310.0		133.0	
1992	1225.0	183.6	387.0	294.0		147.0	104.0
1993	1249.0	142.0	378.0	312.0		147.0	125.0
1994	1254.0	114.0	379.0	337.0	80.6	156.0	139.0
1995	1141.0	116.0	400.0	345.0	77.4	150.0	153.0
1996	1156.0		406.0	337.0	80.0	155.0	154.0
1997	1197.0		439.0	304.0	100.3	155.0	142.0
1998	1150.0		425.0	273.0			
1999	1319.9		434.5				
2000	1151.8		447.1				
2001	1068.7		429.1				
2002			427.1				
2003			436.9				
2004							
2005		123.3					

表 3-4　1979—2005 年美、俄、日、德、法、印纯碱产量（折 100%）

单位：万吨

年份	美国	俄罗斯	日本	德国	法国	印度
1979	749	478		138	155.0	
1980	750	478		141	155.0	
1981	751	486		119	160.0	
1982	717	476	135	110	99.8	110
1983	768	510	136	122	99.8	122
1984	757	512	118	136	89.8	136
1985	771	503	116	141	89.8	141
1986	780	515	110	140		104
1987	807	516	104	145		145
1988	867	509	106	140		140
1989	898	492	102	111		144
1990	901	436	109	113		144

续表

年份	美国	俄罗斯	日本	德国	法国	印度
1991	930	401	103	110		137
1992	1042	268	106	124		135
1993	990	199	106	158		140
1994	1028	158	105	138		151
1995	1103	182	105	216		152
1996	1073		93	236		154
1997	1184		80	229		163
1998	1068		72	262		
1999	1124.6					
2000	1124.6					
2001	1135					
2002						
2003						
2004						
2005		258.2				

表 3-5 1979—2008 年美、俄、日、德、法、意氨产量

单位：万吨

年份	美国	俄罗斯	日本	德国	法国	意大利
1979	1645	1493	283	262	265	180
1980	1782	1673	257	249	251	201
1981	1730	1789	223	239	271	194
1982	1406	1776	201	190	230	164
1983	1351	2055	188	201	236	144
1984	1451	2149	203	236	235	147
1985	1492	2217	198	229	200	147
1986	1272	2382	179	188	202	189
1987	1467	2423	178	231	202	171
1988	1538	2444	182	217	183	172
1989	1532	1268	183	208	148	175
1990	1539	1259	183	162	148	148
1991	1544	1193	185	188	140	131
1992	1792	1053	179	158	148	136
1993	1720	990	171	210	148	88
1994	1787	884	171	263	148	61
1995	1740	966	183	252	148	59

续表

年份	美国	俄罗斯	日本	德国	法国	意大利
1996	1776		181	249	156	
1997	1789		184	247	151	
1998	1975		169	249		
1999	1733.7		168.5			
2000	1680.6		171.5			
2001	1304.6		160.4			
2002			145			
2003			129.1			
2004			134			
2005	1014.1	1242.2	131.8			
2006	1035.9		132.8			
2007	1038.6		135.5			
2008	966.9		126.2			

表3-6　1981/1982—2005/2006年度美、俄、日、德、英、法、印氮肥产量

单位：万吨

年度	美国	俄罗斯	日本	德国	英国	法国	印度
1981/1982	900	1058	125	111	127	155	314
1982/1983	940	1148	113	99	139	153	343
1983/1984	940	1287	108	111	137	160	349
1984/1985	1137	1314	121	119	136	169	392
1985/1986	946	1400	105	112	121	169	432
1986/1987	955	1499	99	102	132	153	541
1987/1988	1183	1554	99	112	111	144	547
1988/1989	1269	1560	98	92	110	145	671
1989/1990	1222	1423	95	79	95	146	675
1990/1991	1026	1309	96	116	93	152	699
1991/1992	1356	992	93	110	93	164	730
1992/1993	1401	571	91	133	75	134	743
1993/1994	1442	448	87	127	80	152	723
1994/1995	1402	413	89	111	70	145	794
1995/1996	1424	486	87	129	80	154	877
1996/1997	1524	490	88	131	80	153	859
1997/1998				109			
1998/1999	1349.22	462.95	79.94	117.50	95.80	147.00	1047.73
1999/2000	1266.85	511.09	80.24	119.46	96.50	145.00	1075.71

续表

年度	美国	俄罗斯	日本	德国	英国	法国	印度
2000/2001							
2001/2002							
2002/2003							
2003/2004							
2004/2005							
2005/2006		672.16					

表3-7 1981/1982—2005/2006年度美、俄、日、德、英、法、印磷肥产量

单位：万吨

年度	美国	俄罗斯	日本	德国	英国	法国	印度
1981/1982	709	634	58	56	35	130	97
1982/1983	729	656	63	56	32	120	100
1983/1984	872	688	65	55	33	123	108
1984/1985	968	709	64	49	35	117	134
1985/1986	778	783	62	45	29	102	146
1986/1987	813	848	59	38	26	100	169
1987/1988	813	884	55	36	20	96	169
1988/1989	952	916	50	33.9	25	94	229
1989/1990	955	897	45	30.7	17	96	183
1990/1991	1009	856	43	24	13	92	209
1991/1992	1114	770	43	21	9	93	260
1992/1993	1068	300	39	19	10	73	236
1993/1994	1022	251	38	17	8	70	191
1994/1995	1106	172	34	19	9	67	259
1995/1996	1050	193	31	20	9	67	263
1996/1997	1090	157	28	20	9	68	260
1997/1998				5.8			
1998/1999	903.1	168.8	24.9	18.4		43.4	318.6
1999/2000	847.0	200.1	23.3	18.5		43.6	317.3
2000/2001							
2001/2002							
2002/2003							
2003/2004							
2004/2005							
2005/2006		276.5					

表 3-8 1981/1982—2005/2006 年美、俄、德、加、法钾肥产量

单位：万吨

年度	美国	俄罗斯	德国	加拿大	法国
1981/1982	164	845	229	604	173
1982/1983	169	808	223	538	160
1983/1984	150	829	257	715	169
1984/1985	128	978	263	729	173
1985/1986	95	1037	238	652	172
1986/1987	121	1023	206	704	155
1987/1988	136	1089	294	784	156
1988/1989	111	1130	227	809	141
1989/1990	133	1023	229	678	119
1990/1991	165	904	219	700	130
1991/1992	94	856	390	701	113
1992/1993	94	345	353	729	114
1993/1994	84	260	286	729	89
1994/1995	83	250	329	906	87
1995/1996	84	281	328	807	80
1996/1997	83	262	333	807	75
1997/1998					
1998/1999	90	346	861	42	
1999/2000	87	405	823	31	
2000/2001					
2001/2002					
2002/2003					
2003/2004					
2004/2005					
2005/2006		712.5			

表 3-9 1979—1997 年美、俄、日、德化学农药产量

单位：万吨

年份	美国	俄罗斯	日本	德国
1979	68.1	28.4	10.2	22.8
1980	66.7	28.5	9.4	15.5
1981	66.0	29.9	8.1	15.8
1982	50.4	31.6	8.6	13.4
1983	46.1	33.2	9.9	14.9

续表

年份	美国	俄罗斯	日本	德国
1984		34.3	9.8	16.7
1985	63.9	34.8	9.2	16.1
1986	49.9	33.2	7.6	14.5
1987	46.3	32.7	8.6	11.8
1988	52.8	31.7	8.7	13.0
1989	55.9	16.2	9.1	12.8
1990	59.0	11.1		25.2
1991	53.6	8.7		20.5
1992	49.0	6.5		19.2
1993	56.8	3.9		
1994	59.9			
1995	56.8			
1996	42.3		38.6	
1997	42.6		34.8	

表 3-10 1979—2006 年美、日、德、意醋酸产量

单位：万吨

年份	美国	日本	德国	意大利
1979	151.3	50.2	34.4	18.1
1980	135.2	41.7	28.7	19.6
1981	122.8	36.5	29.4	18.2
1982	124.8	35.3	25.5	15.8
1983	113.5	32.8	26.8	10.9
1984	119.8	35.0	30.3	6.4
1985	129.4	34.4	29.7	5.9
1986	133.1	30.0	29.7	5.3
1987	146.5	37.7	31.9	6.4
1988	143.6	40.1	34.2	6.7
1989	173.9	43.2	31.9	4.8
1990	170.5	46.1	32.2	0.9
1991	163.9	45.8	32.0	0.9
1992	163.2	45.1	32.7	0.9
1993	151.0	48.4	34.1	0.9
1994	180.9	51.9	40.6	0.9
1995	212.6	57.4	47.4	0.5
1996	216.8	59.9	42.9	

续表

年份	美国	日本	德国	意大利
1997	220.2	62.0	42.1	
1998		65.4	33.4	
1999				
2000				
2001		59.4		
2002		56.9		
2003		59.2		
2004		58.1		
2005		59.9		
2006		59.7		

表3-11 1979—1996年美、俄、日、德电石产量（以300升/千克计）

单位：万吨

年份	美国	俄罗斯	日本	德国
1979	23.6	79.1	56.9	128.6
1980	23.5	76.6	55.0	128.5
1981	25.3	69.9	49.0	127.2
1982	17.5	67.8	48.3	126.0
1983	18.6	65.8	47.6	126.1
1984	20.4	64.6	47.8	126.1
1985	20.9	60.9	44.5	121.6
1986	19.4	63.2	39.9	115.6
1987	20.9	65.9	35.4	
1988		68.0	34.3	
1989		53.2	34.4	
1990		50.7	29.4	
1991		54.0	30.3	
1992		22.8	27.0	
1993		22.9	24.5	30.0
1994		17.0	24.6	28.5
1995		15.3	27.3	29.4
1996			26.3	

表 3-12　1979—2005 年美、俄、日、德、意、法甲醇产量

单位：万吨

年份	美国	俄罗斯	日本	德国	意大利	法国
1979	336.9	177.4	94.0	87.1	17.2	34.1
1980	324.7	190.0	83.6	82.3		34.4
1981	389.4	203.0	73.4	69.2		34.1
1982	342.9	198.9	62.5	70.9		34.7
1983	335.9	217.4	37.3	65.6		34.7
1984	385.9	246.7	28.0	68.3		32.7
1985	299.6	285.0	25.4	59.1		
1986	327.1	321.9	22.1	46.2		
1987	331.1	328.4	18.1			
1988	305.5	321.1	14.1			
1989	324.2	333.1	8.1	69.7		
1990	362.6	323.3	8.4	75.1		
1991	392.9	232.2	7.7	75.3		
1992	366.9	212.3	3.4	76.8		
1993	478.6	210.0	5.8	120.2		
1994	490.9	199.5	4.3	143.8		
1995	489.2	152.2	7.5	142.6		
1996	533.5		0.8	154.7		
1997	581.1			141.0		
1998	569.8			159.6		
1999						
2000						
2001						
2002						
2003						
2004						
2005		290.0				

表 3-13　1979—2009 年美、俄、日、德、英、法、意、加乙烯产量

单位：万吨

年份	美国	俄罗斯	日本	德国	英国	法国	意大利	加拿大
1979	1326.7	164.2	478.2	354.7	127.5	224.8	118.2	101.4
1980	1301.2	177.2	417.5	306.6	109.4	207.3	107.2	119.7
1981	1335.6	209.3	366.5	288.7	123.6	185.7	91.3	133.0

续表

年份	美国	俄罗斯	日本	德国	英国	法国	意大利	加拿大
1982	1112.3	213.2	359.8	263.7	107.9	186.9	91.1	101.3
1983	1316.6	226.7	268.8	310.9	115.3	207.2	96.5	119.6
1984	1461.9	254.3	438.6	322.0	115.4	207.9	113.7	146.4
1985	1393.8	266.7	422.4	302.4	144.5	215.6		174.4
1986	1489.6	279.9	429.1	266.4	147.3	226.1		190.0
1987	1588.5	293.1	458.5	277.8	179.6	241.5		214.0
1988	1659.8	317.5	505.7	312.8	202.7	243.4		234.6
1989	1586.7	313.7	560.3	299.1	197.3	252.5		231.7
1990	1701.3	306.5	580.9	307.2	149.2	206.5		243.4
1991	1780.8	214.9	614.2	305.9	176.2	241.5		242.5
1992	1857.9	196.0	610.3	333.5	193.5	264.6		252.1
1993	1872.5	172.6	577.3	390.5	116.1	254.2		253.6
1994	2021.8	140.6	612.5	418.3	129.2	279.7		271.6
1995	2123.6	159.6	694.4	416.3	116.7	266.7		313.0
1996	2223.5		713.7	381.5	124.5	272.3		320.2
1997	2310.9		741.6	418.6	134.9			324.1
1998	2349.5		707.6	426.9				330.3
1999	2530.0		768.7					388.1
2000	2510.0		761.4					406.9
2001	2250.0		736.1					426.1
2002	2380.0	200.0	715.2					473.4
2003	2300.0		736.7					472.9
2004	2568.2		758.0					509.5
2005	2397.4	210.1	761.8					585.5
2006	2541.2		752.2					
2007	2328.7		773.9					
2008	2255.0		716.3					
2009	2245.0		677.0					

表3-14 1979—2006年美、俄、日、德、英、法、意、加纯苯产量

单位：万吨

年份	美国	俄罗斯	日本	德国	英国	法国	意大利	加拿大
1979	516.8	160.5	217.9	115.3	111.6	63.6	56.0	49.3
1980	529.7	164.4	206.0	91.8	99.9	54.7	44.9	56.0
1981	447.5	169.8	189.9	92.0	85.7	50.0	42.3	57.1
1982	357.2	169.0	181.5	102.5	62.5	51.5	39.3	51.4

续表

年份	美国	俄罗斯	日本	德国	英国	法国	意大利	加拿大
1983	434.5	185.3	193.8	133.4	79.1	62.3	51.8	58.0
1984	467.9	195.6	221.7	143.6	80.5	60.9	53.5	54.9
1985	495.9	197.6	227.9	123.6	83.4	63.5	48.9	69.1
1986	464.4	213.9	226.0	131.3	85.9	60.4	50.3	63.5
1987	529.8	225.6	241.6	150.5	91.0	65.3	59.6	72.0
1988	537.5	224.5	260.3	160.5	94.1	70.1	62.8	69.5
1989	529.8	225.0	290.5	156.3	104.1	66.9	65.1	67.0
1990	518.4	208.0	301.1	149.1	83.8	65.1	63.1	76.5
1991	534.8		328.6	154.0	50.6	70.0	52.3	21.2
1992	563.0		352.7	153.6	77.9	73.4	51.6	68.6
1993	612.0		332.7	151.7	37.1	72.8	59.9	68.5
1994	688.0		362.0	194.2	52.2	76.5		77.0
1995	691.0		401.3	254.3	66.4	79.2		78.1
1996	675.0		417.7	257.1	57.8	89.5		75.8
1997	746.0		450.2	259.4	56.5	88.3		71.5
1998			420.3					
1999			445.9					80.5
2000			442.5					85.9
2001			426.1					75.1
2002		96.0	431.3					84.9
2003			455.1					84.3
2004								91.5
2005		118.9	498.8					82.6
2006			478.4					

表3-15　1982—2005年美、俄、日、德、英、法、意塑料产量

单位：万吨

年份	美国	俄罗斯	日本	德国	英国	法国	意大利
1982	1660.5	403.0	713.5	627.4	173.4	312.4	239.5
1983	1940.4	440.0	781.2	703.2	177.4	332	272
1984	2101.8	480.0	891.4	740.8	185.4	331.4	279.5
1985	2174.8	500.0	923.2	763.5	197.9	344.0	264.0
1986	2306.6	530.0	937.4	784.0	195.5	367.0	266.2
1987	2530.7	550.0	1003.2	830.0	200.0	390.0	300.0
1988	2673.0	587.6	1101.6	890.0	190.0	407.0	290
1989	2654.9	573.0	1191.2	907.8	203.2	425.9	301

续表

年份	美国	俄罗斯	日本	德国	英国	法国	意大利
1990	2810.5	550.0	1264.9	937.1	200.0	430.0	301.5
1991	2851.7	506.6	1279.6	899.6	220.0	439.9	302.0
1992	2605.0	335.0	1258.0	850.0	220.0	430.0	300.0
1993	3123.2	290.0	1224.8	994.8	207.6	480.0	310.0
1994	3414.2	280.0	1303.6	1113.0	218.0	505.0	320.0
1995	3580	250.0	1402.7	1110.0	266.5	510.0	348.0
1996	3995.1	240.0	1466.0	1087.0	295.5	530.0	350.0
1997	4250.0	240.0	1520.9	1186.0	310.0	580.0	355.0
1998	4334.7		1390.9	1285.8	245.1	600.0	396.0
1999	4533.1		1456.7	1480.0	273.2	625.0	396.0
2000	4539.4		1473.6	1550.0	266.1	650.0	399.0
2001	4595.8		1388.1	1560.0	265.6	654.7	384.0
2002	4875.5		1384.8	1650.0	240.6	675.1	384.0
2003	4851.3		1397.8	1680.0	277.4	672.5	371.0
2004	3953.9						
2005	3963.9						

表 3-16　1979—2006 年美、俄、日、德、英、法、意聚氯乙烯产量

单位：万吨

年份	美国	俄罗斯	日本	德国	英国	法国	意大利
1979	278.1	39.3	159.2	108.8	42.8	78.3	69.5
1980	248.6	39.8	142.9	95.3	34.4	72.5	66.0
1981	259.1	40.4	112.9	91.9	33.0	71.0	58.3
1982	241.8	38.3	121.8	86.5		78.6	58.5
1983	286.0	41.4	142.0	109.0		81.7	63.2
1984	306.9	46.7	150.3	113.2		79.0	67.8
1985	295.0	45.5	154.9	121.0		80.0	61.6
1986	326.8	52.5	152.0	124.7		86.5	63.9
1987	361.9	52.0	166.3	131.9		92.5	62.7
1988	379.1	57.6	183.8	140.9		101.6	77.9
1989	384.9	61.9	196	133.8		106.7	72.5
1990	412.6	49.0	204.8	131.2		102.8	61.8
1991	416.2	48.1	205.5	116.2		104.9	61.7
1992	453.1	42.6	198.3	114.2		109.6	61.7
1993	465.3	35.3	198.0	121.0		115.0	61.2
1994	531.7	33.2	211.1	126.4	36.32	117.8	59.84

续表

年份	美国	俄罗斯	日本	德国	英国	法国	意大利
1995	558.2	28.3	227.4	126.4	36.96	108.8	57.48
1996	600.2		251.1	130.0	43.45	118.5	62.74
1997	639.4		262.3	139.2	45.49	123.0	62.97
1998				127.4			59.97
1999							
2000			241.0				
2001			219.5				
2002			222.5				
2003			216.4				
2004							
2005			215.1				
2006			214.6				

表3-17 1979—2006年美、俄、日、德、英、法、意聚乙烯产量

单位：万吨

年份	美国	俄罗斯	日本	德国	英国	法国	意大利
1979	278.1	39.3	159.2	108.8	42.8	78.3	69.5
1980	248.6	39.8	142.9	95.3	34.4	72.5	66.0
1981	259.1	40.4	112.9	91.9	33.0	71	58.3
1982	241.8	38.3	121.8	86.5		78.6	58.5
1983	286.0	41.4	142.0	109		81.7	63.2
1984	306.9	46.7	150.3	113.2		79.0	67.8
1985	295.0	45.5	154.9	121.0		80.0	61.6
1986	326.8	52.5	152.0	124.7		86.5	63.9
1987	361.9	52.0	166.3	131.9		92.5	62.7
1988	379.1	57.6	183.8	140.9		101.6	77.9
1989	384.9	61.9	196.0	133.8		106.7	72.5
1990	412.6	49.0	204.8	131.2		102.8	61.8
1991	416.2	48.1	205.5	116.2		104.9	61.7
1992	453.1	42.6	198.3	114.2		109.6	61.7
1993	465.3	35.3	198.0	121.0		115.0	61.2
1994	531.7	33.2	211.1	126.4	36.32	117.8	59.84
1995	558.2	28.3	227.4	126.4	36.96	108.8	57.48
1996	600.2		251.1	130.0	43.45	118.5	62.74
1997	639.4		262.3	139.2	45.49	123.0	62.97
1998				127.4			59.97
1999							
2000			334.2				

续表

年份	美国	俄罗斯	日本	德国	英国	法国	意大利
2001			329.4				
2002			317.6				
2003			316.5				
2004							
2005	1628.1	104.68	324.0				
2006	1733.2		316.2				

表3-18　1986—2009年美、俄、日、德、英、法、意合成纤维产量

单位：万吨

年份	美国	俄罗斯	日本	德国	英国	法国	意大利
1986	320.0	134.7	167.5	86.1	26.6	18.8	60.2
1987	336.9	142.8	164.2	88.2	25.8	18.2	59.3
1988							
1989							
1990							
1991							
1992	410.0						
1993	421.0	80.8	160.9	88.5	24.2	10.6	58.2
1994	451.0	83.4	159.3	94.4	22.9	12.7	63.0
1995	450.0	80.8	161.7				
1996	453.0	38.7	155.6				
1997	362.8	37.9	161.8				
1998	346.8	34.6	152.9				
1999	316.95		129.97				
2000	314.92		130.79				
2001	261.84		123.95				
2002	278.72		112.91				
2003	269.32		103.03				
2004	282.39		98.92				
2005	262.7		162.7				
2006	136.89		157.2				
2007	231.69		90.31				
2008	191.8		77.1				
2009	161.5		57.0				

表 3-19　1982—2009 年美、俄、日、德、英、法、意合成橡胶产量

单位：万吨

年份	美国	俄罗斯	日本	德国	英国	法国	意大利
1982	181.7	195.0	93.1	38.4	24.7	47.9	21.0
1983	198.7	197.0	100.3	41.8	26.2	51.4	22.0
1984	221.9	208.5	116	43.7	28.9	55.1	21.5
1985	202.6	212.5	115.8	44.8	26.9	54.4	22.5
1986	214.5	225.0	115.0	45.3	28.9	54.2	23.5
1987	218.2	237.0	119.0	46.8	25.7	53.8	24.5
1988	232.5	248.5	129.9	49.3	28.9	56.8	25.0
1989	226.1	228	135.2	50.5	31.1	58.7	29.5
1990	211.4	236.5	142.6	54.2	29.9	52.2	30.0
1991	219.0	205	136.8	53.6	27.4	46.9	30.0
1992	235.0	160	138.8	49.4	28.0	50.0	31.0
1993	218.0	102	131	57.2	29.0	48.6	30.0
1994	239.0	63	134.9	64.2	29.1	59.5	30.5
1995	253.0	83.7	149.8	48.0	32.0	61.8	31.0
1996	249.0	77.5	152	54.8	28.0	58.3	30.3
1997	259.0	72.5	159.2	55.5	29.4	59.5	29.5
1998	261.0	62.1	152	61.9	25.2	60.6	29.0
1999	235.4	73.7	157.67	72.01	28.29	59.24	27.9
2000	239.54	83.71	159.17	84.92	28.57	66.92	28.5
2001	206.44	91.92	146.55	82.84	27.01	67.17	27.4
2002	213.9	91.9	152.2	86.92	28.1	68.11	25.0
2003	219.9	107	157.7	88.8	32.19	71.77	24.3
2004	225.67	111.16	161.61	90.5	32.79	76.68	24.6
2005	236.6	114.7	162.7	85.5	34.4	65.5	22.4
2006	239.5	83.7	160.7	84.9	28.6	66.7	28.5
2007	269.7	120.9	165.5	90.1	31.8	65.1	23.5
2008	231.4	113.9	165.1	74.2	26.8	64.5	22.0
2009	196.2	104.2	126.4	65.5	17.1	51.4	20.0

表 3-20　1982—2005 年美、俄、日、德、英、法、意轮胎（外胎）产量

单位：万条

年份	美国	俄罗斯	日本	德国	英国	法国	意大利
1982	17850	6170	10547	3645	2438	4108	2229
1983	18692	6200	12309	3797	2320	4733	2889

续表

年份	美国	俄罗斯	日本	德国	英国	法国	意大利
1984	20938	6370	12713	3909	2412	5016	2439
1985	19597	6520	13215	4096	2422	4600	2525
1986	19029	6600	13208	4285	2564	5158	2628
1987	20298	6780	13589	4711	2762	5585	2865
1988	21135	6913	14723	4867	3020	5984	3003
1989	21287	6864	15181	4947	3108	6137	3115
1990	21066	6954	15008	4873	2937	5757	2840
1991	20239	4835	15070	4961	2851	6054	3094
1992	23025	3359	15219	5014	3040	6250	3516
1993	23745	3076	14012	4563	2926	5591	2858
1994	24370	1740	13658	4640	3041	5927	2960
1995	25552	1741	14946	4793	3205	6377	3218
1996	25572	1948	15521	4833	3097	6272	3138
1997	26402		16035		3214		
1998	27091		16556		3452		
1999							
2000							
2001							
2002							
2003							
2004							
2005		4132					

表3-21 1979—2005年美、俄、日、德、英、法、意涂料产量

单位：万吨

年份	美国	俄罗斯	日本	德国	英国	法国	意大利
1979	460.8	294.3	159.8	131.9	64.1	69.9	92.5
1980	501.4	287.9	154.2	132.5	70.3	70.1	62.9
1981	487.6	302.8	155.5	131.7	67.9	81.3	67.2
1982	444.3	298.4	157.4	128.5	65.0	81.3	63.7
1983	438.4	313.1	161.8	130.8	71.9	78.9	63.0
1984	499.4	323.4	180.2	132.1	83.8	80.9	62.5
1985		330.1	184.9	131.8		82.7	61
1986		334.5	182.4	132.7			
1987		345.6	189.1	134.9			
1988		365.0	204.0	135.3			

续表

年份	美国	俄罗斯	日本	德国	英国	法国	意大利
1989		369.0	212.7	141.8			
1990		354.3	220.1	143.4			
1991			211.4	154.8	63.7	65.6	
1992	524.4	124.1	206.4	158.2	64.9	63.5	71.7
1993	541.1	93.6	195.6	166.9	65.4	61.1	68.3
1994	577.6	61.8	200.7	174.4	81.8	71.2	73.8
1995	564.0	57.9	198.7	191	51.2	69.0	75.0
1996	590.4		206.7	196.4	51.2	85.5	73.1
1997	593.1		208.2	205.5	51.2	88.8	76.4
1998			189.1	208.7			
1999			186.8				
2000			191.0				
2001			181.2				
2002							
2003							
2004							
2005		69.95					

表 3-22　1979—1998 年美、俄、日、德、英、法、意染料产量

单位：万吨

年份	美国	俄罗斯	日本	德国	英国	法国	意大利
1979	12.10	8.36	5.99	14.70	5.32	3.17	1.67
1980	11.12	8.10	5.14	12.40	4.45	2.92	1.53
1981	10.42	8.24	5.02	13.40	4.26	2.81	1.32
1982	10.06	8.28	5.43	11.80	4.24	4.25	1.39
1983	11.08	8.09	5.46	12.90	4.21	4.26	1.02
1984	10.55	7.49	5.67	13.40	4.33	4.68	0.83
1985	10.00	7.34	5.49	13.40	4.28	4.01	1.49
1986	10.69	8.23	5.83	14.90			
1987	11.58	7.87	6.30	15.20			
1988	12.72	8.21	6.57	15.50			
1989	17.43	5.20	7.09	15.30			
1990		5.15	7.49	18.00			
1991	11.10	4.55	7.71	18.70			
1992	14.79	3.09	7.37	19.50			
1993	15.40	1.66	6.74	19.20			

续表

年份	美国	俄罗斯	日本	德国	英国	法国	意大利
1994	14.70	1.35	7.12	21.20			
1995		0.87	7.08				
1996			6.91				
1997			6.90				
1998			6.30				

表 3-23　1982—2001 年美、俄、摩洛哥、突尼斯、南非、多哥、塞内加尔磷矿产量

单位：万吨

年份	美国	俄罗斯	摩洛哥	突尼斯	南非	多哥	塞内加尔
1982	3741	2750	1786	419	317	204	125
1983	4257	2850	2011	602	274	208	152
1984	4919	2900	2113	535	259	269	212
1985	5084	3050	2074	453	242	245	178
1986	3787	3200	2118	595	292	231	198
1987	4095	3440	2096	621	263	264	194
1988	4508	3900	2408	603	285	346	229
1989	4917	3900	1807	661	296	336	227
1990							
1991	4840	2837	1781	640	318	297	174
1992	5177	2101	1918	640	308	208	228
1993	3913	1450	1819	550	247	179	169
1994	4531						
1995	4796						
1996	5005						
1997	5061						
1998	4917						
1999	4476.1						
2000	4255.7						
2001	3770.6						

附录　化学工业统计工作回顾

王有成 [1]

统计工作是党和政府实行科学决策和科学管理的重要基础工作，作为国民经济重要部门的化学工业统计工作也不例外。

一、建立化工统计工作（20世纪五六十年代）

（一）化学工业统计工作是在1956年化工部成立后正式建立的

据称，在东北人民政府工业部化学公司阶段和新中国成立初期，已有专人从事化工统计工作。但当时化学工业基础十分薄弱，仅有制碱、硫酸、化肥、橡胶制品等少数行业，企业数量少、规模小，统计指标主要是产值、产量等少数指标，统计范围仅限于企业。随着我国国民经济的恢复，继而开展大规模经济建设，特别是第一个五年计划期间吉林、兰州、太原三大化工基地的建设和相继投产，化学工业有了突飞猛进的进步，行业和企业数量及产品、品种不断增加，企业生产工艺和设备日新月异。生产建设的发展和各级领导的需要，对统计工作提出了新的要求，促进了化学工业统计制度的建立。

化工部计划司统计处负责年度综合统计，直接负责全国化工生产总产值、产品产量、生产能力、技术经济指标统计，后又将基本建设投资统计纳入其中。劳资统计、财务统计分别由劳资司、财务司负责。以上年度统计资料均汇编在统计年报中。生产调度进度统计由生产综合部门负责。各专业司配合计划司建立本专业统计。

各省、自治区、直辖市以及重点化工城市建立与化工部对口的统计部门和相应职责。各企业建立统计工作岗位，重点企业建立综合统计岗位。

统计资料汇总采取逐级汇总方式。企业上报各级化工主管部门，汇总后上报各省、自治区、直辖市化工主管部门，汇总后报化工部。

全国性统计工作体制的逐步建立，保证了统计工作的正常开展，适应了各级领导编制计划、指导工作的需要。

（二）制定产品核算规程和计算方法

为了保证统计数据的真实、科学，必须为各企业制定统一的核算方法。20世纪

---

[1] 本文作者系原化工部计划司统计处处长，中国化工情报信息协会前副理事长兼秘书长，副巡视员。

五六十年代，先后在专业司局配合下，编制了几种重要产品的核算规程。在此基础上，又编写了《化工产品生产统计方法》一书，在全国执行。这本书除细化了国家统计局的规定规范外，还结合化工生产特点，补充了许多计算方法。如：产值统计中的在制品、半成品和工业性作业等；产量统计中的转型产品、联产品、次品回收、一些要求折纯或折标有效成分含量等。在技术经济指标中的有效气体含量，原材料利用，催化剂利用系数、变换系数等；在生产能力统计中，除以设备铭牌能力测定外，对生产流程长的产品，补充规定了产品平衡能力，以薄弱环节进行计算。

化工生产统计指标在执行过程中还不断完善，在这个时期先后制订修改了三次。

（三）编制统计年报和企业历史资料

建立化工统计工作，制定核算规程和计算方法，都是为企业和各级主管部门上报年度统计资料提供依据。统计年报的汇总就是对各项数据进行审核，这是统计年报编制的重点工作。

各省、自治区、直辖市的化工主管部门上报的产值、产量、生产能力、技术经济指标及基本建设投资等报表，由化工部统计处负责审核。在当时，这项工作往往需要四五个月的时间。这是因为各种差错较多，每年都要发出上百张查询单。限于当时的条件，往返都要半个月左右，有的还要反复审查，甚至查到企业。加之当时通讯条件差，双方讲话听不清，尤其是数字。

查询的事项主要是平衡关系，包括缺漏项、数据疑问或错误。凡有查询，都要求改正或确认。

部里的年报汇总也需要一定时间。一方面那时都是手工汇总，靠打算盘；另一方面铅字排版和清样校对，也是一个费时的环节。每年编制统计年报，都要在10月份前后完成，发送部内和各省、自治区、直辖市的化工（石化）厅局（下简称省厅）。

国家统计局与化工部年报报送关系是，技术经济指标年报由化工重点企业上报化工部统计处，连同生产能力报表，均由化工部审核后报国家统计局。国家统计局只负责产量报表，并与化工部互相核实和双方查询。

编制统计历史资料也是统计工作的重要任务。在20世纪50年代，化工企业少，统计资料很零散，数据也需要补充或更正。经过调查，统计处整理出版了一本重点企业有关开工、投产、生产能力、产量等的历史资料汇编，其中也包括国家统计局的有关资料，大体反映了当时化学工业的状况。

化工统计工作经过五六十年代的建设，初步形成了从基层企业到各级主管部门的数据上报系统，建立了一支统计队伍，有了一套统计工作制度和统计指标计算方法，数据的及时、准确上报得到了保障，体现了统计工作的服务功能。

但是，由于化工企业数量多，行业也多，且小型企业占绝大部分，统计队伍的人员流动性很大、文化程度不高、缺乏统计知识，因而报表质量存在不少问题，与国家和部里的要求存在一定距离。特别是受"文革"影响,统计工作制度和企业管理制度一样也遭到了破坏,企业停产,资料丢失,人员变动,大量新人进入统计队伍,影响了统计工作的开展。因此,大力开展统计培训,成为进入20世纪70年代统计工作的首要任务。

二、提高统计队伍人员素质,繁荣化工统计事业(七八十年代)

(一)举办形式多样的统计培训,是提高统计队伍素质的重要途径

1970年,燃料化学工业部(简称燃化部)成立,后经石油化学工业部(简称石化部),至1978年重组化工部这段时间里,原来各部的业务工作基本上还是各自开展。

20世纪70年代初期,我国经济工作进入全面整顿时期,恢复生产秩序,清理整顿各项企业规章制度。1972年,燃化部统计组派出工作组到兰化公司,修改、补充化工生产和投资统计指标计算方法。紧接着以此为主要教材,聘请了高校老师共同对省厅和重点企业统计人员进行了比较全面的统计基本知识和化工统计指标核算方法培训,并以这些学员为老师,培训本地区统计人员。这次培训,简称师资培训班。由此开始了化工统计系统广泛的培训活动。

师资培训班先后举办两期,每期一个月。为强化培训效果,部里又在上海和厦门举办了为期两个多月的培训,学员都在六七十人左右,聘请老教授讲统计学,老统计人员讲统计指标计算方法,期末考核。其中厦门培训还请了名教授讲课,学员写论文,编印成册。部分省厅先后组织了形式不同的各类培训,浙江省厅还办了为期两年多的函授班。

与此同时,部统计组组织编写了《化工企业统计》《化学工业统计》两本书,包括统计学原理和统计工作全部内容,以供培训、学习之用。

培训活动的开展,大大提高了统计人员掌握统计知识的热情,出现了群众性的统计工作互助组织,企业统计工作出现了前所未有的高潮。

(二)统计互助组织是统计队伍自我提高的有益形式

全国重点化工城市、重点企业和橡胶行业率先成立了统计互助组,活动内容以交换统计资料和工作经验交流为主。之后,浙江省厅按不同化工行业,江苏省厅则按城市、地区分别成立了统计互助组织。这些自发性的群众组织,随着活动的进一步开展,活动内容逐步转向研究统计核算中遇到的问题,并有计划地撰写论文在会议上交流。互助组的名称也陆续改为研究组。

这些组织的活动,部统计处十分重视和支持。不仅派人参加,一起研究讨论,从化工生产实际出发,深入理解统计指标及其计算方法的科学性。对讨论中提出的一些特殊性情况,及时请示国家统计局作特殊处理。

统计互助组织提高了统计人员的业务水平,增强了对统计工作的兴趣与热爱,开阔了视野,营造了研讨问题的学术氛围,人数从少到多,组织从小到大,化工统计队伍空前活跃。

（三）中国化工统计学会的成立开辟了学术研究园地,凝聚了统计队伍

在统计互助组织蓬勃发展的情势下,成立统一的全国性学术团体就提到了议事日程。翻后,与部分省厅座谈取得了共识,在部和计划司领导的赞同下,成立中国化工统计学会的筹备工作在加紧进行。

1983年和1984年召开了两次筹备会,部分省厅和企业参加。筹备会就学会机构、会员入会条件等一系列事项做了充分的研究,取得了一致意见。批准会员433人。1984年8月召开了学会成立大会。经无记名投票选举出36名理事。第一届理事会选出常务理事14人,推选化工部副部长冯伯华为名誉会长,选出了会长、副会长、秘书长和顾问,并决定设立五个研究组（方法制度、统计分析与预测、计算机应用、基础工作规范化、综合）、创办学会刊物《化工统计》（月刊）和召开化工统计科学讨论会等。

中国统计学会成立后,中国化工统计学会是继中国航空工业统计学会、中国冶金统计学会之后成立的第三个部级学术团体。

冯伯华副部长早在学会成立前就计划司关于拟成立化工统计学会的申请报告中批示:"我赞成成立化工统计学会",成立学会是"部里想要加强统计工作的一种尝试"。他先后四次参加学会会议,都作了谦和、热情、语重心长的讲话。指出:"在经济体制改革中,统计要为党的方针、政策服务。使领导做到心中有数。"他强调"在学术讨论中,要提倡不同意见的争论"。他的讲话,为学会工作的开展指明了方向。

学会成立后,在各省厅引起了热烈反响。先后有十几个省厅成立了统计分会,华东地区还成立了统计研究组。这些分会与研究组组成了各具特点、互相联动的学术交流网。所有的研究组织每年至少活动一次,宣读研究论文并进行讨论。这些论文都选登在学会期刊上。各地密集的活动,不仅提高了统计人员的业务素质,同时也改变了以往统计工作枯燥乏味的工作环境。国家统计局曾戏称:我们走到哪里开会,总会遇到你们化工的人也在开会。

1984年创办的《化工统计》期刊,贯彻"以普及为主、兼顾提高"的办刊方针。期刊创刊,特请中国统计学会名誉会长薛暮桥题辞"做好统计工作,为四化建设服务"。浙江省厅统计人员承担了全部办刊工作,从建立通讯员网到稿件编辑、出版和发行等,付出了巨大心血。期刊除刊登论文外,还登载学会各研究组动态,并不定期组织统计知识有奖竞赛。1989年,国家新闻出版署批准《化工统计》为正式期刊。在期刊发行十周年之际,期刊更名为《化工统计与信息》。时任化工部副部长的贺国强发来贺信:"我期望本刊能为各级化工主管部门的领导、为企业家特别是国有企业

的厂长、经理以及所有关心化学工业发展的社会各界人士提供翔实可靠的信息资料，创造一个能够及时了解情况、可以进行科学决策和战略发展研究的信息环境。"期刊从此大幅增加了统计资料和生产建设信息，内容更加充实。据粗略统计，自创刊到1995年前后，期刊出版百余期，刊登各类论文1500余篇（不包括数据资料和简讯），深受统计人员欢迎和爱戴，称赞学会和期刊是"统计活动之家，科学实践之门"。

学会统计科学讨论会，连续举办了8次。按论文内容分类在小组宣读讨论，经评审小组打分，评出优秀论文大会宣讲。所有讨论会论文都编印在论文集中，分发给论文作者。这种作法，也是为统计人员评定职称提供业绩成果证明或依据。

此外，学会还与新华通讯社《中国工商企业名录》编辑部共同调查、编辑、出版了《中国工商企业名录化工专册》《中国化工乡镇企业名录》。中国化工统计学会作为中国统计学会的团体会员，参加全国统计科学讨论会并提交论文，有的还获过奖。

20世纪七八十年代，化工统计工作从培训入手，统计队伍的素质得到普遍提高，培养锻炼了一批工作骨干。浙江省石化厅统计负责人方锡煌被评为浙江省劳动模范。这不但在化工统计系统是独树一帜，就在全国统计系统中也是前所未闻。这支队伍的形成和壮大，为化工统计业务建设，完成各项统计任务提供了坚实的人才保障。

（四）大力开展化工统计业务建设，为化学工业生产建设服务

进入20世纪70年代，特别是80年代后，我国进入了改革开放时期。包括化学工业在内的国民经济蓬勃发展，化工统计工作也随之出现了新面貌。从重视速度数量逐渐向同时重视质量效益转变，统计工作的内涵和外延不断丰富。

1. 化工统计年报目录和内容逐年增加

统计年报是统计工作的集中反映。70年代以前，产值统计只有不变价总产值，而后增加了现价总产值和净产值。净产值是为观察企业生产经营中新增加的产值。在产量统计中，以往也仅有几十个品种，逐步增加到一百多种。有不少品种，随着市场需求的变化、石油化工的迅速发展，要求按不同原料、工艺路线、规格型号等分别列出。其他报表目录也有不同程度增加。

为了观察不同经济现象，在企业经济类型分组中，产值统计由过去只分全民、集体所有制，增加了"三资"企业，并细分国有控股等经济类型。

为观察考核企业经济效益状况，国家统计局制定了八项指标报表，确定指标和权重，比较全面地反映了企业综合经济效益水平；1978年化工部颁发《化学工业八项技术经济指标的计划管理和统计考核暂行办法》。在财务统计报表中，适时增加当时利改税状况核算，增加了计算资产负债率、资本保值率、销售利润率等指标。在技术经济报表中，与化肥司共同制定了化肥生产消耗计算方法，包括大中型和小型化肥企业综合能耗核算等。1986年国家计委等7个部委与化工部联合颁发了《合成

氨综合能耗计算规定》。

在固定资产投资、财务、劳资等统计年报目录中，随着国家在建设项目、各种资金管理、劳动工资、生产安全等方面的发展与改革，也增加了统计内容和相应的分组。

统计年报指标和数据的大量增加，年报印制页数也由以往的一二百页逐年增加到一千来页。

2. 提高统计数据质量

统计数据质量是统计工作的生命。化工部每年召开的统计工作会议也是加强业务建设的重要方面和途径。早在 20 世纪 70 年代，化工部先后在大庆、玉门召开年报会议，结合全国工业学大庆等活动，学习铁人精神和"三老四严"工作作风，从思想上武装头脑，从工作上严格要求。统计工作会议上，除布置下一年度工作外，重点是讲解当年年报工作问题，把各省厅的数据差错一一摊开，对难点问题有问有答，特别是对改革开放以来出现的新情况，大家共同研究解决。

做好统计工作为企业服好务，也是 80 年代化工统计工作的一个方面。上海高桥化工厂，统计人员在为企业服务方面比较突出。除例行做日报向全厂公布外，还做生产统计台账以及各数据之间的分析，指出生产中的情况和问题，提出解决的意见，成为企业领导必看的材料。部里组织统计人员，现场学习。授予了企业统计先进单位锦旗，这是化工统计部门唯一的一次授旗。

对重要产品数据不实开展调查。磷矿石产量长期存在国家统计局数据远大于化工部数据问题，这是两个系统分别上报的。按规定磷矿石产量必须经过化验确定有效成分后才能计为产量。经商定，对一个生产量大省进行调查，由国家统计局、省统计局和化工部、省化工厅局组成的联合调查小组共同进行。发现小型磷矿，特别是乡镇企业未能按计算方法统计产量，或者直接把实物当成规定的折合量上报省统计局，或者不具备化验手段和计量设备，有的还不知道产量计算方法。经过调查确定，统计局系统要进行必要的工作，严格按计算方法统计。在与国家统计局核对产品产量过程中，规定以化工部数据为依据进行公布。这种情况在其他要求以折合量上报的产品中也存在类似问题，如硫铁矿、农药原药等，也逐一不断得以解决。

3. 在全国第一次工业普查中完成化工行业普查任务

1985 年按照全国工业普查任务的要求，化工部领导十分重视，亲临化工部工业普查工作大会作动员指导。普查前，部里对普查报表进行了宣讲和指标解释，把问题消灭在填报之前。对普查报表加强审核，借助学会人力，较好地保证了普查数据的质量，在化工部计算中心帮助下进行了计算机汇总，完成了国家普查任务，荣获了全国工业普查领导小组授予的先进单位光荣称号。

4. 主动探索统计工作新领域

化工部统计部门曾联合化工规划院进行过化工生产投入产出试算。从制订方案到试算，用了不少时间，后因数据不全而被迫中断。但这是一次有益的探索。

在统计调查方法上，我国一直沿用全面调查方法。这种方法虽然比较全面，能做到不丢不漏，但要耗用大量人力、物力和财力。国际上不少国家采用年度抽样调查，五年或十年采用普查方法进行调查。在化工部试行抽样调查方法，在工业部门是第一次。从开办抽样调查培训班开始，确定以农药行业为对象，先在浙江省进行试算，效果良好，误差在预定可控范围之内。但这次试算是探索性的，全面铺开还不具备条件。

5. 编印不同时期统计历史资料

根据国家五年国民经济发展计划和不同的历史时期，编辑出版历史资料。历史资料是各年度报表的简要本，其中产值部分要按国家规定的不同时期的不变价格进行换算，产量等部分按重要产品或重要统计指标列出。历史资料还补充编印了国外化工资料。七八十年代共编印过5册。

20世纪的七八十年代，是化工统计工作的黄金时期。这得益于化工部和计划司的正确领导和亲切关怀与支持；也与统计处负责人汪自强等的精心策划、真抓实干分不开，业绩和成果来之不易。

三、机构改革后的统计工作

20世纪90年代初，我国社会主义市场经济大踏步前进，要求国家机关实行相应改革，由部门管理转向行业管理，继而实现宏观调控。

1993年国务院办公厅正式印发《化学工业部职能配置、内设机构和人员编制方案》。按照要求，计划司统计处保留。

1998年3月化工部撤销，成立国家石油和化学工业局。统计处更名为统计信息处，人员减半，分流到中国化工信息中心。

2001年1月，国家石油和化学工业局撤销。成立中国石油和化学工业协会。

在这一段时间，统计年报继续编印，在1995年顺利完成了第二次全国工业普查任务，再次获得先进单位称号和奖状。学会工作也有很大变化。1991年，中国化工统计学会向民政部申请办理更正登记，1994年民政部批准学会更名为"中国化工情报信息协会"。化工统计学会过去是中国统计学会的团体会员，系二级学术团体，现成为国家一级协会。后来，中国化工信息中心代部（局）管理的全国信息站与刊物业务并入协会管理，成立了协会之下的"信息与刊物分会"。原来统计工作这一块，变为"统计分会"。

中国化工情报信息协会及其统计分会，与中国化工企业管理协会合作，利用国家统计局提供的全国化工企业统计资料,又采取直接向企业进行问卷调查和其他方式,全面采集了以主营销售收入为标志的统计资料,按数据大小排出化工企业500强榜单,从2003年起每年召开会议进行发布表彰,受到企业和行业的普遍关注。与此同时,对化工企业竞争力进行测试和排序。协会期刊继续出版。统计科学讨论会按时举办。并且重新查找了化工部和国家统计局有关年报资料,完成了从1949年至2015年的化工产值、产量、生产能力、财务统计和化工产品进出口历史资料等。

中国石油和化学工业协会,后又更名为中国石油和化学工业联合会。一直在发布与化学工业有关的宏观统计数据。其资料由国家统计局供给,包括生产总值、国家统计目录中的化工行业重要产品产量以及利润等。各化工专业协会也在发布本专业的统计资料。

总之,机构改革后,化工统计虽然没有了综合部门和政府职能,但依靠联合会和各个专业协会的力量,仍在继续为化工事业服务。

参考文献

[1] 中华人民共和国化学工业部编. 中国化学工业大事记（1949～1994）[M]. 北京: 化学工业出版社, 1996.

[2] 中华人民共和国化学工业部编. 中国化学工业大事记（1995～1998-03）[M]. 北京: 化学工业出版社, 1998.

[3] 中国石油和化学工业大事记（国家石油和化学工业局机关人员名录）（1998-03～2001-04）[M]. 北京: 中国石油和化学工业协会编辑出版, 2009 年 8 月 25 日.

[4] 李勇武主编. 科技兴化·激荡三十年——纪念中国石油和化学工业改革开放三十年[M]. 北京: 化学工业出版社, 2008.

[5] 杨石先, 柳大纲任编委会主任. 中国大百科全书（化学卷）（Ⅰ, Ⅱ 册）[M]. 北京: 中国大百科全书出版社.

[6] 杨光启任编委会主任. 中国大百科全书（化工卷）[M]. 北京: 中国大百科全书出版社, 1987.

后 记

面对《中国化工通史》即将付梓的《统计卷》，回首往昔，不由得思绪万千。这部通史的问世，不是体制内布置的任务，也不是史学家撰写的著作，它是一群长期从事化工事业、热爱化工事业工作者亲历的历史。它作为一部史书有其长处也有其短处。为了让读者更好地了解这部书，借此对编写《中国化工通史》（简称《通史》）的来龙去脉作一简介。

盛世撰史修志，以"资政、教化、存史"，是中华民族的传统，但要玉成其事，却谈何容易。

早在1981年12月，时任化工部顾问的梁膺庸同志，曾向化工部党组提出"由他负责编写《中国化学工业发展史》一书"的意见，虽经党组同意，并成立了班子，但因种种原因无疾而终。

2002年8月，在中国古代化学史和近代化工史研究方面颇有建树的北京大学赵匡华教授和中国科学院自然科学史研究所周嘉华研究员，以及大连化工研究设计院陈歆文高级工程师"关于组织编写《中国化工史》的报告"的动议，由于相关部门的客观条件所限制，这个倡议最终没有实施。

2004年5月，原化工部直属单位为主经过重组的中国化工集团公司正式成立。为了培养集团成员热爱化工事业提升公司的软实力，时任集团公司总经理的任建新提出建中国化工博物馆（下简称博物馆）的构想。2007年4月，中国化工集团公司任命集团企划部副部长李爱青负责，并邀请我和蔡强、刘承彦（均已退休）组成专家组参加建馆工作。经研究决定首先建设一个以中国化工发展历史为主线的博物馆展览厅。专家组进行了总体策划、编写展陈大纲、搜集资料和探寻展品工作。在李爱青精心组织下，通常筹建要两三年的博物馆展厅，经过一年的奋战，2008年5月9日落成。展厅对外开放后，参观人群络绎不绝，得到好评。博物馆被纳入了北京市和国家博物馆序列。

专家组在编写博物馆展厅文案，以及接待来馆参观人员过程中，深感编著中国化工史的必要性。这恰巧与周嘉华、陈歆文先生的想法不谋而合，故2011年5月4日，我和周嘉华、陈歆文、李爱青、蔡强、李钟模、叶铁林、刘国杰、刘承彦共9位同志联名向任建新总经理递交了"关于编纂《中国化工通史》的报告"。未曾料到，5月5日，任总即批示"此议很好"，并指示有关部门迅速落实。为了克服此前写史所遇到的困难，简化体制提高效率，仅成立了以联名人为骨干的编写组。根据编写大纲和内容需要，临时邀请相关人士参与编写工作。在中国化工集团总公司的支持下，通史的编写工作迅速展开。

《通史》原计划分古代卷、现代卷和通志卷，涉及行业、企业、地区、人物、科技诸多方面。在实际编写过程中，发现受到客观条件限制，全面铺开的办法将大大延长编写时间。编写组研究决定采取分步走的办法完成全书，先组织编写条件较好的古代卷和行业卷，以后再分别陆续完成。为此，编写组积极联络相关的专家和专业协会参加编写工作。用了一年多的时间，攻下了包括合成氨、化肥、硫酸、纯碱、氯碱、无机盐、农药、涂料、染料、颜料、有机硅、有机氟、石化、合成树脂、合成纤维、合成橡胶、煤化工、生物化工等18类主要化工产品的行业史和涵盖化工矿产资源及开发利用、煤炭开发、石油天然气开发、石油炼制、橡胶加工、塑料加工、军事化工、特种合成纤维等8类相关行业的行业史的初稿。经编写组核心成员与执笔同志反复修改、审校，最终于2014年8月和12月先后出版了《古代卷》和《行业卷》。2017年，被中国石油和化学工业联合会评为优秀图书二等奖。

2015年，由于中国化工博物馆工作重点调整，以及辞退退休人员等原因，《通史》编写组面临何去何从的选择。编写组核心成员均感编写《通史》的任务尚未完成，离最初的计划、愿景相距甚远，不愿就此歇步。编写组不解散，继续组织后续的工作，得到许多老化工人和热爱化工事业人士的支持，其中有：刘国杰、白国宝、翟海潮、施俊鹏、李钟模、王有成、蔡强、余一、任子臣、刘阳、刘渊、李玲、侯国柱、贺永德、杨友麒、周嘉华、富志侠、徐菁利、张世元、曹阳等等，这里不再一一赘述。参加编写《通史》的同志也表示，我们提笔记述我国化工发展历史的足迹，其初心就是向为中国化工事业前赴后继奋斗百余年的前贤和战友们表达敬意和怀念，正如刘承彦撰文"化工国支柱，博弈数十秋。留得伟业在，念君心血呕"所表达的情感那样。在这样一批老同志的志愿者行动和热爱化工事业的人士赞助下，后续的《区域卷》和《统计卷》终于成书出版。

我们编纂出版的这几卷，相对于几代化工人创造的化工事业而言，记录的只不过是几片落叶与剪影。真诚地希望有识之士或机构，能够将《通史》加以续写、拓展和完善，希冀实现：《通史》一套在手，便知化工春秋。

沈渭

2020年1月